晋鉴

司马王朝兴衰的个性解读

戚速 ◎ 著

当代世界出版社

图书在版编目（CIP）数据

晋鉴：司马王朝兴衰的个性解读 / 戚速著. —北京：当代世界出版社，2016.4
ISBN 978-7-5090-1085-3

Ⅰ.①晋… Ⅱ.①戚… Ⅲ.①中国历史—晋代—通俗读物 Ⅳ.①K237.09

中国版本图书馆CIP数据核字（2016）第023833号

书　　名	晋鉴：司马王朝兴衰的个性解读
出版发行	当代世界出版社
地　　址	北京市复兴路4号（100860）
网　　址	http://www.worldpress.org.cn
编务电话	（010）83908456
发行电话	（010）83908409
	（010）83908455
	（010）83908377
	（010）83908423（邮购）
	（010）83908410（传真）
经　　销	全国新华书店
印　　刷	北京墨阁印刷有限公司
开　　本	710毫米×1000毫米　1/16
印　　张	18
字　　数	255千字
版　　次	2016年4月第1版
印　　次	2016年4月第1次
书　　号	ISBN 978-7-5090-1085-3
定　　价	39.00元

如发现印装质量问题，请与承印厂联系调换。
版权所有，翻印必究；未经许可，不得转载！

序言

很偶然的机会,我接触了该书的作者戚速,出于对历史的兴趣爱好,作为一名机关干部的他,利用业余时间开通了微信公众号"指尖上的历史",不哗众,不取宠,认认真真读史,轻轻松松感悟,以史鉴今,以史资政,以史励人,获得了一致的好评。它的读者群有包括基层纪检监察干部在内的公务员、企业家、教师、医生、国企高管和个体户。

以史为鉴,可以知兴替、明得失,从传统文化中汲取廉政勤政的营养,是眼下的一个热点。"指尖上的历史"用积极的方式借鉴历史上优秀廉政文化,用热情的态度去领略历史上丰富的勤政内涵。同时还呼唤更多的人一起做有责任心的社会人,做一个对得起天下人的人,因为只有信正、育正、法正、纪正、体正、行正,这才是社会进步发展的实体保证。今天,戚速把发表在公众号上有关晋朝历史的心得文章结集出版,取名为《晋鉴:司马王朝兴衰的个性解读》,这无疑是件值得祝贺的事情。

我翻阅了一下该书,它从独特的视角理性地全景式介绍了以两晋为代表的封建王朝体系由兴盛到衰亡的坎坷历史,从解读人性的角度分析两晋重要人物和重要事件的命运及过程。在尊重历史史实的基础上,主要使用白描手法加以渲染,力求故事细节生动活泼,人物性格鲜明传神。以人物活动时间为经、事件变化空间为纬组织安排材料,语言凝练,亦庄亦谐,风格新颖,雅俗共赏。

其中,我读到了一生廉洁、一心为国的正能量满满的谢安,国难当头他临危不惧,指挥了著名的淝水之战。谢安隐则遁迹江湖游山玩水,仕则处变不惊指点江山，顺则深明大义左右协调，逆则相忘江湖淡泊明志。一切源于他"官位只是浮云，做官只是为了做事"的处世哲学。

读到了向雄等有良知的官员，也许他们对政局的稳定、社会的清明、国家的富强起不了多少作用，但它至少向我们证明了一点：人要活在自己的良心里，任何一个有良心的人，实际上就是一个对自己应当做什么和不应当做什么有理性和明确的自我觉悟的人。

也读到了美貌男子卫玠的炫美，感受到那个时代的特点，不顾一切去追逐虚夸的外在美，让人心变得浮躁，社会躁动；还读到了野心家桓玄篡位的结局，得民心者其权自生，失民心者有权不保；更读到了官员瘐冰"用出世的态度或者精神，来做入世的事情"的理念，以此来保持自身廉洁，让人耳目一新。

当然，该书并不是单纯描述两晋朝代清官廉吏的两袖清风或贪官污吏的骄奢淫逸，而是注重历史空间与现实空间的相互映衬，从两晋人物的思维习惯、社会活动、日常话语中寻找传统廉政文化在当今中国人生活和精神中的存在，具有极强的现实意义。所以，我个人认为，该书对于认识古代王朝的奢侈铺张、官员的清谈误国、社会的追求虚无、人性的裂变扭曲，具有不可或缺的教育意义，值得广大历史爱好者一读，更值得各级机关领导干部借鉴。

从读史延伸到廉政文化，我在纪检监察系统工作多年，深知廉政文化建设的重要性，我们要继承中国文化当中以史鉴今的传统，借用大量历史人物、事件、材料来表达大家今天对于廉政建设的一些认知，这是一种很好的做法。

我们要依托厚重的历史文化，努力培植多种文化元素融合共生的精神家园，以挤压腐败文化的生存空间，形成一种风清气正、团结和谐、昂扬向上的文化氛围。

中纪委书记王岐山同志对传统历史文化有着很深的理解，他在中纪委十八届四中全会上将传统文化进行了一个高度概括：孝悌忠义礼义廉耻，并且把这八个字称为中华文化的DNA，也曾在多个场合强调过从中华传统文化中汲取。

历史是一个民族、一个国家形成、发展及其盛衰兴亡的真实记录，是前人的"百科全书"，即前人各种知识、经验和智慧的总汇。习近平总书记说过，领导干部读点历史，有助于提高文化素养和思想政治修养，有助于提高工作能力和领导水平。历史记述了他们治理国家和社会的思想与智慧，记述了他们经历的成功和失败的经验与教训，学习和了解这些历史上的文化知识、思想智慧、经验教训，本着"择其善者而从之，其不善者而去之"的科学态度，结合领导干部的思想和工作实际，或者吸取应用，或者作为借鉴，或者引为警戒，这对于提高我们的思想政治水平、改进我们的工作，是会大有助益的。

是为序。

中纪委杭州培训中心原副主任　李文照

谁在写历史（代前言）

一

那年冬天，天寒地冻，被金兵追得狼狈不堪的宋高宗赵构，好不容易在帝国的中流砥柱秦桧宰相的帮助下，驻足杭州跟金国和谈才得以苟延残喘。这是我最近在读的《大宋文臣：兴邦还是误国》里的一幕。

经过绍兴十一年（公元1141年）的议和，战事告一段落，迎来"中兴"的宋高宗和秦桧开始把工夫腾出来转向治理国事，出乎他们意料的是，在过去的十几年间，冒出了那么多自称掌握南渡以来第一手材料的史学家，而且所记所述，大多带有丑化君臣的嫌疑。

原来，北宋首都东京失守后，帝国积攒了百余年的图书档案被金人掠获一空，这是南宋初年学者注目史事的一个原因。但如果他们的精力只放在搜遗补缺，为帝国史馆增添材料，就不会惹出令圣上担忧的麻烦。无情的事实却是，那些从战火里逃出来的书生们，他们不去歌颂中兴以来的大好形势，而是一味实录动荡岁月里国破家亡的惨痛，甚至无视朝廷谋和给帝国带来的和平，使劲为本朝不断受到的屈辱鸣不平。这种思想流露到笔端，就使得这一时期纷纷出笼的史料笔记带有强烈的反思意味。

一切言论都必须合乎封建王朝确立的方针，这是贯穿中华文明史的一项基本原则。任何皇权的国家都不会容忍自由化言论的存在，否则就是"大逆不道"，这种思想比之盗窃、诈骗乃至杀人放火更加严重。对这样的

"罪行"熟视无睹，帝国的朝廷和天子将如何生存下去？

于是，为了遮掩南逃政权仅有的一点颜面，宋高宗和秦桧急于封锁各种信息的传播渠道，在绍兴十四年（公元1144年）、十五年（公元1145年）、二十年（公元1150年）连续发布了三道禁止野史的诏书，明确指出，要禁止抗战人士的爱国思想，凡是涉及时事、国政的文章，均要受到审查，也就是说，谁要谈论国事，必须跟秦桧宰相持相同的观点，否则就要受到牢狱之灾。

而且诏书要求天下人销毁、检举一切"不足信"之野史。太学生张伯麟借古讽今，在太学墙壁上题了一行文字："夫差，你难道忘记了越王杀了你父亲吗？"这大大刺激了朝廷的敏感神经，马上就被抓起来，被狠狠打了板子，最后被充军边疆。公元1150年，李光、李孟坚父子因"撰述、传播野史"被革职发配，这是宋高宗一朝禁书案的高峰。就连北宋司马光的《涑水记闻》都没放过，也在禁毁之列，因为该书记录了大量北宋王朝的国家大事、朝廷要闻、宫闱秘事，一些见不得人的丑事、趣事、轶事都被司马光记录下来，这些记载都是赵匡胤子孙不愿让世人知道的。

四年之后，即公元1154年，发生了一桩禁毁《论语讲解》书版案。《论语讲解》，是曾任龙图阁学士的程瑀注解儒家著名经典《论语》的一部学术著作。程瑀的这部书完稿后，在其故乡饶州当父母官的丹阳人洪兴祖看了非常赞赏，并为书稿写了一篇序文。此书的另一位读者、京西转运副使魏安行，被程、洪二人的文笔所打动，将《论语讲解》刻版刊行好几千册，发往四方。由于此书有切中时弊、影射朝政之嫌，作者与刊印人遭放逐、被罢官，书稿被毁版。官方的意思是读《论语》可以，但是你不能随意解读《论语》。

由此可见，这些禁书案的目的和手法都是大同小异，都是以打压有关人员、禁毁书籍来维持当权者的面子。虽然随着秦桧的一命呜呼禁书有所松弛，但宋高宗的继任者还是把禁书"事业"进行到底了。宋宁宗嘉泰二年（公元1202年），朝廷命令各道师府司严加查询，凡"事干国体者"，一律销毁。

南宋朝廷认为，民可使由之，不可使知之，军国大事只能是上层统治阶层内部的事，人民根本无权过问；一旦有人敢于撰文著书议论国事，便是"肆毁时政、摇动众情、传惑天下"的"奸佞小人"，就要"严行根捉"。

南宋的一位臣僚在一份得到皇帝批准颁行的奏章中说得很明白："朝廷大臣之奏议，台谏之章疏，内外之封事，士子之程文，机谋密画，不可泄漏"；如果有人敢把这些内容"传播街市，书坊刊行，流布四远"，就要"严切禁止"，所刻书籍也要"当官焚毁"。可见在国防机密幌子下颁行的禁书令，很大程度是为了防范下层人民的。

尤其在南宋朝廷苟且偷安、投降卖国的时候，就更需要大兴禁书之举，以掩盖自己的行径，压制人民群众的抗议呼声。史载，秦桧"赞成和议，自以为功。唯恐他人议己，遂起文字之狱，以倾陷善类"；图书文字"凡有一言一字稍涉忌讳者"，都在禁毁之列。

过去的历史清楚地说明：久远以来，我们中国，历史虽是人民写就，主编却是各种皇帝。正如率领英国打赢二战的名相丘吉尔说的，创造历史的最好办法是自己来写历史。

那么，问题出来了，今天我们所看到的历史究竟是谁写的，他们所写的历史到底有多少真实性？

二

卯榫，一凹一凸，中国建筑的经典之作。如果把史书比作一栋建筑，写史的人就像那关键节点的卯榫，让历史真实与申以劝诫高度结合。

我做过新闻记者，如果说一个新闻圣徒，他的快感来源不一定是新闻对社会所形成的冲击效用，而是制作新闻过程中的心理建构带来的快感，由此引致对新闻的满足意识。那么，一个历史圣徒，他的快感来源也不一定是历史对后世发挥前车之鉴的推进效用，而是执笔记录过程中的忠于事实带来的快感，由此引致对史实的满足心理。

谁在写历史，他们写的历史有多少可靠性。谁写历史？毫无疑问，史官们就是写历史的。这里不得不提三个史官：伟大的司马迁、悲催的崔浩和正直的吴兢。

在这三人身上，我们可以领略到中国古代史官所坚持的"务从实录"、"秉笔直书"的史官精神。其实，从《说文解字》这部书来看"史"这一职业就是要做到公正不倚，如实记事。

司马迁忠于历史是出了名的，因为他的写作是相当个人的，这和后来的开国史馆修史不一样，所以即便是史官所写，也不一定等于官史。司马迁那时候写作还是有相当大自己的自由空间的，不是组织一个班子来写，也不是层层审定，甚至不由官府保存。当然还是会有审查，《史记》像汉武本纪的部分是后来补上去的，那是《史记》里面比较差的，没办法，因为有干预，但相对后世来说还是有很大的自由空间。我们读的《史记》，很容易看到记录的并非简单的成王败寇史，把项羽写得那么悲壮，描写刘邦却多少有点市井流氓相，司马迁也不是完全站在汉朝正统的立场上来褒贬，并不因刘邦是当今皇上的老祖宗而有所避讳。当然，司马迁的伟大之处还在于，他把更多的目光投向了平民走卒，也让他们流传后世。

不过，史官"秉笔直书"确实也使自己置身于危险之中。北魏的史官崔浩，是深受太武帝拓跋焘宠信的重臣。公元429年，他奉太武帝之命修撰北魏史书——《国书》。太武帝曾经叮嘱他要"述成史书，务存实录"。话虽如此说，到了真正"实录"时，皇帝就翻脸不认人了。《国书》修成之日，崔浩突然被太武帝处死，原因就是"实录"。

崔浩写历史很认真，他召集一些文人，按照古代史官"秉笔直书"的精神修撰《国书》，书成之后，自己非常满意。但他过高地估计了太武帝对自己的信任，竟然在京都郊外大路旁将这部《国书》刻石立碑，占地一百三十步，让人们自由浏览。"叙述国事，无隐恶，而刊石写之，以示行路"（《史通·古今正史》）。这种公开程度，拿到现在，估计还可以接受，但在那时候，确实需要很大胆量。因为在这部史书中实录了一段北魏拓跋氏不光彩的历史：前秦苻坚灭代（北魏初期称呼）时，生擒了代君拓跋什翼犍，并将后来成为北魏开国之君的拓跋珪流放到蜀国的事实。拓跋人看到崔浩的《国书》竟然如此"备而不典"，把本该忌讳的历史在显眼地方公开出来，极为震怒和惶恐，连忙报告了太武帝。太武帝知道后大为恼怒，当即下令追查严惩，于是一场大祸从天而降。结果崔浩被灭门。

事隔三百多年后，唐朝的韩愈一想到崔浩《国书》血案，仍然心有余悸，在《答刘秀才论史书》一文里，感叹直笔太难。

相比之下，唐代史官吴兢则要幸运得多。他在担任著作郎撰写《则天实录》时，辑录了宋璟逼迫张说为魏元忠证明清白的事。这件事是这样的，武则天的宠臣张宗昌，对宰相魏元忠恨之入骨。他们诬陷魏元忠有谋反言论，并诱逼时任凤阁舍人的张说出面作证。张说无奈，只好答应。他其实心里也很犹豫，作证吧，对不起良心；不作证，又迈不过眼前这道坎。这时，武则天的诏令到了，让他去当面对质。临行前，同为凤阁舍人的宋璟看出了问题，对他说："名义至重，鬼神难欺，千万不能伙同小人陷害君子呀！"这番话坚定了张说的信念，他在面见武则天时如实禀告：是张宗昌逼迫他陷害魏大人。结果，魏元忠被免于一死，流放岭南。

到了唐睿宗时，张说升任宰相，兼修国史。他看到了《则天实录》中的这段文字，知道是吴兢所写，却故意说："刘五（即史学家刘知几，已经去世）太不相容了！"吴兢站起来说："这本是我写的，这段史文的草稿都在，您怎么能错怪死去的人呢？"他说这番话时，与他在一块工作的史官们，都惊吓得变了脸色。后来，张说又请求吴兢改动几个字，吴兢坚决不答应，他义正词严地说:"若徇公请,则此史不为直笔,何以取信于后!"这段话的意思是:假如顺从您的请求,那么这部书就不能算作正直的笔法,怎么能够让后世相信呢!

三位写史的人真让人不得不佩服。相对现在的一些人,真有些自惭形秽,对待真假是非问题,全然不见古代史官舍身求真、誓死务实的大无畏气概。造起假来反倒前赴后继,肆无忌惮,弄得造假丑闻层出不穷,随处可见,致使造假之风弥漫社会之中。

在物欲横流、监督缺位、道德流失的时候,重提史官精神,会不会有点让世人警醒的意义?

再来回答开头的问题,他们写的历史有多少可靠性?很多人说,历史是个任人打扮的小姑娘,历史记载中主观的因素较大。我认为,史官写的官方正史,比如《二十四史》,粉饰是难免的,但是可信度还是很高的,因为理由很简单:在中国的历史传统中,无论实践中还是道德要求上,都不认为史官应该拿谁家的钱就替谁擦粉洗地。文人特别是史家传承的责任和使命感使得他们也不能轻易改写。

写史的人通过手中的笔来惩恶扬善,以此告诫后人,这实际上起到了点评当朝政治的作用,使皇帝和写史的人之间的关系变得更为复杂与微妙。这种微妙又体现在哪里呢?

三

早在一千四百年前,唐朝的宰相韦安石在看了朱敬则写的史稿之后,对身边的人慨叹道:"一般人不了解史官的权力比宰相的还要重,宰相是管活着的人,而史官不仅管活着的人,还管死了的人。"

他说这话是有些道理的，这也就是古代的一些君主、大臣害怕史官的原因。因为史官在某种程度上控制着对政事、大臣等的褒贬权。

别看皇帝权力大得无法无天，但他也害怕两类人：一是谏官，就是动不动向他提建议的人，接纳吧，有些时候是很不情愿的；不接纳吧，怕人家说他刚愎自用，听不进良言。再者，就是史官，记述历史的人。

一些皇帝和大臣为了能在历史上留下美名，避免遗臭万年，非常注重个人的言行，尽量少去做一些坏事。一些相对开明的君主，还主动要求史官对其展开监督，并且有的谏官与史官也常常拿"良史书勋"之类的话，去激励那些统治者能够多施行仁政，时刻劝导他们应该注意检点个人行为。

既然史官写的《起居注》、《国史》等会影响君王千载之后的声誉及评价，那么皇帝对于所载内容自然是十分敏感的。

事实上，皇权在运作过程中，常用对"后事"的担忧而能自觉地接受来自国家体制中的制约。我所谓的"后事"有两层意思。一是顾虑身后江山社稷的前途，再则是身后世人的评价，即青史之上的名声。越是有作为的皇帝，越是在这方面有着更强的自觉。像一代名君唐太宗就不止一次地表示过他自己在这方面的担忧。《贞观政要》一书中大量记载着唐太宗对"为君之道"的探讨，其实很多都包含着这方面的意思。如《贞观政要》卷六《谦让》载：贞观二年（公元628年），太宗谓侍臣曰："人言作天子则得自尊崇，无所畏惧。朕则以为正合自守谦恭，常怀畏惧……凡为天子，若惟自尊崇，不守谦恭者，在身倘有不是之事，谁肯犯颜谏奏？朕每思出一言，行一事，必上畏皇天，下惧群臣。天高听卑，何得不畏？群公卿士，皆见瞻仰，何得不惧？以此思之，但知常谦常惧，犹恐不称天心及百姓意也。"魏徵曰："古人云：'靡不有初，鲜克有终。'愿陛下守此常谦常惧之道，日慎一日，则宗社永固，无倾覆矣。唐虞所以太平，实用此法。"

唐太宗的这番话，其实有两层意思，一是畏皇天，二是惧群臣和百姓。对于群臣之惧，其实正可以从唐太宗之求谏、纳谏与对国家法令制度的信守等方面体现出来。唐太宗之所以能成为史家称赞的善于纳谏的开明皇帝，正是基于所认识到的"常谦常惧"的为君之道。

但是唐太宗也并不是十全十美的人，他也犯了一个篡改历史的错误。唐太宗因为是发动玄武门之变夺储而立，所以，他即位后顾虑史官对此事的记录，多次提出要看一看国史的记载，但分别被写史的朱子奢、褚遂良等人拒绝，最后亲信房玄龄只得顺旨，删削国史成实录进呈。因见所载玄武门事变之事"语多微文"，恐怕后世究其真相，于是以周公诛管、蔡而安周室为例相类比，要求史官重写，并美其名曰应当"改削浮词，直书其事"。唐太宗为了自己能在后世留下一个好形象，不惜一改帝王不亲观国史的旧例，殊不知，他这样的动作被后世所笑话。

在中国历史上，还有一个著名的"史官在此"的故事，足以说明皇帝和史官的微妙关系。司马光的《涑水记闻》中记载：宋太祖赵匡胤在夺取了天下之后，不知不觉中也染上了嬉玩的毛病。而宋太祖手下有个大臣叫张霭，性格刚直倔强，经常直言劝谏皇上，有时还把皇上弄得下不来台。一次，宋太祖正在后花园中与宫女们用弹弓子打鸟取乐，外面张霭急切地求见。等到张霭汇报完事情，宋太祖一脸的不高兴："原来你要汇报的都是些鸡毛蒜皮的小事，就搅了我的雅兴！以后遇到这样的小事就不要打扰朕！"张霭也不客气，答道："再小的事情也是国家大事，也比您用弹弓打鸟重要！"这一下真的把宋太祖惹火了，他倒举起一把斧头，抬手用斧柄就朝张霭脸上打去，一下子就打落了张霭的两颗门牙。张霭蹲下来，一手捂着流血的嘴，一手慢慢地蹲下身去捡被打落的两颗牙。

宋太祖愤怒地问道："难道你还要以此为物证，来诉讼朕吗？！"张霭答道："臣怎么敢诉讼陛下呢？但自有史官将此事写进史书中去！（但有史官在耳！）"宋太祖一听如梦初醒，知道自己错了，慌忙向张霭赔礼道歉。

曾经担任过温州判官的南宋史学家袁枢也是正直得不让人省心。他担任国史院编修官时，负责撰修《宋史》列传。

获悉由他负责主笔后，北宋哲宗时奸相章惇的后人，以老乡关系，请求袁枢对《章惇传》加以"文饰"和"润色"，意在将章惇留在史书上的非常不雅的形象适当地美化美化。《宋史》列举章惇的罪证，主要有这样几项："尽复熙丰旧法，黜逐元祐朝臣；肆开边隙，诋诬宣仁后。"

这里有必要说说章惇这个道德丑陋的"名人"。他是宋哲宗时的宰相。王安石在宋神宗年间推荐新法，章惇是推行新法的干将。宋神宗去世之后，宋哲宗即位。一开始，宋英宗高太后听政，任用司马光等人，于是章惇等新党尽数被驱逐。后来宋哲宗亲政，起用新党，章惇也得以拜相。章惇上台之后，把昔日的新党人士全部召还至京都，委以重用。章惇还大肆报复，尽数罢黜旧党人士。此时司马光已经死了，也被剥夺其爵位和荣衔，还想要皇帝下诏掘墓鞭尸，但哲宗皇帝听从其他官员的意见，没有同意，朝廷差人把司马光的牌坊拆了，皇太后赐的碑文也磨平了。章惇还报复苏轼，将其贬到岭南，再贬到海南。最过分的是，章惇向宋哲宗建议废除高太后的封号，追废为庶人，宋哲宗没有采纳。

袁枢听到章惇后人的请求，勃然大怒，说："章惇为相，负国欺君。吾为史官，书法不隐，宁负乡人，不可负后世天下公议！"当时的宰相赵雄，是撰修国史的总负责人，他听到之后，称赞袁枢"无愧古良史"。

袁枢对章惇的态度证明了卑鄙是卑鄙者的通行证，高尚是高尚者的墓志铭。自然界有个蝴蝶效应，一只蝴蝶扇动一下翅膀，搅动了空气，经过一系列传递，却在千里之外形成了巨大的风暴。人世间的每一个事物之间确实都存在着微妙不可思议的联系。这世间的每一个行为、每一句话，乃至每一个念头，都如蝴蝶扇动的翅膀，会辗转带来深刻的影响，这就是天地间有一位无形的"史官"。当人们想要瞒天过海时，不知是否听到了云层中隐隐的怒吼："史官在此！"

唉，都说"以古为镜，可以知兴替"。史书就是一面镜子。可是，古往今来的统治者和管理者，有多少位会愿意走到镜子前照照自己呢？

四

多日读史，发现有些史实前后有矛盾，结果让我越读越困惑。倒是昨天两位朋友在论坛里的跟帖解开了我的疑惑。一条是尚霆兄说的：照镜子的人根据自己的想法找镜子照，把不符合自己要求的镜子打碎；另一条是王宏兄说的：他们照不照镜子已不重要，重要的是他们要让其他照镜者相信，所看到镜像都是真实的。

这两条，我在读司马光的《资治通鉴》时找到了答案。《资治通鉴》说刘备的性格"有大志，少语言，喜怒不形于色"。这些是刘备深沉有大志的正能量记载，明显沿袭了《三国志》的文字。但《三国志》同时说刘备"不甚乐读书，喜狗马、音乐、美衣服"。这些描写刘备生性奢侈的语言，却被司马光删除了。可以说，《资治通鉴》展现的刘备是不完整的，甚至是歪曲的，不如《三国志》交代得全面。但司马光为什么要这么做？难道是他人品有问题？有什么私心杂念？

其实，在司马光那个时代，宋朝的儒学思潮，逐渐形成了以道德涵养为一切基础的价值观。对于司马光这些儒学家看来，如果一个嗜酒好色之徒都能成大业，何以规劝以后的皇帝恪守道德律条呢？司马光的《资治通鉴》是写给皇帝看的教科书，对这个问题就有所考虑，因此删去了刘备喜好声色犬马的文字，仅保留关于他有大志向的描写。这就是典型的先有观念，后有历史。而《资治通鉴》对更复杂的一些政治话题，如改革、君臣关系、女人在政治中的作用等话题的讨论，看上去仅仅是在总结历史，其实有很深刻的现实指向。

司马光按照自己的理念来编辑传统文献，决定什么样的文字能够进入

《资治通鉴》，什么样的文字不能进入。所谓"稽古以至治"，这句话的逻辑是，先去总结历史经验，然后找出治理国家的经验和规律。然而事实却相反，司马光在编修前，头脑中已经有一套治理国家的观念。在这套观念的引导下，司马光再通过《资治通鉴》"稽古"。说白了，就是司马光以自己的观念来剪裁历史。因为，在司马光看来《资治通鉴》没有一个字在讲宋代，但每一个字都在讲宋代。

通常，我们有两种历史，一种是经历的实际生活的历史；还有一种是编撰、追忆的历史。前一种历史当然是更重要的，但如果没有后一种历史形态，部分历史就更难以让后人知晓。但对后一种历史的记载往往会出现前后不一致或者矛盾的情形，我想除了司马光这种情况外，还有其他。

一者是，历史上的事情有很多连亲历者本身都说不清楚，更何况记载历史的史官？同一件历史事件，在不同人的眼里，自然也能看到不同的地方，记载的时候也有偏差。更何况有很多人因为个人的喜好、现实中的各种复杂的利益关系、社会总体的道德观念的影响，会故意隐藏一段历史、歪曲一段历史等等。

二者是，由于史官所处的时代不同，看到的资料不同，描述的历史也不一样。《史记》中所描述的历史和《左传》、《国语》、《战国策》中的记载有很多矛盾的地方，事件发生的时间、地点、人物等也有不同；《三国志》有关东汉末年的记载也与《后汉书》中有出入，有的事情甚至是完全的本末倒置。

三者是，历史是胜利者书写的，后人写前人的历史总会有些偏离，何况有些东西不只是通过史书去了解，而是口口相传，或者是历史遗物，或者是野史民谣。总之没有绝对真实的历史，所谓的史实毕竟离我们已经很久远了。

所以，读到今天，我才发现，其实可不可信并不重要，重要的是你愿意相信什么。比如玄武门事变，你可以相信这是李世民迫不得已，是为了大唐百年基业的避险和自救行为；你也可以认为这是兄弟相残，权贵都没人性；你还可以相信他们是为了争一个女人。当有人强迫你相信一个事实并不断宣称那是唯一的真相时,你不可避免地要寻找另一个来反证,尽管那个也未必靠谱。于是,你会被绕进一个死胡同:"真正的历史,存在于历史书之外。"

什么时候能看到更多的真正真实、客观、公正的历史著作呢?我想,全民写史的年代就可以解决这个问题。我们正处于从一个"少数人写史给少数人看"的时代跨越到"多数人写史多数人看"。套用一句先哲说过的话:只有勇于直面自身历史的民族才是最有希望的民族,只有人民能够秉笔直书当代历史、眼下历史的时代才是最有希望的时代!

因为,不管是什么人,不管你生前是多么的强健伟大,多么的不可一世,你都不可能"万寿无疆",你的历史都得由后人来写,你左右不了后人要根据自己的理解所写的历史,你阻挡不了后人要撰写真实历史的意志。

现在人人都可以写史,可以写自己的,也可以写他人的,普通人也能留下自己的历史,可以留存,也可以发表,纸媒发表不了的,在网上发表。写作几乎没有门槛,出版也很容易,过去要出一本书都很难,现在最畅销的历史书往往不是专家写的,常常是业余作者首先在网络上发表,如当年明月的《明朝那些事儿》。

当然,人人写史写出的书不能全信,有可能有掩饰的地方,有文饰美化的地方,但是历史就是这样。各种各样的史料摆在一起,很多双眼睛是不容易看错的,就是说历史上各种各样的史料出现,能够达到一种平衡,这样自然而然就会形成比较客观、全面的历史。

目录

● 上　篇

一、一份决定太子命运的密件 / 003

二、一场充满阴谋的婚姻 / 006

三、一个被叫做"叔世"的现象 / 010

四、满城遍是有钱就任性炫富风 / 014

五、继位后的刀光剑影 / 018

六、太子司马遹之死 / 022

七、司马伦的狗尾续貂 / 026

八、一代贤相的最后归宿 / 030

九、天下熙熙皆为权来 / 035

十、何时才能明白政治有风险 / 039

十一、司马炽的无奈 / 044

十二、史上最命运多舛的皇后羊献容 / 048

十三、清谈误国下的奇葩 / 052

十四、美女不如美男的日子 / 056

十五、人要活在自己的良心里 / 060

十六、没有自信心注定没出息 / 064

十七、洛阳失陷前后的四张面孔 / 069

十八、南渡，南渡，一位相士的先知先觉 / 075

十九、只懂军事不懂政治的江南士族 / 080

二十、皇位在颠沛流离中诞生 / 084

二十一、谁是西晋最后的依靠 / 088

二十二、做人是需要一点骨气的 / 093

二十三、日落长安 / 097

● 下 篇

二十四、不幸公主的劫后余生 / 103

二十五、司马睿是怎么样站稳脚跟的 / 107

二十六、做皇帝和北伐哪个更重要 / 111

二十七、幸福的事就是跟舒服的人在一起 / 115

二十八、野心越大离身败名裂越近 / 119

二十九、由蝉蜕变而成的司马绍 / 123

三十、江南名媛庾文君的绝伦凄美 / 127

三十一、爱折腾的人终被折腾所误 / 132

三十二、宁愿在山头上望监狱 / 136

三十三、陶侃，千年不衰的家道 / 140

三十四、陵阳很美，但很传奇 / 144

三十五、成功男人的版本：颜值高，价值更高 / 148

三十六、用入世的精神去做出世的事 / 152

三十七、男人一生最好的投资是有一个好女人 / 156

三十八、世界这么大，我想赌一把 / 160

三十九、桓温的北伐之梦 / 164

四十、不流芳百世，就让我遗臭万年 / 168

四十一、晋哀帝司马丕何以走上不归路 / 172

四十二、见过倒霉的，没见过像他这么倒霉的 / 176

四十三、如果有天我悄然离去，请把我埋在春天里 / 181

四十四、她不在江湖，江湖却有她的传说 / 185

四十五、惹谁也不要惹怒你身边的女人 / 189

四十六、谢安的做官与不做官 / 193

四十七、你又没问我仇人是谁 / 197

四十八、谢安的官场黄金裙带圈 / 201

四十九、一代名将的凄凉身后事 / 205

五十、数年的放纵，换来的将是一生的沉沦 / 210

五十一、人面狗心的典型小人标本 / 215

五十二、白痴皇帝的哀叹：我的命运任人做主 / 219

五十三、始于政治谣言终于政治作秀 / 223

五十四、你不能用一只手去遮天下人的眼 / 227

五十五、谁破坏游戏规则谁就得付出代价 / 231

五十六、做人永远不要太把自己当回事 / 235

五十七、引咎自难，看东晋官员的最后担当 / 239

五十八、邪教组织差点要了东晋的命 / 243

五十九、卖鞋为生的刘裕为何会赢得江山 / 247

六十、为何国破家亡会是聪明智慧的人 / 252

六十一、离开一个地方，风景就不再属于你 / 257

参考文献 / 261

上 篇

今夜，我试图走近两晋王朝，这是个有些说不清道不明的朝代，以至于很多人宁可去忘记、宁可去忽略，因为它发生了太多杂乱无章的朝政和风云诡异的战争，朝纲不振、道德被毁。还有，父子之亲、君臣之义、夫妇之别、长幼之叙、朋友之信，各种人伦在这里完全被忽视、被践踏。

一个经历半个多世纪的对峙和征战才统一起来的皇朝，一个"赋役平均、人咸安其业而乐其事"的初步繁荣的社会，竟然如沙上之塔，顷刻间崩溃了，瓦解了，重新陷入了割据混战的状态。人们不禁惊诧，陷入了深深的思索之中。

晋朝，如同楼兰古国，楼兰早不在江湖，但江湖上却还流传着它的传说。晋朝是个谜，这么一个昙花一现的朝代，在短短150年间，它到底发生了什么？人性是怎么演绎的？也许越是乱世，越能看出人性的恶、人性的善、人性的模棱两可。尼采在《不合时宜的考察》里写了这么一句话，"世界弥漫着焦躁不安的气息，因为每一个人都急于从自己的枷锁中解放出来。"在我看来，这大概就是两晋王朝关于人性的最真实写照。

晋朝更是个借鉴，一边是昏弱的庙堂、疯狂的时代、炫富的社会、清谈的人们，一边是外族入侵、国土沦陷、铁蹄践踏、百姓涂炭，好在还有一些凭良知做事敢于担当的官员，用入世的精神去做出世的事情，让国祚得以延续，让民族自尊得以存在。

今夜读晋史，也许我们不能从历史中寻找答案，但能从历史中找到灵感。

一、一份决定太子命运的密件

自欺的人，令我感到作呕，无论他们曾做了何种伟大的事业，我给他们的评价还是零分。

——尼采

咸宁四年（公元278年）十月的一天，洛阳皇宫内大殿里热闹非凡，满桌的珍馐美味，晋武帝司马炎正大摆筵席跟东宫的所有官员推杯换盏，痛快畅饮。

这时候，晋武帝不露声色地派信使给太子司马衷送去一个密件，说里面有急需处理的政府公文，并再三叮嘱，务必令太子立即决处，不得滞留，待处理完毕，再亲自带回。晋武帝与群臣在筵席之上，且饮且谈，静候结果。

信使到达东宫，太子妃贾南风见到密件，不禁惊出一身冷汗。她深知皇上用意，这是在试探太子的水平和能力。一想到最近有人在传太子的智力实在难以承担大任的"谣言"，一想到此密件关系到太子的地位与自己的前程，她哪敢掉以轻心。但眼下东宫上下已无一个官员，全部被皇上给叫去喝酒了。她只得买通信使，到宫外请了一个人代答。来人不明底细，答词多引经据典，卖弄学问。东宫的小宦官张泓在一旁提醒贾南风："这不行的，太子本来不读

晋武帝司马炎

书，没有多少才学，如果回答问题多引古义，必会露出马脚，到时追查起来，太子反倒吃不消。依我看，不如就事论事，直接回答。"贾南风一听，大喜过望，对张泓说："那你就给我好好作答，我不会忘了你的忠心，来日少不了你的荣华富贵。"

这个张泓平时有点儿小才，得到贾南风的赞许，挥笔而就，又让太子重新誊写一遍，交给信使，总算交差。"好险！"此时，贾南风心里仍在怦怦直跳，后背的衣衫早已湿透一片。

晋武帝看到答书，见说得有板有眼，头头是道，顿时喜形于色，立即交给旁边一直不看好太子的大臣卫瓘。卫瓘看了，一副迷惑不解而又局促不安的样子。殿上众人这才知道今日酒宴的真相，都高呼"万岁"。从此，朝廷上再也没人对太子议论纷纷了。

这个太子就是后来历史上有名的白痴皇帝晋惠帝司马衷。很多人对晋朝没多大印象，但这个皇帝的形象深入人心。他的名气跟他的两个典故有关。池里的青蛙是为官而鸣还是为私而叫？那些将要饿死的人怎么不去吃肉粥？有了这两个朝野皆知的典故，几个忧国忧民的大臣便坐不住了。

那天，君臣在陵云台会宴，晋朝是个奢靡的朝代，权贵们的吃喝玩乐像流行病一样四处蔓延，经常不分昼夜山吃海喝。宴会上，卫瓘假装酒醉，跪到晋武帝御座前说："臣有事启奏陛下。"武帝道："你想说什么？"卫瓘欲言又止，几次话到嘴边又咽了回去。最后，卫瓘用手抚着御座说："这座位太可惜了！"武帝顿时领悟到他的意思，也不动声色，故意岔开话题："你真是大醉了！"卫瓘见状，便不再多说。

其实，晋武帝比谁都聪明，对于儿子的无能和白痴，他是十分清楚的，他知道这个儿子难以担负国家重任。他一生共有二十六个儿子。不幸的是，二十六个儿子当中虽不乏聪慧之辈，但长子司马轨却不幸夭折，因此次子司马衷成了事实上的长子，按中国的继承人法则，司马衷要被立为太子。晋武帝也好几次想改立其他儿子作为太子，但是遭到了他心爱的杨皇后的极力反对，所以只好作罢。这也就是后世对晋武帝评价不一的主要原因，他虽称得上英武果敢，但在个人感情上却优柔寡断，有妇人之仁。

当然，更重要的是，晋武帝很喜欢另外一个人，一个很像他爷爷司马懿的人。而这个人恰恰是保住司马衷太子地位的筹码。他就是司马衷的儿子司马遹。

晋武帝清晰地记得那个夜晚，那是在司马遹五岁时，宫中失火，晋武帝登楼远望。这时候他的衣角被人一拉，原来是司马遹，司马遹拽着晋武帝的衣襟到暗处。晋武帝很奇怪，问他原因，司马遹说："夜晚仓促之间，应该防备非常变故，不应让火光照见陛下。""真是奇才。"晋武帝赞叹不已。还有一次，司马遹跟着晋武帝观看猪圈，对晋武帝说："猪很肥，为何不杀掉来犒劳将士大臣，却让它们在这里浪费粮食呢？"晋武帝认为他的主意很好，于是马上让人杀掉这些猪赏赐群臣。并抚摸着司马遹的背，说："这小儿将来会兴旺我司马家呀！"后来晋武帝当着群臣称赞司马遹像晋宣帝司马懿。

于是他把赌注压在了这个尚处孩提时代的皇孙身上，最终还是选择了司马衷这个白痴作为皇位的继承人。这估计就是皇孙效应，后来的朱棣喜欢孙子朱瞻基，立了同样他并不看好的朱高炽作为太子。

晋武帝的这个赌注居然成了晋朝的一个很大的拐点，就把开国的十年繁荣期匆匆画上句号。因为他这个赌注是确确实实赌错了，不仅连同这个天才皇孙的性命，甚至连晋朝的社稷江山，都被赌输得一点不剩。

二、一场充满阴谋的婚姻

一个人在本性的驱使下，会力图控制自己的习惯或竭力为自己的习惯辩护，或尊重，或责备，掩饰自己的习惯。

——尼采

泰始八年（公元272年）二月的一天，洛阳城天降大雪，飘飘洒洒，竟一连下了一整天，积雪盈地二尺多厚，整个京师银装素裹。大雪把道路封得严严实实，无法辨认，本来就要率大军出发的贾充不得不原地待命，等待冰雪消融。

由于西北秦、凉一带氐、羌反叛，屡屡挑起事端侵略边境，侍中任恺、中书令庾纯奏请朝廷派贾充出镇关中，因为他们嫉妒深得晋武帝宠幸的贾充，就借机使绊。贾充心里很不情愿离开朝廷。几年后，在征吴时，这个大臣感兴趣的也只是宫廷斗争，国家在他生活的天平上充其量不过是一个实现个人欲望和权力的依托。他对战争一无所知，甚至毫无兴趣，最后在司马炎的压力下才出任征吴统帅的。

这次，贾充对任恺等人十分怨愤。平日与他来往密切的中书监荀勖也若有所失。荀勖对身边人说："如果贾充出征了，咱们就少了依附，在朝廷上定会失势，我们应该要想办法改变皇上的意思。"

见到贾充后，荀勖便借口到私处密谈，贾充显得很急，没等荀勖开口，先讲了自己的忧虑。

荀勖微微一笑说："您贵为国之宰辅，要是受制于任恺等人，岂不是太窝囊了！不过，此番奉命出镇关中，已很难推辞。"

还没等贾充流露失望的神情，荀勖话锋一转，神秘地说："现在只有一条路可以帮你走出困境。"

贾充疑惑地看着荀勖："有何计策？"

"您知道，太子已经十三岁，尚未订婚，您不是有几个女儿吗，只有您与太子联姻，即使想去关中，也走不成了。这个……这个……你懂的！"荀勖靠前了一步说。

贾充豁然开朗，盯着荀勖道："真不愧是我好兄弟。果然妙计！但如何跟皇上提呢？"

荀勖回答："我自有办法。"言罢，又故作神秘地一笑。

没多久，荀勖被武帝召入宫中侍宴。他借着酒兴，对皇上说："皇太子已年富春秋，理应早日成婚，以传继宗祧，承嗣皇统。贾充的女儿才色绝世，又有贤淑妇德，宜配太子。请陛下择定。"

荀勖对贾女的这番描绘，分明就是民间媒婆的说辞，不着边际，差点连自己也信以为真了。其实，晋武帝对贾充女儿的情况很清楚，对太子的婚事，心中也早已有谱，他准备给太子娶大臣卫瓘的女儿。他曾经与皇后杨艳讲："卫氏之女与贾氏之女，实在是泾渭有别，你难道不知道？贾家夫人天生好妒，又生子不多，贾家的姑娘个个长得又黑又丑不说，且个个身材短小，若是娶来会影响我司马家的后代；卫家夫人天性贤惠而又儿孙满堂，卫家姑娘长得白皙漂亮不说，个个身材修长，高个媳妇门前站，不会做活也好看。你说该选谁？"但杨皇后早就被荀勖等人给洗脑，说贾女如何如何的贤德，便固执己见，与荀勖异口同声，请选贾氏。

荀勖与贾充都是武帝的亲信大臣，谋议决断军国大事，很受器重。为太子妃人选一事，众人异口同声请选贾充之女，就连深知自己心意的杨皇后也态度鲜明，这就促使晋武帝不能不慎重考虑他们的意见。为了自己皇位的稳固，他也答应下来。荀勖等人不敢有丝毫怠慢，他们加紧活动，力促太子早日成婚。他上奏武帝："现仲春二月，天普降瑞雪，实是吉兆。皇太子应即择良辰成婚。"武帝恩准,于泰始八年(公元272年)二月,下诏为太子迎娶贾充之女。因为太子要与贾女完婚,贾充就不再西行。

迎娶那天,出现了乌龙剧,本来是要选贾充年方十二岁的女儿贾午入宫。可笑的是,贾家的姑娘果然身材矮小,连结婚的礼服也穿不起来。无奈,只得换了贾午的姐姐贾南风。这年她十五岁,比太子大两岁。就这样,贾南风阴差阳错成了皇太子妃。

选不选贾南风,这是个问题。但这不是一个简单的选妃问题,而是一场政治较量。其实,晋武帝心中也有一本账。

第一,贾充的大族地位及贾氏集团煊盛无比的势力,始终是晋武帝行政决策时所必须考虑的因素。第二,荀勖与贾充都是武帝的亲信大臣,几年来军国大事都与他们谋议决断,使得晋武帝在这件事情上也不得不考虑他们的意见。第三,在立储前,晋武帝的弟弟司马攸是皇位的最佳继承人,而贾充的女儿贾荃又嫁给了司马攸做妃子。既然太子已立,就需要结缘强族,清除太子即位的障碍。晋武帝担心贾充

贾南风

因姻亲关系倒向司马攸一边,将不利于太子继承皇位,于是趁接纳太子妃的机会笼络贾充。

此外,还有一点,是司马炎的自大和轻视所致,以为司马王朝固若金汤,千秋万代是没问题的,才会去将就他们。直到临死前他才想到让司马亮监国,遗憾的是,晚了。

贾南风入宫之后渐渐发现,皇太子司马衷竟是个呆子,除明白衣食男女之外,对其他事仿佛显得懵懵懂懂。不过,工于心计的贾南风虽然对太子不中意,但有着极强的占有欲和控制欲,决不允许宫中其他女人接近太子得到宠幸。随着时光的推移,从娘家带来的嫉妒品性渐渐暴露无遗,她越来越酷

虐凶暴，看着谁不顺眼，就亲自拿刀将人杀死，尤其对偶尔受到太子御幸的妃妾，更是毫不留情。一次，贾南风听说司马衷的一个妃妾怀了孕，便手持画戟，猛击那个妃子的腹部，生生地打得胎儿流产坠地，血肉模糊，惨不忍睹。"居然有这样残暴的女人！"晋武帝知道这事后，十分恼怒。这时，正巧专门为监禁后妃们准备的场所金墉城落成，就准备废了她，让她尝尝鲜。但皇后杨芷和大臣杨珧都为贾南风求情，晋武帝一心软，就不了了之。

这场政治婚姻一开始就充满了阴谋。立太子错，选太子妃也错，这是英武的晋武帝所始料未及的。在接下来的日子里，这个贾南风，这个人性极度扭曲的女人，差不多可以叙述半部西晋史。

三、一个被叫做"叔世"的现象

人的自大是一种只有在回顾时才被发觉的心态，它的存在只有在受到惩罚后才能被确定。

——纳博科夫

其实一开始，司马炎就错了。

也许这个皇位得来未免太轻松，他的爷爷完成了原始积累，他的父亲掘得了第二桶金，他水到渠成地摧毁了魏皇室，坐享其成地获得了父祖辈的成果。

登基不久，当年那个厉行节俭，遇车舆的青丝绳断了以青麻代之、御医献雉头裘而当众焚烧的司马炎渐渐消失了，取而代之的是一个色欲熏心、尽情享乐的皇帝。司马炎走的是：不是在建功立业中老去，而是在酒色肉香中沉沦。

西晋，这个看似一个新政权，其实已是一部千疮百孔的老机器。一开国就暮气沉沉，也只有司马王朝如此。汉、唐、宋、明、清，哪怕最不济的元朝，也会在开国之初励精图治一番，让民众看到希望，有个奔头。

当时一位叫刘颂的官员，已敏锐觉察到西晋歌舞升平之下的汹涌暗流。他称西晋社会处于"叔世"。"叔世"者，末世也。在给晋武帝司马炎的上疏中，刘颂一针见血地说："伏惟陛下虽应天顺人，龙飞践阼，为创业之主，然所遇之时，实为叔世。"

为什么说刚刚建立不久的西晋政权已到了末世呢？他进一步解释说："陛下泰始初年才登大位，但是朝中高官都是前代功臣的后裔，不是他们的子孙，就是他们的曾孙、玄孙。古人说过，纨绔子弟本性难移，所以当今虽是新朝，遭逢的却是'叔世'"。

在刘颂眼里，西晋的"叔世"现象最主要表现是统治集团都是前代功臣的纨绔子弟，其深层次的原因是曹魏以来推行的门阀制度，核心就是九品中正制。

在科举制以前，魏晋选拔人才采取的是九品中正制，说白了，就是推荐制，谁来推荐你去做官呢？不是你的老师，也不是你的校长，更不是教育局里的领导，而是朝廷征聘的一些名士来担当推荐人，就是中正、大中正，通过他们来推荐人才，他们往往从士族子弟中发现所谓的人才。所以魏晋有一个独特的现象，大多数官员起自于家族的栽培和扶持，没有家族名流在中正面前说好话，在皇帝面前说好话，他们一般是不会成功的。所以士族踏进官场以后，他们首先要为这个家族负责，也因此在魏晋南北朝时期，经常有名士把皇帝封给他的爵位让给本族子弟。这就是所谓的士族统治。

有这么一个例子。武帝问王济："你家的子弟谁拔尖，可以推荐他出来做官。"王济说，我的叔叔水平最高。武帝大惊，别人不都说你叔叔是个呆子吗？王济说，我以前也这样认为，但最近才发现他水平最高。然后王济的这个叔叔就被封为大官。

当人们问王戎，年轻的王衍可以比当今哪一位大名士，王戎说当今无人可比，得从古代圣贤中找。王戎大女儿嫁权臣贾谧，二女儿嫁太子，如果他不是琅琊士族，这是不可想象的。

而王衍常说，下一代英才王澄第一，庾敳第二，王敦第三。这三个人中，王澄是其亲弟，王敦是其堂弟。和王衍齐名的乐广听到了就不高兴，逢人便说三王不如一卫，意思是他们王家兄弟仨捆到一起也不如他的女婿卫玠。

这些人到底怎么样，先留下一个悬念，因为后文还会提到。

当时另一名官员刘毅在"九品八损疏"里对中正舞弊的揭露更直接：上品无寒门，下品无士族。

刘毅对这种选拔人才制度的攻击重点是，担任中正的这些人权力不受监督，与权贵勾结，随意升降士人品级，导致推举名不符实，权贵之家和奔走权势之门的南郭先生遍地都是。上品均被当朝权贵和与权贵有关系的人所独占，而无权势和不附权势的守道者只能居于下品。

一个国家的兴盛，一个社会的发达，离开人才寸步难行。没有人才，就没有未来，没有希望。统治者的责任，就是要去发现人才，培养人才，重用人才。而九品中正制最大的弊端，是排斥人才、压抑人才，甚至扼杀人才。

晋武帝无"经国远图，惟说平生常事"，他手下凭门第居职，尽是庸才。怪不得阮籍登荥阳广武山，观楚汉战场时叹说："时无英雄，使竖子成名！"自然是话里有话，一则是谩骂玩弄权术起家的刘邦，映射那些包括司马氏在内的得势于一时的风云人物；二则也是激愤于生当乱世，他们这些名士空负英雄之志，而无法酬其夙愿。可想而知，这个整天喝得醉醺醺的名士，心中该有多少痛楚。

士族统治带来另一个致命的东西，就是奢靡之风四处弥漫。任何一个社会、民族、国家，奢靡之风都是致命的腐蚀剂。晋武帝是西晋奢靡之风的倡导者。他不仅荒淫，而且贪婪。奢靡之风像流行病一样在权贵中传染蔓延。

他的重臣太尉何曾就是一个典型，生性奢侈，帷帐车服，厨膳滋味，务求奢华。一日食用花万钱，还居然说无下筷子的地方。而其子何劭，比他的老爸翻番，更是个日费二万钱连眼睛眨也不眨的主。

就是这样一个贪图享受的人，也好像已经看到了晋朝的尽头。何曾经常陪着司马炎赴宴，回来后告诉几个儿子说："陛下创建了基业，并要把基业传给后世子孙，然而我每次在宴会上，却从未听他说过治理国家和图谋久远的谋略，只是说些平生的常事，他的后代恐怕就很危险了吧？他的太平基业也仅就到他个人一身而已，他的子孙真够让人担忧的呀！你们还可以安然无事？"他又指着自己的几个孙子说道："你们这一辈人必殃及祸乱！"后来果然爆发八王之乱，何曾的孙子何绥被东海王司马越诛杀。他的另一个孙子何嵩哭着说："我的祖父真是大圣人啊！"

司马光在《资治通鉴》里对何曾进行猛烈批评，说他不是忠臣。"何曾议武帝偷惰，取过目前，不为远虑；知天下将乱，子孙必与其忧；何其明也！然身为僭侈，使子孙承流，卒以骄奢亡族，其明安在哉！且身为宰相，知其君之过，不以告而私语于家，非忠臣也。"

九品中正的制度和奢靡腐败的风尚，让晋朝的人开始担忧起来。因为，幸福一旦成了有钱人和有权者的专利，那么对底层百姓来说，就成了奢侈品。关乎民生的善政雨露，要洒在每个人身上，不容漠视，不容迟疑，不容巧言令色。千万别让特权集团、官僚主义、世风日下，闷坏了善政良序。一个国家文明如果闷坏了，无论庙堂还是江湖，谁也解脱不了，只有沉沦，继续沉沦。

四、满城遍是有钱就任性炫富风

日月欲明，浮云盖之；河水欲清，沙石浊之；人性欲平，嗜欲害之。

——刘安

晋朝开国之初的那个年代，看起来很美，到处金碧辉煌，到处奢侈铺张，有钱就任性，其实把人性中丑陋的一面给暴露无遗。在晋武帝带头提倡下，朝廷里的大臣把摆阔气当做体面的事。于是炫富、比富之风就在社会上流行起来。

在京都洛阳，被排在当时富豪榜上前三的有：一个是掌管禁卫军的中护军羊琇，一个是晋武帝的舅父、后将军王恺，还有一个是散骑常侍石崇。那年，石崇从地方官到了洛阳任职，一听说王恺的豪富很出名，有心跟他比一比。他听说王恺家里洗锅子用饴糖水，就命令他家厨房用蜡烛当柴火烧。这件事一传开，人家都说石崇家比王恺家阔气。

王恺当然不服输，在他家门前的大路两旁，夹道四十里，用紫丝编成屏障。谁要上王恺家，都要经过这四十里紫丝屏障。这个奢华的装饰，不仅让洛阳城的人看看都醉了，而且连我这个千年后的读史者想想都醉了。

石崇成心压倒王恺。他用比紫丝贵重的彩缎，铺设了五十里屏障，比王恺的屏障更长，更豪华。王恺输了一招。但是他还不甘心罢休，向他的外甥晋武帝请求帮忙。晋武帝觉得这样的比赛挺有趣，就把宫里收藏的一株两尺多高的珊瑚树赐给王恺，好让王恺在众人面前夸耀一番。

有了皇帝帮忙，王恺比阔气的劲头更大了。他特地请石崇等一批官员上他家吃饭。宴席上，王恺得意地对大家说："我家有一件罕见的珊瑚，请大家观赏一番怎么样？"大家当然都想看一看。王恺命令侍女把珊瑚树捧了出来。那

株珊瑚有两尺高，长得枝条匀称，色泽粉红鲜艳。大家看了赞不绝口，都说真是一件罕见的宝贝。只有石崇在一边冷笑。他看到案头正好有一支铁器物，顺手抓起，朝着大珊瑚树正中，轻轻一砸。"哐当"一声，一株珊瑚被砸得粉碎。

周围的官员们都大惊失色。主人王恺更是满脸通红，气急败坏地责问石崇："你……你这是干什么！"石崇嬉皮笑脸地说："您不用生气，我还您就是了。"王恺又是痛心，又是生气，连声说："好，好，你还我来。"石崇立刻叫他的随从回家，把他家的珊瑚树统统搬来让王恺挑选。不一会儿，一群随从回来，搬来了几十株珊瑚树。这些珊瑚中，三四尺高的就有六七株，大的竟比王恺的高出一倍。株株条干挺秀，光彩夺目。至于像王恺家那样的珊瑚，那就更多了。周围的人都看呆了。王恺这才知道石崇家的财富，比他不知多出多少倍，也只好认输。

不要说这个场面，就连石崇家的厕所都成为炫富的资本。据《世说新语》等书载，石崇的厕所修建得美轮美奂，准备了各种的香水、香膏给客人洗手、抹脸。经常得有十多个女仆恭立侍候，一律穿着锦绣，打扮得艳丽夺目，列队侍候客人上厕所。客人上过了厕所，这些婢女要客人把身上原来穿的衣服脱下，侍候他们换上了新衣才让他们出去。凡上过厕所，衣服就不能再穿了，以致客人大多不好意思如厕。

官员刘寔年轻时很贫穷，无论是骑马还是徒步外出，每到一处歇息，从不麻烦主人，砍柴挑水都亲自动手。后来官当大了，仍是保持勤俭朴素的美德。有一次，他去石崇家拜访，上厕所时，见厕所里有绛色蚊帐、垫子、褥子等极讲究的陈设，还有婢女捧着香袋侍候，忙退出来，笑对石崇说："我错进了你的内室。"石崇说："那是厕所！"刘寔说："我享受不了这个。"遂改进了别处的厕所。

一个炫富的时代、一个比富的王朝，注定是很危险的。有钱就任性带来的后果十分严重。西晋早期确实是一个富得流油的国家，中原地区国民的富庶程度也许不比今天的中国逊色多少。上层社会过着花天酒地、奢靡不堪的生活，与纵欲享乐相配套的是好逸恶劳怕吃苦和没有进取精神。晋人的懒散体现在不爱走路,做事漫不经心,不思进取,连穿衣服也选择宽松的式样。晋人享受生活是通过追求短暂的肉体快感和麻木心灵来实现的,因此缺少社会责任心,没有必要的忧患意识。更何况,西晋富豪群的财富很少是通过正当手段取得的,石崇在荆州刺史任上就多次指派治安部队抢劫富民商旅。只有通过勤劳和智慧取得的财富才是安全可靠的,不法横财是主人的灾祸之源,所以西晋的富豪大多不得善终。

当时有一个大臣傅咸,上了一道奏章给晋武帝。他说,这种严重的奢侈浪费,比天灾还要严重。现在这样比阔气,比奢侈,不但不被责罚,反而被认为是荣耀的事。这样下去怎么得了。晋武帝看了奏章,根本不理睬。他跟石崇、王恺一样,一面加紧搜刮,一面穷奢极侈。西晋王朝一开始就这样腐败,这就注定要发生大乱了。

在比富炫富的影响下,西晋还流行一种时尚潮流,那就是喜欢清谈。"清谈"说白了就是说些没任何实际内容的玄幻、空灵之语。无论是关系国计民生的大小会议,还是普通的亲友聚会,大家无不侃侃而谈,说出的话四平八稳,面面俱到,无懈可击;可仔细一想此人又什么也没说,没有一句话涉及实际问题。

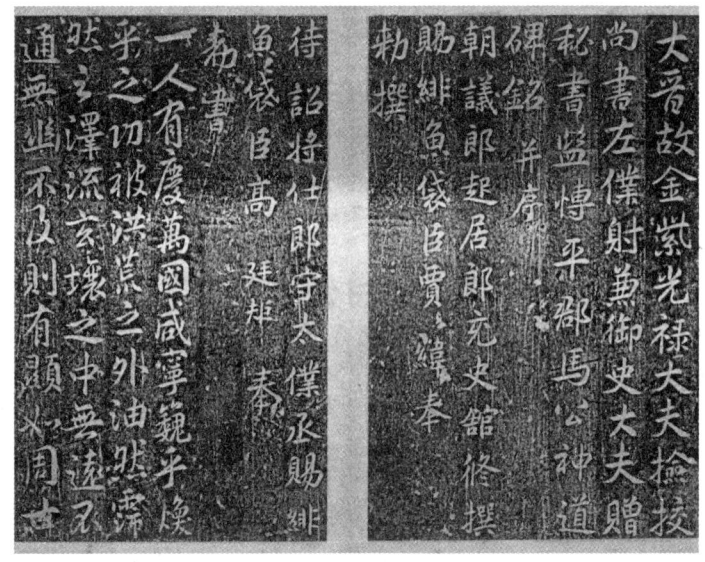

晋代行书碑刻《马文操神道碑》

西晋第一富豪石崇的结局极具讽刺性，这个靠抢劫起家的官员，最后也撞上了被大官抢劫的厄运。不但全部财富遭抢，连全家的脑袋也给抢走了。他的财富令许多人红眼，尤其是令权力人物红眼，权势比他大的人无疑想把他的财富攫为己有。赵王司马伦当政时，军阀孙秀看上了石崇的女人和财产，就给石崇安上一个莫须有的谋反罪名，带领军队光天化日之下闯进他的家，把他的财产和女人全部抢走了。孙秀还嫌不过瘾，又回过头来把石崇的三族几十口男女全部押往东市刑场，每人的脖子上砍了一刀。

石崇被逮捕时，居然以为是她的爱妾绿珠惹的祸，孙秀只是看上了他的女人。现在女人都归孙秀了，孙秀应该满意了，随后就会发还他的家产了，根本没想到他会被杀头，更没想到会被"诛三族"。他只想到满朝文武都上他家做过客，他的人缘很好，那些人会为他申冤，却没想到那些来他家做客的官员从心里都嫉恨他。

全社会上层贵族的寄情山水，放纵女色，崇尚清谈，争奇斗富，醉生梦死，所造成的大气候似乎培育了魏晋丰富的文学色彩，催生了魏晋玄学的思想奇葩，但却葬送了司马皇家的王气，损伤了全社会的浩然正气，断送了平民百姓的芸芸生气。套用一句流行的话：这是寻死的节奏。

难怪有人一针见血地说，普遍而过分的奢侈必然会导致社会经济的崩溃与人伦道德的堕落，而经济的崩溃与道德的堕落又必然会带来政治大厦的坍塌与社会基层的全面动乱。

五、继位后的刀光剑影

只要为贪欲而进行侵略,人就不会有尊严。为贪欲而进行侵略是人间的常事,但这是可耻的。

——汤因比

太熙元年(公元290年)四月的一天,日暮时分。

晚春的夕阳在飞沙朦朦的深处摇摇欲坠,把最后一抹光彩撒向重重檐瓦的洛阳城。从皇城中向东北遥望,远方高处红墙青瓦的含章殿仿佛一位悄然独坐的巨人,披着满身的流光溢彩,在最后的辉煌中,无语沉思。

帝国的重要官员们都在皇城中忧心忡忡地等待着。三天前皇上因耽于声色,就已经因病重不视朝政了,几天来没有好转的迹象,只是声音微弱地问左右:"汝南王来了没?"一切似乎都表明:天子大行的时刻即将到来。

夜幕渐渐降下,随着红烛轻烟,就在此时,内殿突然灯火大亮,一片哀号之声划破了夜空的寂静:晋武帝司马炎停止了呼吸,时年五十五岁。慌乱之中,留下了一个烂摊子。呆呆傻傻的太子继位后,觊觎皇权的人们一个个都蠢蠢欲动。

从泰始八年贾南风被立为太子妃,到永熙元年晋惠帝即位后升为皇后,一共做了十八年的太子妃,一直处于守势和蛰伏的状态。

贾南风想干预外政,却前有杨太后,后有太后他爹杨骏,旁有宗室诸王司马亮等,哪一路人马都不是省油的灯。贾南风的权力欲望很快地显露出来,女人忘记如何妩媚动人的速度越快,学会憎恨他人的速度也就越快。

她的报复心极强,对于她所怨恨的人,只要时机成熟,都是要实施报复

的。惠帝一即位，贾南风就鼓动他向和峤发问："你过去说我料理不了国家大事，现在的情况怎么样？"和峤非常畏惧，一个劲赔罪，称："我过去的话未起作用，这真是国家的福气。"

贾南风出手了，她发动宫廷政变，做了三件让世人胆寒的事情：恩将仇报灭掉杨太后一家，借刀杀人杀害司马亮，栽赃陷害除去司马玮。

大司马杨骏是她第一道障碍。杨骏的霸道从晋武帝病重开始暴露出来，他把照顾晋武帝的人全部换上自己的亲信，晋武帝很生气："我还没死呢，你怎么可以这样过分？"

于是贾南风怂恿汝南王司马亮入清君侧，司马亮转告楚王司马玮。永平元年，司马玮入朝。贾南风派人对惠帝谎称杨骏谋反。惠帝哪里知道什么真假，降诏罢杨骏官。

杨骏得知内变，忙召众官相商，主簿朱振说："楚王玮无故入朝，必有谋明公之心，此定是阉竖为后谋，不利于明公。而今之计，宜速烧云龙门以胁之，索造事者首，引外营兵拥皇太子入宫取奸人，殿内震恐，必斩送之，不然无以免难。"

杨骏平日骄傲无比，此时却狐疑不决，他嗫嚅说："云龙门建造时工费巨大，怎么可以遽然烧了？"

侍中傅祗见杨骏无能，便起座对杨骏说："我入宫看看形势。"又掉头对群臣说，"宫中不可无人。徒然在此聚议，没有什么用处。"

群臣起身都走了，只剩下尚书武茂还呆坐着，傅祗瞪眼看着武茂说："公非朝廷大臣么？今内外隔绝，不知天子所在，怎得安坐？"武茂才惊醒过来，跟着大家一起走了。大概这傅祗算得上天下第一聪明人了。可见杨骏已是众叛亲离。

贾南风恐杨太后救父，派心腹密去监视，果然有杨太后写的帛书，从宫中射出城外，上面写着："有人救得杨太傅者千金，赏万户侯。"贾南风便宣言说太后同杨骏谋反。不久，藏在马厩中的杨骏被乱兵刺死，其手下连同家属被杀超过三千人。

贾南风将杨太后徙至永宁宫。她暗中唆使群臣纠弹太后。不久诏书废杨太后为庶人，禁锢在金墉城中。贾南风心如蛇蝎，又唆动狐群狗党，将杨太后的母亲庞氏枭首宫门。临刑，杨太后抱持号叫，并剪下自己的头发，上表贾后，婆婆向儿媳妇自称为"妾"，历史上独一无二，乞求放其母庞氏一条生路。废太后拼命哀求，贾南风反加催促，刀光一闪，庞氏的人头掉了下来。

除掉杨骏后，朝臣推举汝南王司马亮和元老卫瓘共同辅政，贾南风仍未完全掌权，你觉得她会满足么？正巧，司马亮也不吸取教训，渐渐自用自专。贾南风欲除司马亮而后快，她自草密书，胁令惠帝照写。

六月的一天晚上，贾南风命人把诏书交给楚王司马玮，密令他杀掉汝南王司马亮和卫瓘。司马玮得惠帝手书后召入禁兵五百人，捉拿住司马亮。洛阳城的街道上，顿时响起了将士们重沓的脚步声和兵甲撞击的锵锵声。很快围住了司马亮府邸，司马玮下令军中："斩司马亮者，赏布千匹！"乱兵一齐下手，有的割鼻，有的劈耳，有的砍手足，霎时间将司马亮乱刃分尸。可怜的司马亮临死前还叹息说，"我的赤心，可以破示天下。"随后又包围卫府，将卫瓘和眷属百余口，全部杀死。

此时天已经大亮，洛阳城内到处是士兵，提着血淋淋的兵刃，致使内外骚乱，人心惶惶。楚王司马玮正在得意扬扬带着部下四处巡视时，突然，贾后派人持幡（专门用于解散士兵的旗）对跟随司马玮的兵士说："楚王矫诏杀人，你们如何盲从？"话未说完，兵士都吓跑了。司马玮左右没有一人，窘迫不知所为，卫士立刻把司马玮拖落车下。又一道诏书颁下，说司马玮擅杀大臣，谋图不轨，立即斩首，可怜司马玮死得糊涂，死前还直呼冤枉。后来的洪秀全借萧朝贵韦昌辉之手，杀掉杨秀清，又借引起众怒的名义除去韦昌辉，跟这一幕如出一辙。螳螂扑蝉，黄雀在后，借刀杀人，一石二鸟，几个自以为是的男人被一个女人玩得团团转，以至于丢了性命。

从此贾南风专权朝政，开始肆无忌惮地胡作非为，不仅以怨报怨，而且还以怨报德。她把废太后杨氏幽居在金墉城时，尚有侍女十余人。贾南风先是杀掉那些侍女，并且完全不顾杨太后当初为了她的婚事、她的太子妃地位帮了多少忙，不让杨氏吃一口饭，一代母后最后竟被活活饿死。真所谓养虎自噬。

遗憾的是，在几场宫廷政变中，晋惠帝司马衷自始至终只是一个傀儡，一个符号，有时甚至连个符号都算不上。

人性不可过度解放，一旦彻底解放人性，则人性之恶无从制约。人性亦不可压抑，压抑人性的结果，只能是积累仇恨、束缚创造力。善恶具有同等的力量，任何人都是有善恶一体两面，善恶只在一念间，只有抑恶扬善遵循宇宙之理才不会乾坤颠倒。

六、太子司马遹之死

> 嫉妒能使亲密的好友翻脸,双方都会受到伤害,可以说,它是一种令人无可奈何的感情,象征着人性的弱点与丑恶的一面。
>
> ——诧摩武俊

东宫内,人头攒动,熙熙攘攘,太子司马遹在这里设市肆,摆摊切肉卖酒,让手下的人前来买卖。只见他以手代秤,估计轻重,斤两不差。而远远站在一旁的贾南风朝他冷冷一笑,嘴角带有一丝不易被察觉的邪意。

这个太子司马遹不是贾南风亲生的。她与惠帝共生了四个女儿:河东、临海、始平公主和哀献皇女,可惜没有儿子。司马遹的生母是晋惠帝的父亲晋武帝的才人谢玖。早在贾南风进宫前,晋武帝考虑到马司衷年幼,不懂房中之事,便让谢玖到东宫侍寝,谁知,谢玖竟然怀了孕。贾南风入宫后,谢玖备受嫉妒,只好回到西宫,不久,就生下了司马遹。

尽管身为皇娘,因为不是亲生,贾南风身上显露出很强的人性之恶:嫉妒。她生怕太子长大后对自己不利,于是,千方百计引诱太子热衷声色犬马,使其养成骄奢暴戾的性格,声誉日毁。具体有以下"三让"。

让太子及时行乐。人生就是要趁着年轻吃好玩好,何必要约束自己呢?错过的你都不会再有,再不疯狂我们就老了。

让太子严刑立威。要让别人服你,一定要制定严厉的刑法,多杀几个人,别人就怕你了。

让太子多多赏赐。反正是国家的钱,又不用你自己出。对侍从宦官要出手大方,大家才会记得你的好,永远忠心。

说到底，就是要好好玩，好好用钱，好好杀人。就在这样的"谆谆教导"之下，司马遹书没有读多少，倒是被糜烂的宫廷生活所熏染不少，只知与手下小宦官游乐玩耍，成了一个特立独行的少年。

等到时机成熟，贾南风和侄子贾谧等人就对外大肆宣扬太子的不是和短处，为废黜太子造舆论。对贾南风的意图，朝野上下尽人皆知，一时议论纷纷。这时候，洛阳城中流传起一首童谣："南风烈烈吹黄沙，遥望鲁国郁嵯峨，前至三月灭汝家。"历史上的童谣跟现在不一样，基本上是有所指的政治预言。这次也不例外，其中的"南风"正是皇后贾南风的名字，"黄沙"之沙是因为太子乳名叫"沙门"，贾谧承袭贾充封爵，封鲁国公，童谣正是喻指贾南风废立之举。

在她们的谋划下，一场旨在吹落"黄沙"的烈烈风暴来临了。西晋史上最著名的冤案也就形成了。

元康九年（公元299年）十二月，贾南风诈称惠帝有病，要太子觐见。太子入宫后，贾南风故意避而不见，派了使婢端来三升酒，以皇帝所赐为由，让太子全部饮下。太子想拒绝，使婢杏眼一瞪："难道皇帝想害你不成？难道你想抗旨不遵？"太子只好接过酒，喝得酩酊大醉。贾南风又让黄门侍郎潘岳模仿着太子的口吻书写了一篇表文，逼迫神志不清的太子照样抄写一遍。表文是这样的："陛下宜自了，不自了，吾当入了之。中宫（贾后）又宜速自了，不自了，吾当手了之。已与谢妃（谢玖）约定同时发难，灭绝后患，立吾儿司马道文为王，蒋氏（太子妃妾）为皇后……"

上面一张纸的意思是：痴呆皇帝应当退位，让我做皇帝了。皇后应当自尽，否则我就要出手了。第二张纸前言不搭后语，似乎是要和谢才人联手，做非常之事。贾南风有意写出这种含含糊糊的句子，就是要让人感觉太子要做大逆不道的事，全是暗语，隐藏着惊天的秘密。

太子迷迷糊糊，字大半写得不清，贾后又亲自补上笔画，交给了惠帝。

惠帝不辨真假，一见太子要他自己了结自己，这还了得，就同意贾后下诏："太子竟写这样的表文，赐死。"

然后，让黄门令董猛到式乾殿把太子的表文与诏书宣示于公卿大臣。大臣张华等人极力替太子开脱，请求惠帝要谨慎行事，并提出："此事关系国运盛衰，应先审问传送表文之人，再与太子平日手迹相核校，以防有诈。"贾南风早有准备，立即命人拿出太子平日所上的十几份奏章，众人反复比较笔迹，也没有比出个所以然，但谁也不敢断言不是太子手笔。

张华又提出，自汉武帝以来，废黜正嫡必然会招致国家丧乱，而且有晋之日尚浅，不宜行废立之事。东汉末年，袁绍、刘表哪个不是因为废长立幼而使得自己的势力二世而亡，曹操、司马昭哪个不是因为坚持立嫡而安定政权。

张华还指出了一个更严重的问题，就是西晋目前的执政根基尚不稳固，外有少数民族群狼环伺，内有藩镇诸王蠢蠢欲动，如果此时朝中发生这么大的变故，必然使朝局面临崩溃的危险。忠言逆耳，尤其是在精心策划此悲剧的女人面前，更是逆耳得很。

此时，贾南风又指使董猛假托长广公主的话对惠帝说："此事应速速定夺，群臣你一言我一语，要争到何时？谁不服从诏令，军法从事！"但是这种威胁并没有立即奏效，眼看太阳渐西，大殿内的争议仍没有结果。张华等人意志坚定，不同意处死皇太子。贾南风担心节外生枝，便退了一步，建议惠帝废太子为庶人，留他一条性命。众大臣再也无法相争，太子遂被立即囚禁到金墉城。太子的这条命算是暂时保住了，但是滔天的祸乱却又近了一步。

马上，贾南风又指使小黄门投案自首，承认欲与太子谋逆。随后，贾南风对已废的太子穷追猛打，派人将他从洛阳押送到许昌的旧宫幽禁起来。

太子被废又被幽禁，引起朝野内外众情愤怒。于是一种传说开始在洛阳蔓延，军官们要杀掉贾南风让太子司马遹复位。贾南风越听越心惊，做了亏心事，风吹门帘都以为是鬼来了，就去问赵王司马伦怎么办。司马伦是司马懿的第九个儿子，是司马衷的爷爷辈。

司马伦毕恭毕敬，回答很干脆：杀了司马遹，以绝天下之望。贾南风看着他一脸忠心耿耿的样子，非常感动，真是贴心人啊。

于是宦官和太医就来到了许昌，贾南风想法很简单，直接砍头肯定不行，对天下无法交代，把他毒死算了，就说病死的。然而司马遹防范很严，所有吃的全是自己煮，宦官无从下手。只好把他关到一个小院里，打算饿死他。没想到周围的人都同情废太子的遭遇，被他发展成了同志，从墙头给他送饭，过了三个月，司马遹活得好好的。

宦官和太医再也等不及了，拿出毒药命他服用。司马遹不肯，他们用药杵将毒药硬灌到司马遹嘴里，在反抗中，司马遹被打得头破血流，终于毒药灌了进去。惠帝唯一的儿子就这样悲惨地死去。

"愿来世不复生于帝王之家！"无独有偶，165年后，年仅十岁的南朝宋皇子刘子鸾被害前发出同样的哀泣。

不过，物极必反。贾南风没有意识到的是：机关算尽太聪明，反误了卿卿性命。贾南风专制以来相对稳定的政治局面再也无法维持下去了。以太子被杀为导火线，又一场政治风暴来临了。

七、司马伦的狗尾续貂

自私和贪婪相结合，会孵出许多损害别人的毒蛇。

——艾青

风高月黑，夜深人静，赵王府内，烛光点点，两条人影正在窃窃私语，一个巨大的阴谋正在悄然形成。

赵王司马伦的亲信孙秀："王爷，有人提出想请我们杀掉贾南风，你看如何？"

司马伦："这个女人心狠手辣，迟早会吃了我们，还不如我们早下手。"

孙秀："这个，这个，贾南风以前对你还是不错的。"

司马伦早把贾皇后对他的恩情抛到九霄云外了，阴阴地说："她死了，我才会过得更好。"

孙秀停了停，却给他迎头泼一盆冷水："你杀掉贾南风后怎么办？还不是把太子放出来，太子能容得了你吗？到时你可要成替罪羊了。"

司马伦一琢磨，慌了："对啊，那怎么办？"

孙秀："我们不如先让贾南风把太子杀了，这样我们讨伐贾南风名正言顺，天下都响应我们。等杀了贾南风，司马衷这个傻子不是可以被我们控制了吗？"

司马伦连连点头。

自从贾南风废了太子后，她长长地舒了一口气，对手都被灭，可以睡个安稳觉了。然而她没想到的是：全身如果没有破绽，意味着全身都是破绽。废太子惹得天下沸腾，避开了一剑封喉，引来的是暗箭如雨，"八王"中的第三个诸侯王赵王司马伦是其中最厉害的一支。

司马伦是个十足的小人。早年被封为琅琊王的他品质极差，有个工匠偷了皇帝专用的毛皮大衣，被他知道了，他居然派人和小偷接洽，要求把大衣低价卖给他。一个堂堂的王爷就做这种鸡鸣狗盗的事，手脚又不干净，还被查了出来，丢人丢到家。司马炎看在他是叔叔的份上，饶了他一次。司马伦在琅琊十多年，当时孙秀是个五斗米教徒兼投机分子，能说会道，司马伦见到后大为叹服，以为神人再世。纳入到王府，视为亲信，什么事都向他请教。

后来司马伦又被封为赵王。由于西北叛乱，又任他为征西大将军，但他根本不能服众，去了以后，少数民族是乱上加乱。朝廷只好把这个庸人召回洛阳。贾南风掌权后，他对贾南风阿谀奉承，司马伦就拼命巴结她，摆尾乞怜，终于有了新官职，领右军将军，掌握了守卫皇宫的禁军。贾南风对他也不薄，好处也给他不少。

但是，一向害人的贾南风，没想到也遇到个中山狼。司马遹被害后不久，司马伦开始联络禁军首领，假造诏书，说贾南风杀害了太子，司马伦要代表皇室废掉她。代表皇室，这个名头就大啦，大家都愿意跟着他干，因为"贾变态"实在太可恨了。

公元300年，同样的故事又在上演，又是在一个夜晚。

司马伦的军队冲进皇宫，和内部接应的人顺利会师，找到惠帝。下诏让贾谧进宫，贾谧还感到奇怪，一到宫内，就知道气氛阴森，连连狂叫："皇后救我。"话音刚落，即被乱刀砍死。

贾南风听到外面嘈杂声，大惊，还没有反应过来，士兵已冲到她眼前。她被押着出后殿的时候，隐约看见司马衷的影子，贾南风远远地呼喊："陛下，您眼睁睁地看着自己的老婆被人家废了，到头来还不是废了陛下自己吗？"

可惜这根救命稻草没有用，司马衷沉默的不是金，而是一条人命。

贾南风先是被幽禁在建始殿，随即被押往金墉城，一个多月后，被赐以金屑酒，去追随被她害死的杨太后、司马太子去了，死时四十五岁。死前她哀叹，系狗应系在它的颈部，我给它系在了尾巴上。贾后党羽，包括贾午和韩寿，这对浪漫的情人，全被诛杀。

司马伦自领相国位，统领朝政。上帝要让他灭亡，必先让他疯狂。司马伦已位极人臣，四子皆封王，他还是不满足，公元301年正月，他认为傻子司马衷好欺负，把惠帝迁往金墉城居住，称太上皇，他自己即位称帝，大赦天下，改元建始。成了史上唯一逼孙子当太上皇的皇帝。

西晋史上不缺笑料，这是其中一个，不过从人性角度去看，只要满足最大的欲望，一些边角边料，就会只是小菜一碟，不足挂齿。

司马伦和孙秀知道群情汹汹，为了收买人心，想了个荒唐的主意，那就是大肆封赏。采取五个一律，各类人才不用考试即可录用，州郡负责簿籍的官员、各地驻京办人员以及达到一定年限的太学生一律封为孝廉，各县负责纪检的御史官一律表彰为廉吏，大赦之日在职在位的郡县干部一律封侯，其儿子、心腹、党羽一律大封，其同谋者一律越级升迁，甚至奴仆衙役都可得到封赏。皇宫内外随便抓个人就有官爵。每次朝廷会见的时候，殿上挤得满满的全是"高官"。

但他遇到一个意外的麻烦。当时，王侯大臣都戴用貂尾装饰的帽子，由于司马伦大肆封官送爵，官太多了，京城里的貂尾，都不够用了，只有用狗尾冒充。于是，百姓编了两句民谣"貂不足，狗尾续"用来讽刺朝廷，成语"狗尾续貂"即源于此。因为滥封，各级官员数量太多，各类金银官印一时间铸造不出来，很多官员只有板书封号而无印信，如同空头侯爵。

司马伦才智平庸，什么事情都听孙秀的。孙秀的威权显扬于朝廷，天下都侍奉孙秀而无求于司马伦。孙秀事无巨细，任何政令必定先征求他的意见然后才实行。司马伦的诏令，孙秀总是改变，有所取舍，便自己写在青纸上当诏书，有时朝令夕改竟达到三四次，百官转任改职如同流水一样。小人跟小人搭档也真是绝了。

如同大臣们的帽子一样，司马伦的篡位自立的闹剧，也是狗尾续貂，尽管晋惠帝是白痴，但是他的皇位是光明正大的，司马伦硬着把自己的狗尾巴给续上去，将会有什么样的结果呢？

八、一代贤相的最后归宿

他是他自己本身的目的,他自身中有一种无限的价值、一种永恒的使命。

——黑格尔

永康元年(公元300年)4月2日夜晚。洛阳城司空府邸。山雨欲来风满楼。司马雅正在和司空张华充满火药味的交流。

司马雅:"现在国家处于危难之机,赵王想与您共匡朝政,成就霸王大业。"原来司马伦在起兵之前,为了使叛乱得到更广泛的支持,连夜派司马雅去司空张华这里作战前动员。

"这不可能。"张华知道司马伦、孙秀等人得手后一定会有僭越篡权的逆行,义正词严地予以拒绝。

司马雅恼羞成怒,说:"刀都架在脖子上了,还敢如此说话。"于是看也不看张华就扬长而去。

当天深夜,司马伦发动兵变,矫诏废贾后为庶人。因为对张华一直有怨恨,以党附贾后的罪名,将张华等人捉拿到殿前。

殿前马道南。张华责问经办的通事令史张林说:"你想要害忠臣吗?"

张林诘责张华说:"你身为司空,太子被废,为什么不能守节廷争!"

张华说:"式乾殿朝议废太子事,我是

西晋张华

力谏的,这有文字记载为证。"

张林强词夺理地问:"既然劝谏未被采纳,为什么不辞职去位!"

临刑前,张华老泪纵横,慨叹道:"我是武帝时的老臣,一片丹心。我并不惜命,只是担心今后国家将有不测之祸难。"遂被杀害,又夷灭其三族,时年六十九岁。

都说晋朝乱,其实,晋朝开国时有两个短暂的稳定繁荣十年,一个是晋武帝统一天下的"太康之治",另一个就是贾南风当政时的十年,尤其是后者,倒不是贾南风有多大本领,而是她依靠了一位能臣,他就是张华,西晋这几年风调雨顺、国泰民安享太平,就是他竭力辅佐着国家披荆斩棘,负重前行。

张华本是晋武帝的重臣,但他又是个正直的读书人,为了理想犯了一个严重的政治错误,那就是站错队。他不赞同立太子司马衷,说晋武帝百年之后,应当让齐王司马攸继位,大大触动了武帝的底线。龙颜大怒,把他从中书令的位置上外放到幽州(今河北等一带),都督幽州诸军事,也就是从宰相降为一个军区的司令员。既来之则安之,张华没有怨言,相反在他的治理下,社会经济发展很好,当地百姓感念他的恩德,少数民族甘心臣服。

当时,鲜卑慕容涉归大肆侵略辽西,占领昌黎。张华一到那里,即于三月派安北将军严询征伐慕容涉归,在昌黎附近大败之,杀伤数万人。张华在军事胜利后,并未继续穷兵黩武,以武力征服作为调整民族关系的杠杆,而是以安抚来使慕容氏臣服。慕容涉归子慕容廆往谒张华,张华以礼相待,"以所服簪帻遗廆,结殷勤而别"。正由于张华这种做法,于是"远夷宾服,四境无虞,频岁丰稔,士马强盛"。

杨骏被诛杀后,贾谧向贾后推荐了张华,起初贾后还有顾虑。贾谧劝贾后说:张华出身庶族,没有结党营私,儒雅又有谋略,既是众望所归,又不会威逼皇室,不如让他总摄朝政。贾南风一听,觉得有道理,张华肯定不会和自己夺权，哪像司马氏个个狼子野心。于是，尽管贾南风疑心病极重，但对张华信任有加，放心撂挑子。

张华之所以被推崇，还是有点来历的。

他小时候非常穷，靠帮助别人牧羊维持生活。但是他勤奋好学，无书不读，注意修身养性，一举一动都符合礼度。他虽然生活艰难，却愿意帮助更加困难的人。对人宽厚，常常见义勇为。

一只小小的鹪鹩让他出名了。他写了一篇文章《鹪鹩赋》，大意是：鹪鹩是一只小小鸟，怎么飞也飞不高，和归雁、苍鹰、鹦鹉等相比，自愧不如。但那些鸟因为有价值，结果栖上枝头成了猎人的目标，反而失去自由或者生命。不如鹪鹩，逍遥于天地之间，生活怡然自得。张华以鹪鹩比作自己：家中穷困，不受赏识，但性情淡泊，安贫乐道。类似于诸葛亮的"苟全性命于乱世，不求闻达于诸侯"。

但文章又隐含了另一层深意，因为鹪鹩长得和小的雕非常像，张华暗指自己看似鹪鹩，其实是雕。将来必定化为大雕，展翅万里，搏击风云。当时的名士阮籍在看到这篇赋后，感叹：这个人是王佐之才啊！

酷爱历史的他让他跻身名士行列，一次，他和王衍等名士一起到洛水边游玩，回来的时候，乐广问王衍："今天玩得高兴吗？"王衍说："裴頠擅长谈论名理，滔滔不绝，志趣高雅；张华谈《史记》、《汉书》，娓娓动听；我和王戎谈论季札、张良，也议论高超而玄妙。"

对于张华来说，已经六十多岁了，这次的复出，意味着这一生的抱负要在晚年再次施展。贾后尽管性格凶残，对他还是信任和敬重。

上任后，张华尽忠国事，辅佐朝政，弥补缺漏，爱惜人才，劝勉荐拔他们从不厌倦，即使他们身份穷贱，从事杂役之类的工作，但只要有一技之长、些许之善，张华便赞叹称道，使他们的声誉得以传播。几年后，朝廷追论张华前后的功勋，晋封他的爵位为壮武郡公。张华推让十几次，惠帝下诏敦促开导，张华这才接受。

尽管在惠帝昏弱贾后残暴肆虐的时候，但天下仍然安定，这大多是张华的功劳。张华怕贾后亲族势力强盛酿成灾祸，希望贾后能改邪归正，还创作了《女史箴》来讽劝，最后当然被贾后扔到废纸堆里了。

晋朝初期的官员清廉程度很高，著名官员几乎都是清官，司空张华也不例外，正直清廉，"家无余财"仅书籍，好在晋武帝在位期间推行奖廉政策，让这位堂堂的国家重臣不至于吃了上顿没下顿。顺便一提，晋武帝的做法，主要是劝诫贪官，不要冒获罪风险贪，不贪同样能富还出名，与其贪而获罪，当清官更有利，结果整个政风都向廉洁方向发展。

张华被害后，朝野莫不悲痛之。西戎校尉司马阎缵听闻消息后，独自前往抚摸张华的尸体痛哭说："早劝您逊位而您不肯，现在果然不能幸免，这就是命啊！"吏部尚书刘颂也哭得很伤心。后来听说张华的儿子得以逃脱，高兴地说："茂先（张华的字），你还有后代呀！"

《晋书》用五千字的篇幅为张华作传，正史历来惜墨如金，能够以五千言为一个人立传，完全能够证明一个人历史地位之重要。后来唐代的宰相韩瑗曾评价张华说，西晋初年的政局维持完全是依靠张华一手支撑的。

但是，为什么后人很少会想起他？

有专家说，后人对晋朝执政宰相的政策研究很少，对晋朝误解很多。人们一般只会想到腐朽没落的贵族豪强、奢侈无耻的贪官污吏，所以产生了错觉，对于晋朝自然就没有什么好的评价，但众所周知，一般的历史规律是依靠贪官污吏是无法实现国家统一和社会进步的，晋朝的统一和进步自然是不会依靠史书中那些被详细刻画的奢侈浮华的贵族们。

从人性的角度讲，后人从张华他们身上看到了中华民族传统美德，这种高尚的情操，这些清廉、正直、简朴的民族精英们不仅是晋朝国家的栋梁之才，更是中华民族巨大的精神财富，遗憾的是，人们在赞叹"太康盛世"以及当时"天下无穷人"的感慨声中，一般都不会想到他们。

好人有好报，人们一直相信这个观点，尽管有点宿命，但你不得不信，张华后嗣不绝，至唐代仍出了不少宰相。据载，唐中宗时的张仁愿、唐玄宗时的张九龄和张嘉贞、唐德宗时张延赏、唐宪宗时的张弘靖就是张华后人，张华一门确实是贤相辈出，才俊如林。当然，恶人也自有恶报。司马伦、孙秀之流的结局，留下的恐怕不只是骂名、臭名而已。

九、天下熙熙皆为权来

要想知道掌权的痛苦，就该去问那些当权者；要想知道它的乐趣，就应该去问它的追求者。

——查·科尔顿

这几天在写晋朝的东西，一朋友说，西晋是用来糟蹋的。我一愣，随即笑了：西晋是被你用来调侃的。我明白朋友的意思，如何被糟蹋，一切可以从八王之乱中找到答案。

司马伦篡位自立和孙秀胡作非为，激起了齐王司马冏、成都王司马颖、河间王司马颙的强烈怒火。

从公元291年贾南风与楚王司马玮合谋，发动禁卫军政变，杀死杨骏，大权落入司马亮手中开始，一直到公元306年，司马越迎惠帝回洛阳，司马颖、司马颙相继为其所杀，大权落入司马越手中，这就是历史上著名的"八王之乱"。

这部洛阳皇宫政治大片，八个王爷联袂担任主演，有汝南王司马亮、楚王司马玮、赵王司马伦、齐王司马冏、长沙王司马乂、成都王司马颖、河间王司马颙、东海王司马越等八王。你方演完，我就粉墨登台，好不热闹。

这场政治角逐其实是司马炎预留的。三国时候的魏国，曹爽当政，有人认为若不分封宗室诸王，政权可能转入异姓之手，曹爽不以为然。后来，司马氏家族果然夺取了曹氏皇族魏国的政权，这事在司马氏家族中很有影响，晋武帝吸取了教训，认为魏国的灭亡，是因为没有给皇族子弟权力，使皇室孤立了。所以，他在即位以后，封了二十七个同姓王。每个封国都有自己的军队；封国里的文武官员，都由诸侯王自己选用，甚至还可以收取封国的租税。他以为这样一来，有许多亲属子弟支持皇室，司马氏的统治就可以稳固了，哪知道反而种下了祸根。

在八王之乱的十六年里，有两个阶段，第一个阶段是贾南风与司马玮、司马亮、司马伦的争斗，结果是司马伦取胜，司马亮、司马玮两王被灭。

第二个阶段则是参与的人更多、战斗更加激烈、破坏性更强的阶段，几个王爷轮番坐镇，轮番被灭，最后以司马越的胜利告终。

先是晋惠帝九爷爷司马伦的死。司马伦上台掌政后，遭到了各路诸侯的起兵声讨，驻守许昌的司马冏起兵讨司马伦，镇守邺城的成都王司马颖与镇守关中的河间王司马颙举兵响应。司马伦派军迎战，双方酣战两个多月，死伤十万人，最终三王占据优势，率军渡过黄河，洛阳告危。外敌未平，内院又起火，洛阳城中的禁军将领王舆也起兵反伦，迎惠帝复位，赐死司马伦。死前，司马伦曾表示想"归老于农亩"，终成黄粱一梦。"身后有余忘缩手，眼前无路想回头"，《红楼梦》里智通寺的那对门联，用在司马伦身上，那是再合适不过了。

其次是晋惠帝堂弟司马冏的死。司马伦死后，司马冏以大司马入京辅政。当时，有一个叫张翰的人，在齐王司马冏手下任职，一日见秋风起，想到故乡吴郡的菰菜、莼羹和鲈鱼脍，说："人生贵得适志，何能羁宦数千里，以要名爵乎？"因此作歌曰："秋风起兮佳景时，吴江水兮鲈正肥。三千里兮家未归，恨难得兮仰天悲。"于是弃官还乡，这是成语"鲈脍莼羹"的典故。果然，不久，司马颙又从关中起兵讨司马冏，洛阳城中的长沙王司马乂也举兵入宫杀司马冏，这个少时以仁惠著称，好赈穷施善，有其父司马攸风范的年轻人，在争夺权力面前，被擒斩首，暴尸三日，同党皆夷三族，死者两千余人。于是政权落入司马乂手中。张翰得免于难，世人都认为他的弃官是看准时机。确实，想念家乡是张翰的借口，他已发现洛阳的形势异常紧张，不太对头，还是决定走为上吧。

再次是晋惠帝第六弟司马乂的死。公元303年，司马颙、司马颖合兵讨伐司马乂。司马颙手下大将张方攻克洛阳后,司马乂被活活烧死,献出年仅二十八岁的生命。司马乂即将殡葬于城东,他的下属官吏没有谁敢去送葬,唯独他原来的掾属刘佑一人为他送葬,步行扶持着丧车,悲痛哭号几乎气绝,路人伤心。荡阴之役后,张方又受司马颙命占洛阳,纵兵大掠洛阳皇宫,又趁机抢掠了很多宫女做军妓。再次废皇后羊献容为庶人。后因粮食匮乏,就把抢来的宫女逐批杀死充作军粮,挟持晋惠帝,一路吃到长安,惨绝人寰。

然后是晋惠帝十六弟司马颖的死。公元306年10月,司马越起兵征讨司马颙。在长安,司马颙容不了司马颖,派给他一千人,要他迎战司马越。司马颖辗转多地后,走投无路,听到公师藩起兵的消息,准备去投靠。途中,他被司马越的人捕获,抓到邺城。因为邺城曾是司马颖的大本营,司马越的下属担心他名望高,有人劫狱,发生激变,决定就地处决。司马颖临死之前,这个史称"貌美而神昏"的人,知道他将离开深深眷恋的红尘,对看守他的人叹息说:"我死以后,天下安定呢还是不能安定呢?自从我被放逐,至今两年了,都没有洗过澡,取点热水来让我洗洗吧!"他的两个儿子号啕大哭。司马颖叫人把他们带走,洗过后头朝东,披散着头发睡下,让看守的人缢杀自己,跟他那个六哥一样,也是二十八岁。他的两个儿子也随即被杀。他真正当权的时间,仅仅一年十个月,之后颠沛流离却有两年多。为了登上那无限风光的绝顶,付出了跌入万丈悬崖的代价。他死的时候,所有的随从中只有卢志一人跟着他。几年后,卢志被匈奴人抓获后杀头,埋葬于茫

泰山石刻文化之晋代三大丰碑之一——孙夫人碑

茫草原之中，无穷的惆怅与惋惜飘散在蓝天白云之下。

最后是晋惠帝的堂叔司马颙的死。东海王司马越率义军讨伐司马颙，司马颙接连战败，义军逐占据关中，司马颙保守孤城。没多久，司马越以诏书征任司马颙为司徒，傻傻的司马颙居然接受征召赴任。司马越的弟弟南阳王司马模派遣其部将梁臣到新安的雍谷，在车上活活掐死司马颙，并杀死司马颙的三个儿子。这个年少时有好名声，看轻钱财厚待贤士，被晋武帝司马炎赞叹可以作为各藩国的表率的王爷，就这样糊里糊涂的灰飞烟灭了。

八个王爷死了七个，大权落入笑到最后的司马越手中，八王之乱到此总算终结。

任何一种封建权争，都是从一个最高权力开始，又从另一个最高权力结束的。只要有一个高高在上的天子存在，这一周而复始的循环就无始无终。为了争夺最高权力，什么骨肉亲情、什么长幼之序之类的遮羞布都被撕得粉碎，暴露出一帮野心家的狰狞面目。

这场历时十六年的战争，造成了几十万人的死亡，上百万人的流亡，城市毁坏，土地荒芜，北方经济受到严重破坏，最可怕的是，令胡人有机可乘。顺便说一下，西晋诸王全部是光有野心没有能力的主，假如出现一个强者，统一诸王，即使谋朝篡位，带来的灾难估计比眼下的要小得多，至少不会出现后来的"五胡乱华"。可惜了，司马懿的后人！

八王之乱虽然结束了，但是西晋王朝已经丧失了他的实际统治能力，被折腾得奄奄一息了，如同一个垂暮老人，在做最后的挣扎，行将灭亡。

十、何时才能明白政治有风险

  人生就是一种选择，有选择就意味着选择成本和选择风险。有人实现了从政的梦想，并不意味着能够预见当官的风险。

——严辉文

  西晋才子陆机做梦也没想到，这一天来得会这么突然。

  他的命运是他自己造成的，还是奸佞小人，抑或是政治斗争，甚至是国家动荡造成的？政治居然藏有让自己致命的风险？这一切，没时间让他多想了，很快要刀起命殒，临刑前，陆机感伤说："华亭的鹤鸣声，哪能再听到呢？"（"华亭鹤唳，岂可复闻乎！"）死的时候才四十三岁。

  这是太安二年（公元303年）发生在邺城的一起惨祸，八王之乱中，成都王司马颖无情地残害了求仕中原的南人陆机、陆云兄弟等人，作为汉晋之际江东大族"首望"的陆氏家族遭受了沉重的打击。

  陆机、陆云，是吴郡华亭（今上海市松江区）人，是东吴重臣陆逊的孙子，陆抗的第四个和第五个儿子，因为文章冠绝一时，并称"二陆"。有这样的家世背景作为依托，如果孙权建立的吴国寿命能长久一点，那么陆机兄弟会很顺利地参掌军国大政。然晋武帝太康元年（公元280年）灭吴，南北统一，形势发生了巨大的变化，陆机兄弟的生活道路也随之发生了转折，仕途自然受阻。东吴灭亡后，两个人隐居家乡十来年。隐居期间，陆机经常到华亭谷（今上海境内）抚琴听鹤。西晋时，这里有大片的滩涂，许多迁徙的候鸟都在这一带停留。尽管日子过得很逍遥，但不是陆机的最终目标，人在山林，心在庙堂，激扬文字、指点江山才是他的理想。

世界这么大，我想去看看。公元289年，年近三十的陆机和他的弟弟陆云携手去洛阳，他们士气高昂，拜访了当时的名士、太常张华。张华一向重视陆机的名声，一见面便感到相见如故，张华大喜地说："伐吴之役，利获二俊。"前文说过，晋朝没有科举制度，流行九品中正的推荐制度。张华的这个评语，就是最好的执业资格证书。当时还流行一种说法："二陆入洛，三张减价"。"三张"指张载、张协和张亢，是洛阳的三个文坛领袖。

不过，刚开始他们求仕之途也不顺畅。当时，京洛显贵凭依传统的意识，以华夏中心自居，又挟有战胜者的骄傲，以南人为"远人"，斥之为"亡国之余"。除了个别有头脑的政治家外，在大多数北人看来，江南乃蛮荒化外之地，其习俗、风物皆稀奇怪诞，其人士皆愚陋可笑。

尚书郎卢志就是看不起南人的一个代表，他当着众人问陆机："陆逊、陆抗跟你谁近谁远？"陆逊、陆抗是陆机的祖辈和父辈，名气相当大，卢志是明知故问，况且直接点别人长辈的名字是很不礼貌的行为。卢志这是明确地表示自己的态度：我不欢迎你们。

陆机反应强烈，予以反讥："正如同你跟卢毓、卢珽一样。"卢毓、卢珽是卢志的祖辈和父辈。卢志听到后无言以对。事后陆云对陆机说："我们远在他乡，卢志可能确实不知道我们的祖辈，何必这样针锋相对呢？"陆机说："我们的祖父、父亲名扬四海，哪有不知道的？"由此陆机和卢志结下深仇，为后来卢志极力陷害陆氏兄弟埋下了祸根。

尽管如此，还是有人欣赏陆机的。

根据张华的推荐，太傅杨骏让陆机担任国子监祭酒。没多久，皇后贾南风发动政变，诛杀杨骏。陆机及时"游走权门"，投奔贾谧门下，贾谧是晋朝元老贾充外孙、贾南风的外甥，《晋书·贾谧传》称其"既为充嗣，继佐命之后，又贾后专恣，谧权过人主"。贾谧为捞取声名，招揽才俊文士，把陆机列为"二十四友"。贾谧为人奸诈，陆机兄弟依附于他，自然也受到人们的诟病。

有了靠山，陆机很快升迁担任太子洗马、著作郎，比起国子监，离权力中心更为接近。但是好景不长，很快就开始"八王之乱"，他已是人在江湖，身不由己。

善于交结权贵的陆机同时又依附了赵王司马伦，并引见南人戴渊入幕。也许，陆机兄弟奔走权门，并非心甘情愿，他们毕竟出自世族名门，与那些起自寒微附逆作恶的小人自然有别。但作为"亡国之余"，他们很难通过正当的途径获得晋升，建立勋业，光大祖业，不得已，他们只有"游走权门"。

永康元年（公元300年），赵王司马伦发动政变，诛杀贾后并辅政后，陆机被请为相国参军。因参与诛讨贾谧有功，赐爵关中侯，不久，在司马伦篡位前，任命他为中书郎。

永宁元年（公元301年），齐王司马冏、河间王司马颙、成都王司马颖举义，诛杀篡位的司马伦，司马冏查到了这份诏书，一看文才横溢，认定这样的大手笔只有陆机写得出来。正好陆机任中书郎，也是草拟诏书工作室的成员。司马冏立即抓捕陆机等人。此时司马颖正四处作秀，收买人心，向司马冏求情，恳请刀下留人。陆机才得以减免死刑，被流放边地，遇到大赦才没去。

政局纷乱，政治风险无处不在。当时一批来自南方的名士，早就看破时局：司马氏王族都朝不保夕，更何况他们外地人呢？南人张翰，见秋风乍起，感叹说：这是品尝莼羹、鲈鱼脍的季节，不如回江南吧。说走就走，立即回老家了。

南人顾荣看出了朝廷的纷乱和杀机，于是借着天天喝醉，不理政事，以避开政治纷争，他也劝陆机政治有风险，入朝须谨慎，最好是远离官场。陆机望着滚滚红尘，痴痴情深，看不透聚散终有时。为了报答司马颖的救命之恩，陆机于是进入了司马颖的大将军府。

司马颖一开始对陆机是很看重的。这主要是他要与其他诸王争夺统治权，必须招聚名士，司马颖在这方面花了很大的气力。吴郡陆氏家族不仅为江南之"首望",且尤重事功,世代领兵。因此,司马颖对陆机"甚见委杖",将领兵大权交给了陆机。

顺便提一句,司马颖不仅延揽士人,也往往招聚了一些小人。这些人素质很差,表面上看起来忠心于主,但实际上排斥异己,欺上瞒下,巧夺豪取,把政治弄得乌烟瘴气。宦人孟玖就是其中一个典型。他完全是一个"嬖竖"小人,是通过在生活上照顾司马颖以固其宠。就是这样的阉宦凡品,其权力欲却极盛,成为成都王府幕中最为关键的权臣。

孟玖曾向司马颖提出,让自己父亲去做邯郸县令。卢志都不敢反对,随声附和。陆机却说:"邯郸县令一向是有名望的人担任,怎么能让宦官的父亲去当?"孟玖大怒,恨之入骨。

这么复杂的情况下,吴人戴渊劝陆机辞官返回吴地,他没有听从。权力好比醇酒,不饮自醉,何况他已经投身权利场,饮出一点味道了。

太安二年(公元303年),司马颖与长沙王司马乂即将开战,司马颖以陆机为后将军、河北大都督,统帅二十万人攻洛。自吴亡之后,陆氏家族仕途受阻,一旦领军,陆机以为建功立业的机会来了,兴奋异常。据《晋书》本传,陆机出征前,司马颖与陆机有一段对话,其心态可见:司马颖对陆机说:"如果事情成功,封你为郡公,任台司之职,将军你要努力啊!"陆机说:"从前齐桓公因信任管夷吾而建立九合诸侯之功,燕惠王因怀疑乐毅而失去将要成功之业,今天的事,在您不在我啊!"在这里,陆机以管仲、乐毅自比,立功心切,自负甚高。

司马颖的左长史卢志内心嫉恨陆机得宠,把这句话借题发挥,对司马颖说:"陆机自比于管子、乐毅,把您比作昏君,自古以来命将派兵,没有臣子欺凌国君而可以成事的。"

司马颖派兵进攻司马乂的时候,作为统帅的陆机,文采是没话说的,但是论起军事才能,他身上根本找不到其祖其父的影子。军队列阵出发,从朝歌至河桥,鼓声传数百里,长沙王司马乂挟持惠帝与陆机在鹿苑交战。尽管陆机手下人数是司马乂的几倍，但军队还是大败。赴七里涧而死的士兵如同积薪，涧水为此不流，将军贾棱也战死。

但所有人的命加起来不如一个人值钱，那就是孟超，孟玖的弟弟。孟超率领一万人任小都督，还未交战，就放纵士兵掳掠，陆机逮捕了主凶。孟超带铁骑百余人，径直到陆机麾下抢人，回头对陆机说："貉奴（北人对南人的蔑称）能作都督吗？"陆机的司马孙拯劝陆机杀了他，陆机不同意。孟超公开对众人说："陆机将要谋反。"又给孟玖写信，说陆机怀有二心，不赶快决战。作战时，孟超又不受陆机管辖，轻易率兵独自进军而覆没。孟玖却怀疑是陆机杀了他，于是向司马颖进谗言，说陆机有异志。

司马颖大怒，让人秘密逮捕陆机。陆机这时候才明白，巨大的政治风险已经向他袭来，于是给司马颖写了一封信，言词很凄恻。没多久，陆机在军中遇害，时年四十三岁。两个儿子陆蔚、陆夏也一同被害，弟弟陆云、陆耽也随后遇害。陆机遭人陷害，手下士兵们感到痛惜，没有谁不为此流泪。

三百年后，唐太宗在《晋书·陆机陆云传》中对陆机之死深表惋惜，并探究其死因说："夫贤之立身，以功名为本；士之居世，以富贵为先。然则荣利人之所贪，祸辱人之所恶，故居安保名，则君子处焉；冒危履贵，则哲士去焉。"在这里，唐太宗将陆机兄弟之死因归结为两点：一是不通进退之机变；二是"三世为将"，注定受祸。

四百年后，唐代诗人李白的《杂曲歌辞·行路难》也感慨道："陆机才多岂自保，李斯税驾苦不早。"叹出了陆机宁可在乱世的漩涡中浮浮沉沉，寻找着追逐着奄奄一息的碎梦，也不看穿官场急流勇退的心情。

唉，当年如果始终与华亭鹤唳相守相伴，怎么会有今日之祸呢？历史记载，陆机被杀当天，白天大雾弥合，大风折断树木，平地积雪一尺厚，天下喊冤。

十一、司马炽的无奈

> 我走在命运为我设定的路上，虽然我并不愿意走在这条路上，但是我除了满腔悲愤地走在这条路上，别无选择。
>
> ——尼采

在晋惠帝在位期间爆发的八王之乱中，有一个人始终没有介入，始终低调行事，他就是晋惠帝的第二十五弟司马炽，史书上说他不太热衷于交结宾客，不涉足世事，关起门来爱好钻研史籍，在当时受到人们的称誉。

晋惠帝被毒死之后，也有史书记载是被东海王司马越毒死的。但没有确凿的证据，很多人认为对于一个权臣来讲，一个痴呆皇帝更容易控制，何必要杀他呢？这成了一个千古之谜。先撇开这个，大家最关心的是谁来继位的问题。晋惠帝的老婆羊献容羊皇后，她的想法是万一让皇太弟司马炽继位，她担心自己与他是嫂叔关系，不能当太后，于是让晋惠帝的侄子清河王司马覃入京即位。

司马越等人则认为，司马炽这小伙子老实本分，容易掌控，和晋惠帝血缘又近，想立他为帝。事情很凑巧，在羊献容的催促下，司马覃到了尚书阁后，小心翼翼的他想到估计会有政变，以防不测，就马上折回封地。这让司马炽捡了个大便宜。十一月二十一日，司马炽即皇帝位，就是晋怀帝。

事情往往就是，你越想得到的你越得不到，你越不想得到的偏偏得到了。皇位对晋怀帝来说，是个悲剧，因为他从来不想充当这个英雄，一直往后缩，结果被人背后一脚，踢到了舞台中央。

晋怀帝目睹了西晋的沧桑巨变，本已心惊胆战。这一年他24岁，当千万束的灯光突然聚焦到身上时，他热血沸腾了，挺直了腰板，既来之则安之，决定尽一生的力量演好这部戏，挽狂澜于既倒，扶大厦于将倾。

　　登上皇位后，晋怀帝面临的是三座压得他透不过气来的大山，朝廷有司马越的独揽大权，国内有各地流民的风起云涌，境外有匈奴人的咄咄逼人。他想采取措施，找人商议，因为他不想做傀儡，但他又不是司马懿或者司马炎。司马越也很后悔，自打耳光痛骂自己看错了人，两人开始了钩心斗角。为了让自己有真正的权力，晋怀帝鼓动一个个地方诸侯反司马越。司马越忙着灭火，平定叛乱。就在君臣明争暗斗时，他们渐渐发现，西晋能控制的地盘越来越少，洛阳已成了一座孤城，匈奴兵步步逼近，渐成包围之势。这时候，晋怀帝才明白自己不是治国能人，更不是力挽狂澜的英雄。接下来的永嘉之乱是中国历史上巨大的风暴，晋怀帝仅仅是这阵大风暴中的一片孤舟，飘向哪里，完全取决于风刮向哪里。

　　需要做一个插叙的是，在八王之乱后期，匈奴刘渊踞平阳、氐人李雄踞成都，司马炎刚刚统一不久的晋室已告分裂。羯人石勒、王弥，更率军队乘虚流窜，蹂躏大河南北。怀帝永嘉二年（公元308年），匈奴刘渊自立于平阳，建立汉国。两年后，其子刘聪继立，派刘曜率兵四万攻洛阳。而此时，晋怀帝一方面同意司马越自请去讨伐石勒，另一方却派大将苟晞去讨伐司马越。一边是晋怀帝不容他，一边是匈奴的侵犯，这让司马越忧虑不已，终于忧惧而死。那时候，司马越的嫡系部队东海军哀声震天，司马越的太尉王衍护送着司马越的灵柩，十万大军浩浩荡荡地离开了洛阳，往东海国走去。石勒听到消息，只带了几万人一路狂追，西晋的军队刚出城不久，就乱成一团糟，相互践踏如山。

　　几天后，晋怀帝便得到了东海军全军覆没的消息。王衍在行军后不久即被汉将石勒埋伏，空坑之上乱箭齐发，十万大军顷刻间灰飞烟灭。晋朝失去了最后一支用以抗敌的有生力量，京都沦陷，中原沦陷，九州沦陷，大晋沦陷，都只是时间上的问题了。

这一天终于到来。永嘉五年（公元311年）六月一天，洛阳城。

城外，伴随着震耳欲聋的马蹄声，四面八方的烟尘滚滚向洛阳袭来。

晋怀帝站在皇宫高楼的最上层向下俯望，匈奴兵已经用巨石块轰开了城墙，正源源不断地向洛阳城内涌入，太祖宣皇帝创立的基业，行将就灭。

极目远望，匈奴人的后续部队如同沙漏里的沙子一样快速从城外涌入城内。匈奴兵的装束一模一样，兽皮为衣，兽骨为链。晋怀帝无法明白堂堂的大晋王朝就算有天大的动乱为何会被夷狄之人逼入绝境，但晋怀帝更加无法明白的是貌似未曾开化的匈奴人之中竟也有英雄人物。

仓促之间，晋怀帝选择了弃城，往长安逃跑。

在逃亡中，晋怀帝想起了石勒对司马越的鞭尸。石勒在司马越全军覆没后，他掀开司马越的灵柩，像当年伍子胥鞭尸楚平王一样鞭打司马越，并边打边泄愤道："此人乱天下，我要替天下人惩治他！"这让晋怀帝回想起来，真是解恨啊！

在逃亡中，他想起了自己的年号，即位第二年就改名以"永嘉"为年号，这个年号寄托了他无限的梦想。永嘉从字面理解是"永远吉庆、美好"，不过他还有另一层意思。他出生在豫章，就是现在的南昌，传说有"嘉禾"出现于豫章郡，望气者说"豫章有天子气"。"嘉禾"是指生长奇异的禾，比如一颈有双穗或多穗的禾，古代认为是天降祥瑞，或者说这里有大人物出现。

在逃亡中，晋怀帝又想起他刚登基时，大臣荀崧说的一句话，皇帝天资聪明，少年英俊，如果生在太平盛世，绝对是个守成的好皇帝。可惜他继承的是先帝留下来的一个烂摊子，又被太傅司马越控制，恐怕没有亡国之灾，也有流亡之祸。真是一语成谶。司马炽不禁仰天长叹。

在逃亡中，他还想起另一幕。晋怀帝在豫章为王的时候，刘聪自大漠千里迢迢前来拜访，当王济把刘聪介绍给他时，他说久闻刘聪名。并把他写的乐府歌给刘聪看，说："听说你很会写辞赋，试着帮我看看。"当时刘聪和王济写的都是《盛德颂》，他很赞赏。又领着刘聪在皇堂射箭，刘聪得十二筹，晋怀帝和王济都得九筹，晋怀帝送给刘聪柘弓和银研。但晋怀帝绝未想到，这样一个很友善待他的大漠人，会把晋怀帝乃至大晋逼上绝路。真是人心叵测。

很快，刘渊之子刘聪的军队攻入洛阳，晋怀帝在逃往长安途中被俘，太子司马诠被杀，这一幕史称"永嘉之祸"或者"永嘉之乱"。"永嘉"这个年号，对于两晋臣民来说，成为刻骨铭心的记忆。"永嘉"也就成了亡国的代名词，就像一提到靖康就想到宋亡一样，有着流不完的泪水，数不尽的伤痛。

被俘后，刘聪一次在宴会对晋怀帝说："你家骨肉相残，怎么那么厉害？"晋怀帝说："这大概不是人事，是上天的意思。大汉将应天意受命，所以为陛下互相驱除。况且我家如能奉行武皇大业，各家和睦，陛下怎么能得到天下！"司马炽丢尽了最后的一点尊严，换回了刘聪把小刘贵人赐给他，并说："这是名公刘殷的孙女，现特把她送给你做妻子，你应当善待她。"

但是，亡国之君怎么能有好的结局？建兴元年（公元313年）二月初一日司马炽在正月的朝会上，作为仆人给各王侯将相斟酒，有几位晋朝旧臣根本受不了这等耻辱，号啕大哭。刘聪非常反感，不久用毒酒毒杀司马炽，享年三十岁，史书记载，葬处不明。

永嘉之乱，一同被擒的还有晋惠帝的第二任皇后羊献容。她的命运又是怎么样呢？

十二、史上最命运多舛的皇后羊献容

你明白，人的一生，既不是人们想象的那么好，也不是那么坏。

——莫泊桑

光熙元年（公元306年）六月。

金墉城，洛阳城西北角上一小城。

暮鼓晨钟之声，由远及近。

这座位于今孟津平乐镇金村的小城，竟成了一处幽禁帝后亲王的皇家监狱。八王之乱的十六年中，先后囚禁过一个皇帝、三个皇后、九个王爷，其中，晋惠帝的继后羊献容在十年间五废六立，每一次被废后都是囚禁在这里。

羊献容无奈地看了看窗外的飞扬尘土，提心吊胆成了生活的常态。作为大晋朝母仪天下的皇后，她居然不知道下一个驿站在哪里。她皇后的位置这是第五次被王爷和权臣们废了。这是个极特殊的女性，也是一位极富争议的人物。说她的特殊，倒不是说她多擅权谋，像武则天那样耀眼宫廷，锋芒毕露；也不像她的前任贾南风那样，表现得心狠手辣，任意妄为。

她的特殊，是与她的坎坷命运息息相关的，或者说是女人的一种悲哀。她不但没有享受到皇后的尊崇，相反却饱受屈辱，任人摆布，成为中国历史上被立废次数最多的皇后。

此时，她清晰地记得前几次被废的情形，尽管想起来还是后怕不已。

永康元年（公元300年）十一月，司马伦把持朝政后，尚书令孙秀把同族将军孙旗的外孙女羊献容介绍给晋惠帝，请求立为继后。羊献容长得姿容秀媚，倾国倾城，与贾南风相比，判若天渊。据说，羊献容被册立为皇后时，喜出望外，精心梳妆打扮一番，可刚要启程进宫，身上的衣服突然起火，幸亏侍女扑救及时，才没有受伤，但衣服已烧得不成样子，只好临时借了一套，重新穿戴整齐，乘舆入宫。等到礼毕之后见了皇上，才知道惠帝年过四十，相貌粗蠢，知识愚钝，不由得大失所望，自叹命薄。如花似玉的一位新皇后，跟了个弱智无能的皇帝，并且出门之时，遭遇不明不白的火灾，似乎预示了羊皇后一生的坎坷命运。

果然，羊献容刚做皇后没多久，永康二年（公元301年）正月，司马伦和孙秀就派兵闯入内廷，逼迫惠帝禅位。可怜的惠帝夫妇，不得不搬出皇宫，哭哭啼啼，迁徙金墉城。

同年四月，齐王司马冏闻讯率先发难，传檄勤王，赵王司马伦战败，被迫迎回惠帝和羊皇后。司马伦退位，太上皇复位，皇后亦复位。

永兴元年（公元304年）二月，成都王司马颖废皇后羊献容，幽于金墉城，废皇太子覃为清河王。

同年七月，右卫将军陈眕复立皇后羊献容及太子覃。

八月，右将军、冯翊太守张方入洛阳，复废覃及羊献容。

十一月，晋惠帝被张方挟持至长安，洛阳留台复立皇后羊献容。

永兴二年（公元305）夏四月，张方废羊献容。十一月，立节将军周权，自称平西将军，复立羊献容。洛阳令何乔攻杀周权，复废羊献容。

昨日犹如浮云一样快速地在羊献容的脑海里回放着。突然，外面响起军队的急促脚步声，将军祁弘奉旨迎接羊献容回宫，意味着她再次被恢复皇后身份。

在短短五六年时间里，羊皇后随惠帝东奔西逃，皇后职务被人如同儿戏废废立立，可以说是受尽了惊吓，吃尽了苦头。后来，东海王干脆把惠帝毒死了事，使羊皇后变成了寡妇。

很奇怪，这些诸侯为何喜欢在立后废后上做文章，估计谁都想把废立皇后当做实力展示的资本。从这点上看，羊皇后不过是他们一枚信手拈来的闲置棋子。在这期间，羊皇后还险些丢掉性命。河间王司马颙认为羊后屡被奸人所立，不如杀掉，于是矫诏派遣尚书田淑赐羊后死，司隶校尉刘暾却以为，羊献容已经门户残破，废放空宫，无缘得与奸人构乱，今杀一枯穷之人而令天下寒心，对于治理国家没有益处，最终保住了她的命。

几年以后，刘渊之子刘曜攻占洛阳，从弘训宫中劫得羊献容，此时的她已经年过三十，但依然风姿艳丽，秀色可餐，刘曜大喜，当即占为己有。转眼又是几年过去了，这时西晋已被灭亡，刘曜平息了汉国内乱，自己登基做了皇帝，改国号为赵，册封羊献容为皇后，就这样，羊献容从司马家的皇后，摇身一变，成了刘赵的开国皇后。

刘曜曾经问羊献容："我比起那司马家的小子如何？"羊献容回答："这怎么能相提并论？陛下您是开创国家基业的圣主，他则是个亡国暗主，他连自己跟一妻一儿三个人都不能保护，贵为帝王却让妻儿在凡夫俗子手中受辱。当时臣妾真想一死了之，哪里还想得到会有今天？臣妾出身高门世家，总觉得世间男子都一个模样；但自从侍奉您以来，才知道天下真有大丈夫。"刘曜闻言大悦，对她宠爱有加，她也格外逢迎，连生三个皇子，总算得以一个完美的结果。

出身名门的羊献容说出这番切身体会的话，让人深思不已。同时，也让羊献容留下了所谓的人生"污点"，成了有争议的人物。羊献容就是在这样一个胡汉不两立、民族矛盾最深的时候，被匈奴王刘曜掳去、立为王妃的。一个汉人的皇后，转而成为番邦的后宫之主，在当时绝对具有爆炸性。这里面不仅仅包括道德准则问题，还包括了民族间的礼法鸿沟。

但是，羊皇后为什么能如此坦然地面对这段饱受非议的跨国之恋？只要看看她五废六立的遭遇和处境，对她当时的心境，也就不难理解了。一个是英雄，一个是白痴；一个对她宠爱有加，一个连妻儿都不能保全，哪个更有吸引力？羊皇后敢这样说，恰恰表明了她人性的透明。对于羊献容本人来讲，她一生最幸福的时光，或许也就是她成为异国皇后的这段日子，她找到了自己的如意郎君，找回了活着的价值和勇气。

写到这里，我有三叹：

一叹羊献容的命运。她作为政治礼物嫁给了白痴皇帝，不仅没有享受到荣华富贵，反而颠沛流离，九死一生，即使生得国色天香，身份贵为皇后，也无法过上好日子。值得庆幸的是，她人过中年，却做了另一国家的皇后，拥有了一个宠爱自己的皇帝丈夫，生育了几个儿子，真真切切地做了一回女人。战场上英姿飒爽、生活上对她体贴入微的刘曜，让她找到了做女人的快乐，找回了女人的尊严。

二叹世俗的不公。人们对羊献容存有偏见，大多也因为她的这一席话，说她不守妇道，没有民族气节。她是后宫之主不假，但她首先是一个女人。她有尊严，有喜恶。说她代表着国家，这话没错，可问题是，谁又拿她当主子而尊重她了？世人多以民族大义去诠释一个人，对于羊皇后，你可以说她背弃了自己的国家，背弃了自己的丈夫。然而这恰恰忽视了一个人最基本的一样东西——人性，人在很多时候，对精神的需求要远远大于物质的享受，一个人内心的苍白空虚，绝不是锦衣玉食、豪华奢靡所能够填补的。

三叹晋室的衰微。本该在本国受到礼遇和尊崇的国母，却在异邦找到了自己的幸福和归宿。刘曜视羊献容为珍宝，不仅仅是情感上的呵护，还让她参与决策国家大事，其宠爱信任程度可见一斑。晋室之衰微，让一位皇后感到失望甚至绝望，作为一个生在乱世的女人，期望世间男子能有丈夫气概，能够保护妻子，这点起码的愿望司马皇家都无法做到，让人情何以堪。

羊献容在刘曜的赵国做了皇后，又积极参政议政，不知道有没有在思考，晋朝为什么会灭亡？史书上并没有记载。但是有一点羊献容不会不知道，全国流行清谈之风，未必不是灭亡的原因之一。

十三、清谈误国下的奇葩

股肱惰而万事荒，爪牙亡而四国乱，神州荡覆，宗社丘墟。

——顾炎武

永嘉五年（公元311年）三月的一天，项城司马越府邸。

厅堂里，一群大臣脸色显得有些惊慌。不久前，他们的主心骨司马越忧惧攻心而病故。

群龙无首，众人想共同推举太尉王衍为元帅。王衍，这个昨天还信誓旦旦人在城在的官员，此时却惧怕战争频繁，不敢担当，他说："我年少时就没有做官的愿望，然而积年累月，升迁到现在的地位。今天的大事，怎能让我这样一个没有才能的人来担任统帅呢？"这番不是谦虚，也不是掩饰，而是实实在在惧怕的话让众人感到无助。

就是这个王衍，在当时是个著名的清谈家。他出身显赫的琅琊王家，家世名气使他很年轻时就做到高官，他的避实就虚、清谈玄理使他在激烈的政治斗争中游刃有余。

当然，不要把清谈简单理解为今天的散讲，散讲是东一句西一句，天一句地一句的，讲完之后也不知道今天聊什么。当时的清谈可是很有讲究的，比如讲玄学、谈老庄、聊周易，一般人还聊不起来。为了让清谈更加生动、活泼，观点要标新立异，语言也要有魅力，有技巧，有韵律，要做到说的比唱的还好听。

清谈成为当时名士们最重要的休闲娱乐方式，有事没事就凑到一起清谈，一谈一整天，到结束时，还恋恋不舍，回味无穷。

王衍就是清谈高手中的高手。晋武帝以为他有治国之才，让他做辽东太守，去守卫边疆。当时正值辽东战事，他吓得赶紧推掉。从此更加缄口不论世事，只谈虚说玄，不着边际。

但就是这样一个人，他还先后担任尚书仆射、尚书令、司空、司徒等重要职务，在他的影响下，在朝廷中，这种只清谈玄虚、自命清高、讲究风度、耻于实干的风气成为西晋的政风、官风；在社会上，清谈居然成为当朝的时尚。

当时一位叫山涛的大臣发出先见之明的感慨："何物老妪，生宁馨儿！然误天下苍生者，未必非此人也。"用现在的话就是：不知道是哪位老妇人，竟然生出了这样的儿子！然而误尽天下老百姓的，未必就不是这个人。

为了让清谈更加有形式，当时的人还流行行为艺术，让你大跌眼镜。

王衍有个弟弟叫王澄，一向是轻狂得很，也不在乎别人的眼光。就在他出任荆州刺史的那天，王衍和当时的那些贤士都去送他。一时间名流贤达挤满了整个院子，甚至都塞满了去他家的巷子了。王家摆出了很多桌酒席请大家吃喝，觥筹交错之际，院中鸟儿叽叽喳喳地叫着，似乎也来凑热闹。王澄顺着声音望去，发现自己家庭院中的大树上，竟然有鸟窝！王澄很开心地放下酒杯，几步跑到树下，立刻脱下了外衣，摘下了头巾，三两下就爬上了大树。众人大吃一惊，吃得好好的，正敬着酒呢，没想到刺史竟然放下酒杯，直接就跑了，到底发生了什么事情呢？

当大家从惊奇中平定下来时，看到王澄早已在那树腰上了！他贴身穿的内衣被树枝绊住了，正在那儿拽呢。无奈树太高了，左右手都趴在树上，没法腾开，树上的小鹊儿叫得又欢，王澄的心勾得痒痒的，他心中一横，竟然直接把自己的内衣脱掉，光着身子爬上去了！底下好些人本来很紧张，看见光着屁股的王澄爬上去掏鸟窝，嘴都合不拢了，惊呆了，过了几秒钟，才听到有女人尖叫的声音，原来是他老婆和那些婢女看到了！连那些个男宾客都呆若木鸡。而王澄呢？下来时，他神色自若，双手捧着小鹊儿，喜滋滋地傻笑着，就跟旁边没人一样。

王澄的一生，没有立过什么大功，也没有提出过建设性的意见建议，虽然身为封疆大吏，但却致使流民叛乱，对国家没有多少贡献。虽然平时大言不惭，但实际没有任何才能。说来不由你不相信，西晋王朝，用这样的人，守卫重镇，这样治国，西晋不亡，哪朝亡？

如果以为王衍只会高谈阔论、不务世事，只是错误闯入政坛的一介书生的话，那就错了。让我们再来看看王衍治家的本事，就能发现他精明强干的另一面。王衍虽口不言钱，却纵容妻子贪赃聚敛。他的几个兄弟，除了上面提到的王澄外，王戎、王敦都以名士自许，但一个个聚敛无度，广置园田水碓，富甲当世。

这种清谈之风是有来历的。当年，司马氏以杀夺手段建立晋朝，更以高压手段镇压敢于抗争的士人。加上"党锢"的打击，士人们不再谈实际问题，转而标榜老庄，谈虚论无。几经杀伐，士人胆寒，前路茫茫，不知路在何方。阮籍常一个人驾着木车游荡，率性而行，不管方向，没有路了，则恸哭而返。刘伶也常常乘坐鹿车，漫无目的地在荒野漫游，车上装着酒，车后跟着仆人扛着锹。刘伶对仆人说："我喝到哪里，醉到哪里，死了，你就挖个坑，把我埋进去。"路在何方？"独坐空堂上，谁与可欢者！""终身履薄冰，谁知我心焦！"阮籍仰天长啸，哀叹"时无英雄，使竖子成名"。

如果只是文人们在清谈，那倒无关紧要。但是作为管理国家的人去清谈，就大事不妙。但是整个朝廷的上层流行清谈，不务正业，那就岌岌可危了。清谈虚无，就成了一些官员最好的避风港。口谈虚无，做官则照例署名，不担任何责任成了士风官风，彻底丧失理想的士人们，最初或许用放荡奢靡来麻醉自己，后来竟深深陷了进去，不可自拔。

王衍们凭借极具迷惑性的"忽悠"博得名声，而官至"三公"的高位，但骨子里却没有半点担当的精神和勇气，不论什么事，只知逃避和自保，这类人一多，西晋灭亡是迟早的事了。晋武帝时期的傅玄曾说："理想幻灭之后，'虚无放诞之论盈於朝野，使天下无复清议，而亡秦之病，复发于外矣。'"不料一语成谶，西晋终于在清谈之风下亡国。

永嘉五年（公元313年）四月，晋军被石勒军队击破。石勒让西晋的王侯

大臣前来与他相见，他以西晋的旧事询问王衍。王衍向他陈说了西晋败亡的原因，并说责任不在自己身上。石勒忍住性子，同他谈了很长时间。王衍说自己年轻时就不喜欢参与政事，想求自身避免祸患，因而劝说石勒称帝。石勒大怒说："你名声传遍天下，身居显要职位，年轻时即被朝廷重用，一直到头生白发，怎么能说不参与朝廷政事呢？破坏天下，正是你的罪过。"即让手下把他押出去。石勒对他的参谋孙苌说："我行走天下多年了，从来没有见过这样的人，还应该让他活下去吗？"孙苌说："他是西晋朝廷的三公，一定不会为我们尽力，有什么值得可惜的呢？"石勒说："给他留点面子吧，不可用刀刃加害于他。"于是命令士兵在半夜里推倒墙壁把他压死。王衍临死时，哀叹道："我虽不如古人，但是如果不是追求浮虚，努力为天下做事，也不至于弄到今天这个地步。"

空谈误国，实干兴邦，前事不忘，后事之师。王衍去世几十年后，东晋权臣桓温率军北伐，他在中原登临远眺，感慨地说："国土失陷，中原百年来成为一片废墟，王衍等人摆脱不了他们的罪责。"袁宏为王衍开脱说："天命运数自有兴废，不一定是哪些人的过错。"桓温脸色一变，说了一个故事。以前荆州刘表有一头重达千斤的肥牛，吃草料豆饼十倍于常牛，但负重行远，还不如一头瘦弱有病的母牛。曹操攻破荆州，就把它杀了犒劳兵士。

桓温的话一说完，身边的文武官员无不大惊失色。

十四、美女不如美男的日子

美貌开始是令人倾心的,但在家里放三天后,谁还会再瞅它一眼呢?

——萧伯纳

永嘉四年(公元310年)的一天,建邺城内(今南京),一条消息在大街小巷疯传。

"卫玠要来啦。""我的偶像要来建邺啦。"全城躁动,人们激动不已。

尽管这一年,离这千里之外,他们的都城洛阳遭遇了最困难的一年,皇帝和大臣们被匈奴兵围困得严严实实的,城中无米,差点到人吃人的地步。但仿佛这一切跟建邺城里的人毫不相干,该吃吃,该睡睡,该干吗还干吗。

此时,他们完全沉浸在卫玠的氛围里。卫玠是什么人?他是典型的白富美,当今最帅的帅哥之一,而且背景显赫,祖父卫瓘是西晋重臣,也就是前文指着晋武帝的龙椅痛惜不已的那位。卫玠还是个小孩子的时候,就已经长得秀美动人、秀色可餐。他坐着敞篷马车到洛阳市区闲逛时,看见他的人都感叹这孩子真是"玉人",招呼左邻右舍来夹道观看。后来由于他的祖父卫瓘卷入宫廷纷争,被楚王带军杀入府中,家中男子被全部诛戮。卫玠和一个哥哥当时凑巧住在亲戚家,才躲过一劫。两天后楚王又被杀,卫玠一家又被平反,但这已经挽回不了卫玠家人的生命。

再后来西晋北方大部分国土沦亡,中原大地成了尸山血海,卫玠和母亲南下避难,经过一番辗转,来到了建邺城。这一下建邺可轰动了。在当时人们的眼里,白富美是女人的专利,更是男人的专利,甚至,白富美的男人比女人更吃香。

梨花点点，楚楚动人，卫玠就是这样一个帅得没法说、说起话来勾人魂魄的人，在他身上集中了晋代美男偶像的一切重要特征：美貌、白皙、优雅的谈吐以及淡淡的冷漠与哀伤。由于体格太虚弱，他的母亲怕卫玠说话说得太多太累影响身体健康，就限制他说话。

卫玠来了！建邺城的粉丝集体出动，把卫玠围了个水泄不通。卫玠就在那里不断地向大家挥挥手，讲两句，场景酷似现在的演唱会。一场现场秀下来，偶像的体力消耗很大，所以在举办演唱会之前，往往要提前好几周做体能训练，怕到时候吃不消。如今卫玠这个男版林黛玉平日就病怏怏的，连谈天都得限制，又如何架得住这众多粉丝的围堵追捧？当即一病不起，撒手人寰。当时人都说卫玠是被粉丝们活活看死的，芳龄只有二十七岁。

这个在政治上没有作为，在文艺或科技界同样没作为的，更不用说在军事上的人物，居然在《晋书》上有传记，纯粹因为他的美貌和清谈，可见"美男子"已经成为当时的一种文化现象，一个时代的标志。

魏晋人士确实非常看重人的相貌和风度，按照当时的评价标准，帅哥首先要白，最好比女的还白。比如王导的皮肤就非常白皙，手拿白玉柄麈尾，一种类似于窄窄的芭蕉扇，又有点像鸡毛掸的东西，手和玉浑然一体，大家看了都很羡慕。称赞起男人，也往往用"玉人"表扬其白皙。许多玉人或者想当玉人的男人，就坚持在脸上抹粉。抹粉的风气相当流行，按照当时的说法是这些男人"胡粉饰貌，搔头弄姿"。

当然，最好还有点体香。有个叫韩寿的人，就拿着情人馈赠的香料猛用，周身香喷喷的，觉得很潇洒。像韩寿这样的香男子绝非少数，比如指挥淝水之战的大将军谢玄，年轻的时候也特别喜欢香料，天天手里拿个香囊。后来还是他叔叔谢安有些看不惯，但又不想当面训斥他，怕伤了他的自尊心，就和他游戏赌博，把香囊给赢了过来，然后一把火烧了。

都说乱世出英雄。西晋时期乱是乱，八王之乱，永嘉之乱，五胡乱华，但是好像也没出过什么英雄，但人们不得不承认：西晋盛产美男子。

在古代，对于一个男子最高的褒赞就是"才过宋玉，貌赛潘安"。潘安就是晋朝著名的帅哥才子潘岳。他是美貌、才能和人品三绝，在当时很有名气。潘岳玉树临风，潇洒风流，无论环肥燕瘦的时代审美观如何变化，他一直是中国理想美男子的标准，从古到今，一直没变。

"掷果盈车"、"傅粉檀郎"等等成语典故皆出自于这位自小就貌美如花的偶倪男儿。

洛阳城里的先生们女士们虽然未必会仔细阅读他的华丽文字，但看其曼妙风姿，就毫不犹豫地将他视为偶像巨星。当潘岳手持弹弓，游逛于洛阳城中的时候，女士们往往蜂拥而至，而且见到偶像后情绪非常激动，手拉着手把这个帅小伙围在中间，向他温柔地抛掷新鲜水果。潘岳此时的神态想来和戴个墨镜被粉丝们团团围住的明星相仿：几分矜持，几分自豪，又兼有少许紧张。总感觉古代的女子会有什么"男女授受不亲"的拘束，总感觉古代的女子表达爱慕会万分矜持含蓄，其实不然，洛阳城的女子就大大方方地向自己的偶像投掷水果示爱。这也是时尚，不同于见到囚徒游街扔蔬菜。她们的情郎、丈夫也很支持：反正这些偶像高高在上，你再喜欢人家也够不着，不至于有出轨之虞，自可大度地容忍。

看着潘岳每次出门，往往满载新鲜水果而归，洛阳城中的另一位才子左思，真是羡慕嫉妒没有恨，他也打扮成潘岳的模样，夹了个弹弓出游。但是左思这老兄很不幸，他的容貌实在让人不敢恭维。他固然也很有才华，写出来的文章不比潘岳差，但对于一个丑八怪来说，文笔好实在算不得什么。洛阳城中的女士们并没有贪图他的心灵美，看到这个丑八怪居然模仿潘岳，纷纷怒火中烧。更有一群坏老太太一边喊着"长得丑不是你的错！但出来吓人就是你的不对了！"一边冲上去啐他。左思低头耷拉着脑袋回家了。

读晋朝历史，我们会发现，晋朝流行的偶像普遍女性化，容貌秀丽，按照现在的说法是比较奶油相。如果能再柔弱几分，那就更妙了。而且这些偶像一般都比较嘴碎，爱说话，最喜爱的娱乐就是聊天。沉默寡言的黑脸汉子在晋朝不受欢迎。

也许人的审美观各有不同，但我觉得晋朝的这种审美情调是有问题的，它将审美的中性化向极端推进，由中性化变成女性化，又进一步变成了病态化。一个带有几分感性的男人也许是动人的，一个刚强果断的女人也许是动人的，但不管男人还是女人，弱不禁风都是病态的，毫无美感可言。国家也是如此，昏庸碌碌，病态沉沉，外表再美，内在空虚，同样是不可取的。

从卫玠的炫美和王衍的清谈，我们可以看到，国家是混乱的，但个性是解放的。全民崇拜外在美，所以有人说，晋朝是人性最自由的时代，也是一个最矫情的年代。

《世说新语》有这么一个片段：孟昶未发达时，家在京口。尝见王恭乘高舆，被鹤氅裘。于时微雪，孟昶于篱间窥之，叹曰："此真神仙中人！"

这则故事很容易画成一幅图画，图中一名贵族青年，乘着漂亮的高车，披着轻盈的鹤裘，天上飘着微雪，从容前行。路边的一个院子，另一名更年轻的贵族青年从笆篱的细缝处看着这位坐在车上的名士，不禁又欣赏又羡慕，感叹道："这简直跟神仙没区别。"

这个片段没别的意思，只是一个侧影，让我们感受到那个年代的特点，不顾一切去追逐虚夸的外在美，让人心变得很躁动，让社会变得很浮躁。

十五、人要活在自己的良心里

良心是公正廉洁的法官。

——拉蒙纳斯

读晋朝历史实在有些窝心,这种窝心程度远远超过宋朝,宋朝的软弱低能是透顶的,尤其是军事,但是他的皇帝和臣子们还是有所作为的。看晋朝,皇室的昏弱,官员的清谈,国家的动荡,外族的入侵,百姓的苦难,实在不堪一提。所幸的是,其中还有一些人可以说说,他们是晋朝的三位汉子大臣,这让我们或许感到一丝安慰。

做人要知恩图报,恩怨分明。西晋大臣向雄的这个特点让我们羡慕。

向雄起初在郡中担任主簿,和河内太守王经是上下级关系,两人关系非常融洽。王经死的时候,向雄在东市扶尸痛哭。路人看到他悲痛的样子很是动容。后来刘毅任太守时,有一件公务并未牵涉到向雄,而刘毅无端向他大发脾气,杖责向雄并把他赶走。继任太守吴奋又因一些无关痛痒的小事将向雄入狱。是不是跟前任长官关系太好了,以至于影响跟后两任的关系,史书没说。

在这个时候,司隶钟会把向雄从监狱里放出来,并任命他为都官从事,后来钟会阴谋反叛,被乱军杀死,无人收敛下葬,向雄为他收葬掩埋。这事被司马昭知道了,召见向雄并责备他说:"以前王经去世,你在东市哭他,我不问罪你。现在钟会叛逆,你又收敛安葬,我如果再宽容你,把王法用到哪里?"

向雄回答道:"钟会叛逆已经伏法被杀,他也算得到了惩罚。以前,他曾有恩于我,我现在知恩图报为他收葬,不使他暴尸荒野,也是符合礼义的教化。立法者当然应该行使法令,而民间也应该弘扬道义,您又何必让我在忠义之间如此艰难地选择呢？您现在连一具枯骨都要仇视，让他抛荒在野外，将来那些仁人贤士谈到此事，他们难道就不觉得痛惜吗？"司马昭听后很高兴，与他交谈并饮宴后才让他回去。

后来，向雄升任至黄门侍郎。凑巧的是，他的两任太守吴奋、刘毅都升为侍中，一同在宫廷门下，向雄与他们从不说话。晋武帝司马炎知道后，敕令向雄应恢复府主和臣属的友好关系。向雄迫不得已，便到刘毅家里，拜见之后说："我是受诏而来，但是我们之间的情谊已经断绝了，又有什么办法呢？"接着便离去。晋武帝听说后大怒，责问向雄："我让你恢复同僚的情谊，你为什么还是绝交呢？"向雄说："古时的君子，任用人时合于礼制，辞退人时也合于礼制。而今天的君子，任用人时恨不能把他放在膝盖上爱抚，辞退人时又恨不能把他丢到深渊下坠死。我不与刘毅成为敌人，已经是很万幸的了，又怎么能恢复友好关系呢？"司马炎也只好听任他这么做。

跟向雄的恩怨分明类似，刘暾的耿直逼人也是出了名的。

刘暾任侍御史的时候，他虽然位卑，但是敢于弹劾朝廷重臣。司徒王浑的主簿刘舆犯了法，将要被押解到廷尉那里去判罪，王浑想要为手下开脱，打算私自放了刘舆。刘暾知道后，指责刘舆假公济私。王浑大怒，拂袖而去。刘暾上奏弹劾王浑没有大臣之节，袒护手下。

后来一次武库发生火灾，当时皇后贾南风表亲郭彰任尚书，率领百人只顾自保而不救火，于是刘暾就严肃地责问他。郭彰于是大怒，威胁说："我能剪掉你小子头顶两边的头发。"刘暾则愤怒地说："你竟敢恃宠作威作福，还有王法吗？"于是请索纸笔上奏，郭彰于是不敢再说话，众人亦为郭彰解释，刘暾才不坚持。而自此以后，昔日表现得奢侈的郭彰亦变得简朴。

永康二年（公元301年），赵王司马伦在上一年铲除贾后集团并掌握朝政后就篡位，自立为帝，并让刘暾任征虏将军，但刘暾不接受。不久刘暾响应齐王司马冏、河间王司马颙及成都王司马颖所发起的讨伐军。当年晋惠帝复位，刘暾任尚书左丞，在朝严肃，令朝内清正严明。不久兼领御史中丞，奏免东安公司马繇和王粹、董艾等十多人的官职，获朝廷嘉许，即迁任御史中丞。后转任中庶子、左卫将军、司隶校尉，又奏免武陵王司马澹及何绥、刘坦、温畿、李晅等人。

后来，刘暾儿子刘更生娶妻，而刘暾妻已死，按家法要媳妇去扫墓，于是刘暾就带着家属宾客，载着酒和食物出行。不料此时被一直对他有看法的洛阳县令王棱借题发挥，向当时主政的司马越声称刘暾是要带着家属叛归盘踞并州的刘渊。刘暾知道后，未到墓地就已折返，并以正义斥责司马越，竟令司马越十分惭愧。

明明白白做人，明明白白做事，西晋另一名大臣崔洪一生都在践行着这句话。

明在礼制上。晋武帝时候，长乐有个叫冯恢的人，他的父亲是弘农太守，这位父亲非常喜欢自己的小儿子冯淑，想把爵位传给他。冯恢深知父亲的这种想法，所以父亲去世后，冯恢回到故里故意装聋作哑，于是他的弟弟冯淑得以继承爵位。大臣翟婴认为冯恢的做法高尚，超越世俗，极力推荐冯恢。但是，崔洪却不这样认为，他上奏晋武帝，指出冯恢虽有让去爵位的善举，但是破坏了长子袭爵的伦理纲常，两相比较，善是微善，错是大错，翟婴不明轻重，不辨是非，应当免其官。晋武帝觉得有道理，予以免去了翟婴的官职。由此，朝野上下，无不对崔洪心生敬畏。

明在做人上。后来崔洪当上了吏部尚书，为官廉政清明，公正无私。崔洪曾经推荐雍州刺史郤诜为左丞相。一次，郤诜上奏责难崔洪。崔洪对别人说，我推荐郤诜，而他现在却弹劾我，是我自己拉开弓箭射自己啊。郤诜听后，说："当初赵宣子任韩厥为司马，宣子的奴仆犯了军法，被韩厥处死。赵宣子对大夫们说，大家应该恭贺他，韩厥的确能够担当大任。崔洪是为国家推举贤才，我是凭借才能做官。做官就应该秉公办事，怎么能徇私情呢？"崔洪听说后，更加看重郤诜这个人，引以为知己。

明在生活上。崔洪生活朴素，从不谈论钱财，手上也从不拿珠宝等贵重之物。一次汝南王司马亮宴请公卿大臣，用琉璃做的酒杯行酒至崔洪，崔洪不接。司马亮问他不接的原因，崔洪搪塞说："我担心手拿玉器，不能快步疾走。"

　　向雄、刘暾、崔洪，也许这三个人只是西晋历史的一个很小的插曲，他们对政局的稳定、社会的清明、国家的富强起不了多少作用，但它至少让我们感到西晋还有一丝亮光，一丝希望。历史不是叫我们哭的，也不是叫我们笑的，乃是让我们明白的。读这三个人，我明白了一个很简单的道理：人要活在自己的良心里。任何一个有良心的人，实际上就是一个对自己应当做什么和不应当做什么有理性和明确的自我觉悟的人。

十六、没有自信心注定没出息

除了人格以外,人生最大的损失,莫过于失掉自信心了。

——培尔辛

太康八年(公元287年)的一天,在京城洛阳上东门前,突然传来一阵阵悠扬的啸声。这啸声音韵高亢激越,还带着稚嫩的童音,十分动听,吸引了附近的许多人回过头去看。可是,人们看到的却是一个十多岁的孩子,身躯瘦弱,衣衫褴褛,而他深深的眼窝给人留下了深刻的印象。

这一幕恰好被路过此地的大名士、西晋尚书王衍看到了,他的心里别扭极了,在王衍看来,"啸"是上层士大夫的癖好,是他们抒发感情的特殊方式,也只有他们才有资格吟啸。他回到府上,对左右的人说:"刚才那个胡人小孩,我听他的声音感觉到有突出的志向,恐怕将来会成为国家的祸患。"当手下的人快马去抓捕时,恰好那孩子已经离开,免遭了毒手。

谁也想不到的是,就是这个小孩和他的小伙伴们,居然成了西晋的掘墓人。人永远不要看不起别人,二十三年后,看不起别人的王衍就被这个小孩战败所杀。

这一年,很多人跟王衍有同感,西晋帝国被一股焦虑情绪所弥漫着。眼看着越来越多的少数民族不断地向内地迁徙,走在街上,到处是胡人,仿佛感觉汉人生活在异国他乡。魏晋之际,在北方汉族人口锐减的情况下,胡人内迁形成高潮。他们主要是受到春种秋收、安居乐业、生活稳定的农业文明吸引,加上当时北方气温下降、灾害严重,纷纷内迁,居住在关中各州。

早在太康元年（公元280年），当晋武帝司马炎消灭吴国统一天下的时候，官员郭钦向晋武帝上书，提出要解决胡人南迁问题，他说："戎狄强悍，历来是个祸害，现在它们虽然臣服于朝廷，一旦形势有变，他们就会很快攻下晋朝大部分地区，所以我们应派猛将率兵，将他们强行迁回边疆，以绝后患。"

可能是把话说得太严重的缘故，不少人认为是郭钦故作惊语，以博取名誉罢了。晋武帝把它搁在一边，朝廷上也没有丝毫反响。

但后来的形势变化出乎朝廷的意料，北方南迁的各族人数达到数百万，其中关中地区户口百万，少数民族就占了一半，主要来自中亚蒙古草原上的游牧民族的匈奴，魏晋时期生活在上党郡的羯，秦汉时从大兴安岭南迁的鲜卑，西北部游牧民族的氐，分布在川、陕、甘一带的羌等，历史上泛称为"五胡"。

怎么看待这么多的少数民族进入黄河流域呢？按现在的观点，这未免不是件好事，因为加强了民族融合，促进生产发展，这是历史发展的趋势。然而这是现代人的想法。

西晋在接连不断的内乱中，已经使得统治者丧失了处理内迁民族问题的自信心，他们害怕少数民族威胁他们的统治，所以对内迁的态度是坚决拒绝，而且要把他们赶回原居地。

元康九年（公元299年），太子洗马（负责太子宫图书管理的官员）江统，上表著名的《徙戎论》。他深虑四夷乱华，应该防微杜渐，提出将氐、羌等族迁出关中的主张。只要他们在这里，这里就会不安定，并以并州的匈奴部落为最大隐患，应发还其本域。

文中提到"关中之八百余万口，率其少多，戎狄居半"，称戎狄是"人面兽心"，建议摒除胡人，"今我迁之，传食而至，附其种族，自使相赡，而秦地之人得其半谷，此为济行者以廪粮，遗居者以积仓，宽关中之逼，去盗贼之原，除旦夕之损，建终年之益。若惮暂举之小劳，而忘永逸之弘策；惜日月之烦苦，而遗累世之寇敌，非所谓能开物成务，创业垂统，崇基拓迹，谋及子孙者也。"他还指出，胡人与晋朝人不相杂居，各得其所。即使他们有为乱华夏之心，兴起战乱的预兆，也与中原相隔极远，隔山阻河，虽然有敌寇作乱，所危害的地区也不会太广泛。

江统的上书，虽然符合朝廷的意愿，但真正实施起来就很困难。因为这些少数民族是经历了很长时间才迁到内地的，人数众多，分散各地，与汉族杂处，很难轻易把他们赶走。

怎么解决少数民族的问题，成为令西晋朝廷头疼的事情。即使迁徙成功，这占关中一半人口的势力集中在边境地区，晋王朝如何抵挡他们的重新集结入侵？或被其他外部势力利用？中原各阶层、各势力之间的矛盾，也不会因为戎狄的外迁而减弱，因为贵族势力的拼争已箭在弦上。如何顺应时势确立起可行的新的社会秩序，把人们从无休止的对现有的有限资源的争夺中拉回到有序的现实生活中来，使僵化的社会重新焕发出活力，就成为当务之急。

说好说，做却难做。西晋由于自身不稳定，对自己的不自信，对少数民族的歧视、排斥态度，无助于事情的解决，反而更加激化矛盾。历史上的唐太宗正好与此相反，他乐于与少数民族打交道，朝廷里有不少是少数民族官员。为什么唐太宗不把少数民族作为异己力量呢，其中一个重要原因是，唐朝自身力量强大，社会稳定，用魏征的话来说，就是"中国既安，远人自服"。假设唐太宗在某个公众场合发表关于处理民族关系的演讲，我想他的姿势应该很美，他的形象应该很高大，他的语调应该很欢快。

当时少数民族的内迁和发展已成燎原之势，西晋政府想挡也挡不住了。其实，

西晋青瓷褐彩龙首壶

在我看来,这是个不值得过多讨论的话题。国力强了,谁见谁服;国力不强,谁见谁灭。跟是否与胡人杂居无关。没有杂居,昏庸的汉末亡于自己人篡位之手;没有杂居,腐朽的明末葬送在入关铁骑之下。

接下来很快就发生了八王之乱,朝廷上下都忙于到底是听八王中的哪一个王爷,忙于帮助这个王爷去消灭另一个王爷,就没时间去思考江统提出的《徙戎论》了,也让朝廷暂时忘记了这种危机四伏的隐患。

而此时,五胡的领军人物正在暗暗崛起。

开头说的那个小孩不简单,他叫石勒,羯族,上党武乡(今山西榆社)人。年少的时候,命运的颠簸让他做了地主家的耕奴。石勒不安于命运的安排,千方百计地要摆脱困境,有几天,他一下地,就伫立在一旁,皱着眉头,凝神地听着什么。同伴们觉得很奇怪,问他在干什么?他吞吞吐吐,神秘地说:"你们有没有听到一种声音?""什么声音?"大家莫名其妙。"战鼓、号角的声音。你们听,好像有千军万马。"大家学着石勒,竖起耳朵听着,有人附和说:"我也听见了。"石勒又悄悄地说:"我从小就经常听到这种声音。"据说能听到鼓角之声是一种非同寻常的征兆,大家都把石勒看做是与众不同的异人。于是他很快地就拉起了一支强大的军队。

还有一个人物,刘渊,匈奴族,新兴(今山西忻州北)人,也是个厉害的角色,他趁朝廷内乱而在并州自立,称汉王,建立汉国。从另一个人身上可以看到刘渊的为人处世。一个叫陈元达的人,少年时丧父家穷,常边种地边念书,喜欢边走边吟,怡然自得。到四十岁时,仍不与人交往。刘渊为左贤王时,听说后就招他来,陈元达不去。刘渊称王后,有人对陈元达说:"过去刘公让你屈就,你轻视他不去,如今他称王像龙一样飞起来了,你怕他吗?"陈元达笑着说:"这是什么话?他的姿态风度都很超群,有囊括天下的志向,我早就知道了。但以往之所以不去,因机遇未到,不能没事张扬,他自然会用我的。你要记住,怕不用三天,文书必到。"当晚,刘渊果然征用陈元达为黄门郎。人们说:"你大概是圣人吧!"

遗憾的是，一边是匈奴人的积极阴谋企图推翻晋朝，一边却是晋朝官员自"愚"自乐的特殊表现。晋朝官员中，才子的比例很可能是整个中国历史上最高的，但社会并没有从中得到太多的好处。

两只马的故事很能说明问题。王羲之的儿子王徽之每天到处逛荡，连手底下有多少马也不知道，这样的人却屡次被提拔。这样一来，大家你看我，我看你，何必去干工作呢。事实上，晋朝的官员就是以干具体工作为耻。建康县官王复从没骑过马，见马嘶叫跳跃，大惊失色，对人道："这分明是老虎，你们怎么可以说它是马呢？"从这位雅致至极的肉柔骨脆、体瘦气弱的官员指马为虎，可以看到晋朝的一个缩影。其实，晋朝也有荣耻观，其中，行政官员以不过问行政实务为荣，地方官员以不过问民生疾苦为荣，法官以不过问诉讼为荣，将军以不过问军事为荣。

历史的车轮不可逆转。没有自信，彷徨无助，只能是坐以待毙。随着刘渊和石勒反晋声势的高涨，西晋王朝进一步没落，丧钟已经敲响。

十七、洛阳失陷前后的四张面孔

君子而不仁者有矣夫，未有小人而仁者也。

——孔子

永嘉五年（公元311年），洛阳在强大匈奴兵大军压境下，终于失陷，晋怀帝司马炽被俘了。这时候，有四张面孔引起人们的注意，这些面孔折射出世态炎凉人情冷暖，乱世出英雄，乱世更能检验人性。

首先一张面孔是西晋名将苟晞。这个人颇有来历，发迹于"八王之乱"时期，皇族争权，战乱频仍，诸王专权"你方唱罢我登场"。苟晞先后投靠齐王司马冏、长沙王司马乂、范阳王司马虓和东海王司马越。精通兵法的他，先后战败汲桑、吕朗、刘根、公师藩等，威名甚盛，当时的人甚至把他比作韩信和白起。

东海王司马越辅政时对他亲信有加，并结拜为异姓兄弟，十分亲密。结果引起司马越的幕僚潘滔的嫉妒，潘滔向司马越打了小报告："兖州是中原要冲，魏武帝就是从兖州起家的。苟晞心怀大志，不是纯臣，不可久留兖州，否则要成心腹之患。"

一听说会威胁到自己的位置，司马越就采纳了潘滔的建议，把苟晞调往青州，让他离开兖州这个军事要地。敏感的苟晞也觉得司马越不再信任自己，到青州后就把怨气发在老百姓身上，成了酷吏，司法严峻苛刻，每天都在行刑杀人。青州流血成川，百姓怨声载道，给他起了个绰号叫"屠伯"。苟晞出师征讨，他的弟弟苟纯暂时代理青州，刑杀与其兄相比有过之而无不及，百姓都说"小苟酷于大苟"。

听到晋怀帝被俘的消息后，苟晞在仓垣（今开封东北）迎立太子司马端（晋武帝司马炎之孙，清河康王司马遐第四子），司马端任苟晞为太子太傅，都督中外诸军事，录尚书。而此时的晋朝核心地区关中，出现了前所未有的大饥荒，战争和天灾使这里遍地都是白骨，一百个人中活下来的不足一二人。

晋朝到这时，苟晞理应成为帝国内部最大的依靠。本来凭他的果断干练、骁勇善战，还可以将王朝的寿命再延长一点，甚至说不定还可以力挽狂澜。然而，出身寒微的苟晞，现在位至上将，登上了他仕途的顶峰，"穷"和"权"让人的劣根性容易裂变。从此苟晞变得志满意得，家中仆妇近千人，侍妾数十人，纵情肆欲，多疑残暴，用刑严苛，杀人更是如麻，辽西人阎亨劝谏苟晞，被他一怒斩杀。从事中郎明预在家养病，听说这件事后，就带病登车，进谏说："皇晋正值危难之际，您身为执政，正应日夜谋划如何挽救国家于狂澜颓败之中。而您非但安于享乐，反而无罪刑杀贤能美士，这是非常危险的。"苟晞大怒，说："我就是想杀阎亨，关你什么事！你有必要带病来骂我吗？"

明预料难自保，就豁出去说："当年您以礼引荐我，我也要以礼自裁。只是您现在在痛恨我的时候，大概不知道有多少人在咒骂您！先前尧舜在位，以和理而兴；桀纣在位，以恶逆而亡。天子尚且如此，更何况人臣呢？"苟晞也许是良心发现，忽然面有惭色，默然不语，明预于是得以死里逃生。但从此苟晞的幕僚属官开始逃离，大将温畿、傅宣也都背叛了他。

没多久，石勒大军南下，势如破竹，攻占阳夏，驰袭蒙城，俘获了苟晞全家，并将他满门抄斩。西晋抵抗匈奴兵的中坚力量瞬间崩溃。

其次是幽州刺史王浚，他身在东北大门，心里却想着趁乱世搞个皇帝当当。

晋怀帝被俘后，当时的并州被匈奴所围攻，并州的士人和百姓多数都投往幽州，让王浚感到势力越来越强盛。不过，这个老兄并没有整合力量想去营救被俘的皇帝，也没有多大心思去收复被匈奴攻破的城池，而是趁机假立太子，备置百官，列署征镇，由自己自领尚书令，后又安插自己手下亲信出任各个职位。

而当他在众人面前透露出当皇帝的意思时，遭到了不少有良知的大臣的强烈反对。见北方名贤霍原不答应，王浚就杀了他。其他人劝谏不是被外调就是被诛杀。同时又继续滥杀，如借别的事诛杀素来不满的长史王悌。

同时，王浚为政苛暴，属下又贪污残忍，地方工事连连令百姓苦不堪言，百姓被逼逃到鲜卑，加上旱灾和蝗祸，外部又失去了段部鲜卑的支持，于是内外离心，士卒疲弱。

王浚手下的司马游统因为外调而恨怨王浚，便与石勒勾结要谋害王浚。石勒于是向王浚诈降，承诺以王浚为主。

建兴二年（公元314年），石勒屯兵易水，督护孙纬怀疑石勒有诈，跑来告诉王浚，要求出兵反抗石勒。但王浚不听，更让石勒直接前来，群下劝谏更遭恐吓，并命人准备好迎接石勒。天作孽犹可违，自作孽不可活。果然不出所料，石勒进城后大肆抢掠，数落王浚不忠于晋室，又指王浚漠视百姓，既有大量储粮仍不施济给受天灾影响的灾民。于是命五百骑押王浚到自己的根据地襄国（今邢台市桥东区），又尽杀其手下精兵万人。

结果很明显，野心家王浚的帝王梦还没开始实施，就身死襄国，没有同情，只有笑话。

第三张面孔是凉州刺史张轨。按照干部职责和权限，他负责守护帝国的西北大门。

这是个美男子，晋朝从来不缺美男子，但他与众不同，不仅人长得漂亮，而且保卫晋朝的动作也很漂亮。不过，刚开始设想到凉州，张轨是有个小九九的，并不是一开始就愿意支援大西北，大公无私守卫西大门，他没那么高的境界。因为时世多灾难，张轨便暗自图谋占据河西之地，为此还特地占卜预测吉凶。于是请求朝廷让他做凉州刺史。

张轨到凉州后，正值鲜卑族反叛，盗匪横行州里，抢劫财物，张轨立即予以讨伐，剿灭盗匪，斩首一万余人，张轨威名大显凉州，教化施行于河西。

洛阳遭到围攻后，朝廷派人送信给张轨，告诉京师洛阳饥荒匮乏，张轨马上派参军杜勋给朝廷献马五百匹、毯布三万匹。紧接着，张轨派将军张斐、北宫纯、郭敷等率精锐骑兵五千人来保卫京师。后来京师陷落，张斐等皆被贼军杀害。

中州（今河南省）人纷纷逃到凉州避难，张轨马上采取接纳措施，分割武威一部分设立武兴郡，又分西平郡置晋兴郡以收容流民，这个名字取得好，晋兴，晋兴，不知道晋朝还能否再兴？太府主簿马鲂向张轨进言道："四海动荡，天子未得反正，明公率凉州之兵直捣平阳（刘渊的大本营），必将所向披靡，有征无战。"张轨道："这正是我所想的事。"同时，张轨亦继续支持西晋，晋怀帝被掳到平阳后，张轨曾打算倾一州之力进攻平阳。

不久秦王司马邺进入关中，张轨抓住机会，为了鼓舞人心，便迅速传檄至关中，檄文说："主上遇险，流落贼营，普天分崩，举国丧气……凡我大晋之人，食粮之民，占卜取卦克期效忠，光明险恶同心同步。应选择吉日，奉尊秦王登基继位。"

同时，张轨派前锋督护宋配率步兵骑兵二万，直抵长安，护卫天子，击退左右之敌。派西中郎将张寔率中军三万，武威太守张琠率骑兵二万进发，在临晋会师。

永嘉五年（公元312年），秦王司马邺被立为皇太子，派人前往凉州拜张轨为骠骑大将军、仪同三司，张轨辞谢。永嘉六年（公元313年），司马邺继位，是为晋愍帝，并升张轨为司空，张轨坚辞不受。此时，刘曜进犯北地，进逼长安，张轨又派参军麴陶率三千人马保卫京都长安。由于张轨的功劳，晋愍帝派人拜张轨为侍中、太尉、凉州牧、西平公，张轨又坚决辞谢。一次比一次封得高，但张轨一次比一次坚决。这个辞谢不同于篡位者假惺惺的那种。

建兴二年（公元314年5月），没看到西晋能恢复原有国土的张轨卧病不起，六十岁的他带着满满的遗憾走了，临终前留下遗言道："我平生对他人无甚恩惠，今日疾病垂危，大概命将告终了。我死后，文武将佐都应尽忠尽义，务必安抚百姓，上报国家，下安家室。我死后以普通棺木从简安葬，墓中不藏金玉。好好辅助我儿张寔，听从朝廷旨意。"

两年后，西晋也完成了它的历史使命，张轨的曾孙据此建立了前凉国，这是后话。建立前凉大概不会是张轨的意愿。

最后一张面孔是女孩子荀灌，清秀、勇敢、有胆有识。

洛阳被攻破后，晋朝各地都在加强防备，晋愍帝建兴元年（公元313年），被誉为"履孝尽忠、无惭往烈"的襄阳太守荀崧临危受命，被擢升为平南将军，坐镇宛城（今河南南阳）。

叛将杜曾突然带领重兵包围宛城，扬言破城之后要杀掉荀崧，还要杀尽那些忠于荀崧的人。双方对峙日久，城里粮草一天比一天减少，守城的军民死伤人数一天比一天增多。荀崧心急如焚，对部下说："坐以待毙是不能持久的。只有派人突围出去，向附近的将军石览求援才行。我待他不薄，只要他知道我的危急处境，必定会发兵来救宛城。"但当时众多的叛军重重包围宛城，无法突围求救。两天过去了，还没有一个人自告奋勇突围搬救兵。

此时情势更加危急，荀崧决定自己突围求援。众将士不让荀崧前去，一个个苦苦相劝。这时年仅十三岁、长得很清秀的荀灌推开众人，走上前来。她说："父亲重任在身，怎可随便离开？还是让女儿突围求援。"荀崧知道女儿荀灌从小跟着自己习武，早就练出一身好功夫，刀枪剑戟也很娴熟，但是担心她人小力单，难当大任。荀灌急了，恳求说："宛城危在旦夕，难道我们都情愿等死不成？灌儿虽然年幼，却有破敌妙法。"

荀灌接着说："叛军攻城太急，几天以来已经疲劳不堪。我已经观察到了，他们白天组织还算严密，到了夜间，防守便松弛。我只要带领少数武艺高强的军士，乘其不备，深夜突围，又有何难？"荀崧答应她的请求，下令选拔精悍骁勇的军士，随荀灌突围。深夜，荀灌手执利剑和十几个武士骑马冲出城外。叛军都在睡大觉。等巡哨的发现时，荀灌已冲出包围。荀灌一行急驰而去，很快到了石览的驻地。石览问明情况后，便说："叛军兵力雄厚，必须请求南中郎将周访同时出兵，合力破敌。"荀灌说："我这就写一封求援的书信。"她代替父亲写信件，请石览派人速送周访。周访被信中的道理说服，马上派儿子周抚带精兵三千，和石览的援军一起，飞驰宛城。荀崧见援兵已到，率城里守军冲杀出来。杜曾两面受攻，虽拼命抵抗，仍伤亡惨重。他见势不妙，仓皇撤兵而去。宛城军民得救。荀崧亲自到城外迎接石览和周抚，感谢他们的援救。石览和周抚都说，宛城解围，百姓得救，荀灌应该是第一个有功之臣。

一位十三岁的小姑娘竟能力排众议，突出重围，以其勇气与智慧，搬来大军援救，使得宛城千千万万的军民赖以保全，真的很是让人敬佩。人的一生，能有一件做过的事名扬天下，便可俯仰无愧。遗憾的是《晋书》只记了一笔"幼有奇节"，正史再无任何文字。在那个皇帝家天下的年代，一个太守的女儿再有多大作为，其风头不能盖过帝王将相。真是可悲可叹。

十八、南渡，南渡，一位相士的先知先觉

每个人都主宰着自己的命运。

——斯梯尔

永嘉元年（公元307年）九月的一天，秋风萧瑟，北方广阔的中原地带，一队骑兵出现在官道上，扬鞭直追；神情惶恐、衣衫褴褛的百姓和曾经显赫的士族仓皇向南奔逃。骑兵过处，刀光剑影，尸横荒郊；千里江山，一时哀鸿遍野。匈奴贵族刘渊攻城略地，纵兵大肆屠杀焚掠，不少城池化为灰烬，西晋的官民惶惶不可终日，就大量南逃，这一幕史称"永嘉南渡"。

而此时，另一支队伍也正轻车简从自北向南疾驰而去。马车里一位年轻的王爷正蹙眉忖思着自己的下一个驿站，这是琅琊王司马睿的队伍。司马睿在动荡险恶的政治环境中，处于帝室疏族地位的他无兵无权，形势逼人，为避杀身之祸，给自己留条退路，在好友王导的建议下，他向朝廷提出要南渡江南，朝廷也同意他出任镇东大将军，都督扬江湘交广五州诸军事，驻建邺（后改名建康，今江苏南京）。

永嘉南渡，又叫衣冠南渡，名字很好听，晋时士族峨冠博带，衣冠楚楚，风度翩翩，故有此谓。其实无非就是逃难、逃荒，不仅狼狈，而且凄惨。

这一路上，北方的许多士族、大地主携眷南逃，随同南逃的还有他们的宗族、仆人、宾客等等，同乡同里的人也往往随着大户南逃。随从一户大地主南逃的往往有千余家，人口达到数万之多。《晋书·王导传》曰："洛阳倾覆，中州士女避乱江左者十六七。"他们跋山涉水、披荆斩棘，在南方热闹的城市或偏远的丘壑山林，侥幸活下来。其中最远的来到了福建泉州，沿江而居，因思念故土，为此这条江起名"晋江"。

这一幕早被当朝一个著名的青年相士给料到了，他叫郭璞，河东闻喜人，跟司马睿同龄，是永嘉南渡的见证者和亲历者，与其他北方人士不一样的是，他不是被动仓皇南逃而是主动南迁。

永嘉年间，对于当时的时局，郭璞作了一次易筮，易筮的结果使他震惊，他丢下书策长叹一声说："哎呀，老百姓将要陷于异族统治之下了，故乡之地将要受到匈奴的蹂躏啊。"有了这个先知先觉，于是暗中联络了亲戚朋友数十家，准备迁移到东南去避难。

这样一来，有关他和南渡的故事一个接一个。

郭璞南行到庐江，庐江太守是胡孟康，"时江淮清宴，孟康安之，无心南渡"。郭璞为其筮占，一个判语："败。"胡孟康不信。郭璞准备行装要走，可是突然之间喜欢上了主人家的婢女，心绪萦怀，怎么能和这位姑娘同行呢？郭璞"取小豆三斗，绕主人宅散之。主人晨见赤衣人数千围其家"，迫近看却没了，主人心里惶惑。估计是郭璞玩了点小幻术。主人请郭璞作卦。郭璞说："这种妖像是你家的丫鬟造成的。你可带她到东南二十里的地方卖了她，要贱卖，快点卖掉，越快越好，切莫讲价钱。"郭璞于是"骗"走了婢女，其实是救了她，因为没多久，果然如郭璞所卜筮，庐江陷落了。

渡江到了南方，郭璞一家寄人篱下。他听说主人一匹爱马死了，就主动请缨："我能让它复活。"他说，我需要健壮的汉子二三十人，每人手持一根长竿，往东走三十里，在山丘树林里有一个土地庙，便用长竿拍打，就会出来一物，要迅速捉住带回来。大家照着去办，果然捉住了一个类似猴子的小兽，便带了回来。它一见死马，便对着死马的鼻子呼吸，一会儿马就站了起来。因为这件事，郭璞获得时人崇拜不已。

后来，郭璞又成功预测了地方上一次动乱，名气渐渐传到政府上层，王导请他来算卦。郭璞说："你有被雷震的灾厄，可向西走数十里，找一棵柏树，截取和身子一般长的一段，放置到睡觉的地方，其灾祸可以消除。"王导照此去做。数日后果然发生了雷击，柏树被震得粉碎。王导非常欣赏郭璞，让他担任自己的参军，你想，军中有这等奇人，可预测每次战斗是胜是败，岂不是件天大的好事？

那个时期，因为社会动荡不安，来自北方的统治集团采用严刑峻法镇压江南民众，百姓、官员动辄得咎。郭璞上书皇帝，表示根据占卜结果，不宜大兴诉讼刑狱之事，并且直谏，"对老百姓扶持爱护的恩情还未广布，而严施刑法的风气已很浓厚了，治理国家的方略还未齐备，可约束民众的法规却经常变迁。法令不统一会使民众不知所从，人事变动频繁必定会滋长一些人的野心……"在郭璞的极力劝说下，皇帝最终改元、大赦。

郭璞于是成了政界的一颗奇星，这应是北来人士的荣耀，别人可能妒羡，但郭璞心里却充塞了失望、惶惑，随着岁月的流逝和世局的演变，失望情绪越来越加剧，演化为不满、愤懑。西晋灭亡了，西晋的亲贵逃到南方，把骄奢、颓靡、虚荣、倾轧也带到了南方。郭璞无法、无力到后来也无意去改变现实，内心却与现实作激烈的抗争。于是郭璞被看做奇人，奇人喜好奇书。史称郭璞"好经术，博学有高才"。的确，当时一般的书郭璞都读过了读厌了读透了，于是郭璞去研究好多奇书，注解《山海经》。

郭璞还跟一座美丽的城市有关，东晋明帝太宁元年（公元323年）置永嘉郡。永嘉郡的驻地叫鹿城，建城之初，郭璞刚好游历温州，他登临西廓山，建议跨山筑城。于是温州人视郭璞为开城鼻祖，并将西廓山改为郭公山，并在山下建郭公祠。现在不少市民每次登上此山，北面是滔滔瓯江，南面是繁华的大厦，估计谁也不会想起晋朝那段从盛极一时到残败衰落的南渡历史。

永嘉南渡是中国历史上第一次大规模的人口迁徙，大量士族从华北南下江南一带，在江南落地生根。华北士族南渡，有琅琊王氏、陈郡谢氏、汝南袁氏、兰陵萧氏，合称"王、谢、袁、萧"。尤以王、谢最早追随晋朝进入江南，因而得以及时掌握东晋权力中枢。刘禹锡一句"旧时王谢堂前燕，飞入寻常百姓家"，说的就是王谢两大士族。此外也有其他士族南渡，如祖逖、苏峻由原本青州刺史部迁居至江南。

迁徙规模之大有一组数据很能说明。截至刘宋为止，南渡人口约共有90万，占当时刘宋全境人口共五百多万的1/6。西晋时北方诸州，包括淮河以北地区共有140万户，700余万人口。南渡的90万人口占其1/8。北来的士族和百姓集中在长江上游的成都平原、江汉流域的襄阳、江陵、武昌以及长江下游的今江苏省境内，并在此设了大批侨州郡县。

尤其在司马睿驻地的建康城，里外全挤满了从北方来的人群，他们的数量甚至超过了本土人口，因而大大改变了建康的传统风俗和习惯。晋朝首都迁至江东建康，自此史称东晋，这是中国首都迁至江南的开始。从此，建康城不再是单纯的江南城市，逐渐形成为融会南北风格于一体的全国性大都市。

东晋定都南京后，中原地区又来了很多移民，这部分移民带来了流行于北方地区上层社会和知识阶层的话，这部分话就叫做雅言，又叫做"士音"。后来雅言和吴语逐渐融合成为金陵雅音，明代建都南京，由六朝金陵雅音演化成了后来的南京话，这就是一直沿用到今天的南京官话。明代一直到清代中叶之前，中国的官方标准语都以南京官话为主流。

郭璞他们南渡还算是幸运的，但是更多的百姓拖家携口的渡江是不幸的，一路风餐露宿，死伤成批，唐朝诗人杜甫写道：边塞西蕃最充斥，衣冠南渡多崩奔。

《圣经》上记载，摩西带领以色列人逃离埃及的故事，成了人类历史最著名的迁徙史诗，其实这样的史诗迁徙，在人类历史上不可胜数，永嘉南渡也是历史迁徙的洪流中的一个支流，而且其持续时间之长，规模之大，惊心动魄的程度，并不亚于历史上任何一次大迁徙。

历史已经远去。在江苏常州奔牛镇京杭大运河南岸，叶家码头对面，过去曾有一处规模宏大的古建筑群,耸立在一座土墩上。从运河里望去,高大的牌楼,森然的古庙,给过往民众留下了难忘的印象。这就是永嘉南渡的产物——琅琊墩与琅琊墩庙。时代在发展,如今,琅琊墩庙已不见了。

十九、只懂军事不懂政治的江南士族

没有十全十美，也没有人不可或缺，每个人都有这种或那种弱点。当他失败时，这种弱点将会缓解他的沉痛之情。

——拉布吕耶尔

在战场上他躲过了很多的明枪，但在政治上没有逃过暗箭。周玘做梦也没想到，在平定江南三次叛乱后自己也成了叛乱的主谋，在他去世前还愤愤地说："杀我的是北方伧子。"周玘是谁？说起晋朝除三害的周处大家都知道，这个周玘就是他儿子。

周玘是义兴阳羡（今江苏宜兴）人，东吴鄱阳太守周鲂之孙，西晋末年支持司马氏的江南士族首领。据史书记载，周玘年轻时刚强坚毅，深沉果断，有其父周处之风，生性谨慎，从不滥交朋友，深受士林敬惮，因而名重一方。他起初不应州郡征辟，但因受刺史礼遇，方才应命，出任别驾从事，后又被授为议郎。

他主要成绩在于平定江南三次叛乱。第一次是太安二年（公元303年），张昌在江夏发动流民起义，得到江汉一带百姓的响应，张昌部将封云攻占徐州，石冰则攻占扬州。周玘与王矩联络江南士族，共推吴兴太守顾秘为都督扬州九郡军事，起兵讨伐石冰。石冰派部将羌毒抵御周玘，却被周玘临阵斩杀。

次年，广陵度支陈敏在芜湖与周玘一同攻打石冰。石冰兵败，北上徐州，投奔封云。封云部将张统反水，杀死石冰、封云，投降周玘，徐州、扬州得以收复。大功告成，周玘却返回乡里，并将部队解散，不愿接受朝廷任何封赏。

第二次是在永嘉元年（公元307年），周玘再次联络江南士族，讨伐陈敏。此前，陈敏平定石冰后，被拜为广陵相。他自以为勇猛无敌，心生它意，企图割据江东。陈敏在扬州反叛，大肆拉拢江南士族，并任命周玘为安丰太守，周玘称病不受，暗中联系镇东将军刘准，表示愿为内应，请他发兵临江。陈敏才能平庸，且无远略，占据江东后又刑政无章，纵容子弟横行，难以得到江南士族的认同。周玘讨伐陈敏，陈敏大败，北逃途中在江乘被捕，斩于建康，夷灭三族。由于成绩显赫，东海王司马越征辟周玘为参军，朝廷也授其为尚书郎、散骑郎，但他都不肯接受。

第三次是永嘉四年（公元310年），周玘率兵平叛吴兴钱璯。这个自称平西大将军、八州都督的钱璯说来有趣，在匈奴兵围困洛阳时，他曾起义兵，被司马越任命为建武将军，并与王敦一同率部北上。钱璯行至广陵（今扬州），却畏惧匈奴兵的势力，不敢继续前行，便图谋作乱，转而攻打战友王敦。王敦南奔建康，向司马睿告变。司马睿命人率军征讨，却因兵力不足，未敢交锋。这时，周玘纠合部曲，再起义兵。他联合郭逸等人，平定钱璯，传首建康。司马睿任命周玘为行建威将军、吴兴太守，封乌程县侯。周玘觉得司马睿值得信任，就欣然接受了官职。

尽管周玘三定江南，主要也是为了维护本土士族的利益，但客观上为东晋政权的建立铺平了道路。尤其他在治理吴兴时，恩威并施，深得百姓敬爱，一年之内便使得"百姓饥馑，盗贼公行"的吴兴郡恢复秩序。

司马睿一到江东就任命周玘为自己的幕僚，周玘三定江南，受到司马睿的高度称赞，甚至专门设立义兴郡表彰。两人关系甚是融洽。

但好景不长，三年后，因为北方大乱，南渡的中原人士越来越多，这些对异族有切肤痛楚的北方人在司马睿身边成为主流后，对力图收复北方故土不感兴趣的江南士族很有看法，加上来自中原已升任镇东将军的司马睿也逐渐疏远了江南人，导致中原人和江南人之间的矛盾就开始加剧。

不幸的是，周玘也被卷进其中，他在吴兴当太守时，和司马睿身边的红人刁协等北方人关系处理不好，受到刁协的轻视，结果常遭排挤。原来对他很器重的司马睿忌惮他宗族强盛，加上流言蜚语的作用，也开始有意疏远他。

只懂军事不懂政治的周玘感觉落差很大，他是带兵打仗的，突然被甩了，当然难免心怀怨望。其实，司马睿恰好对他最不放心，既有指挥能力又有作战能力，也正考虑如何解决他。天下没有不透风的墙，周玘渐渐听到风言风语。从司马睿身边的宠臣到被排挤的人，他想到了通过一条极端的路来重新树立自己在司马睿心目中的地位，便与镇东将军祭酒王恢密谋，欲发动政变，诛杀北方士族，改由江南士族执政。

建兴元年（公元313年），王恢暗中联络流民统帅夏铁，让他在淮泗地区起兵作乱，自己与周玘在三吴（指吴郡、吴兴和会稽）响应。夏铁聚众数百人，被临淮太守蔡豹察觉。蔡豹趁夏铁尚未起事，抢先将其斩杀，并禀告司马睿。

司马睿虽知周玘谋乱，但却秘而不宣，只是征召他为镇东将军府司马。这是司马睿对发生这种内部争权斗争的警觉，意识到江南士族的不满，加上周玘有殊勋和影响力，是自己宣传推崇的榜样人物，因此任命周玘当自己的镇东司马，要把周玘调到自己身边。

接下来就是一串微妙的事情。周玘尚未抵达建康，又被改授为建武将军、南郡太守，便转道南下，行至芜湖时却再次接到司马睿的调令。司马睿让他返回建康，任命为镇东军谘祭酒，这个职务类似于军事顾问，也就是给了他一个闲职，不再有兵权。

这几道命令的变化，自然会引起周玘的疑虑，他的宗族强盛，成员众多，而且朋友不可能不告诉他这些任命的背景环境，就是说当时建康已经知道他参与了密谋杀害北方官吏的事情，这使他更加痛恨北方官吏对他的排挤打压，加上他本身就是性格刚烈，不禁忧愤成疾，发背疽而死，时年五十六岁。周玘临死，对儿子周勰道："杀我的是北方伧子（伧是南人对北人的蔑称），你能为我复仇，就是我的儿子。"

周玘是建兴元年（公元313年）去世的，此时的西晋正是晋愍帝即位的建兴元年，尽管还不是晋朝最危急的时候，但是周玘的去世对司马王朝来说是可惜的，因为这年开始祖逖率数千人北伐，晋愍帝率数千人据守长安，开始了长达四年的长安保卫战。

有专家分析，祖逖仅数千人能联合李矩等收复整个河南地区，将石勒赶回河北，若是有周玘支持配合，刘琨、段匹䃅、邵续完全能平定河北。晋愍帝率贾疋、麴允等数千人能多次打败对长安的围攻，这个时候若是周玘活着，以他的军事组织才能，辅佐司马睿援助祖逖，或者亲自率领一支部队去援助长安，都会对战局产生巨大影响。周玘的去世无疑是北伐力量的损失，也不知道司马睿是怎么想的，估计军事要服从政治吧，自己的位置是最重要的，收复国土则是大家的事情。

人生在世不称意，明朝散发弄扁舟。不同的政治属性，不同的利益诉求，符合共同利益的时候，暂时联合，利益冲突的时候，各为其主，这实为世间常态。只是周玘理解不了而已。

二十、皇位在颠沛流离中诞生

上帝说过，你要么享有权力，要么享有乐趣。两者不能兼而有之。

——爱默生

永嘉五年（公元311年）九月，借攻破洛阳的势气，刘曜挥师西指长安，在他的魔爪下，巍巍长安沦陷了，随行的刘粲杀害了镇守长安的南阳王司马模。

战争和天灾，已使此时的长安出现了前所未有的大饥荒，遍地都是白骨，一百个人当中只有一二个人活了下来，凄惨不堪。

四百年后，一位同样遭遇战争的唐朝诗人，被叛军押解到这座城市，站在城头抒发了"国破山河在，城春草木深"的千古绝唱。长安城里草木丛生，人烟稀少，所见所闻触目惊心，有一种物是人非的历史沧桑和国破城荒的悲凉景象。

司马炽被俘虏后，永嘉的年号又延续了一年半的时间，在这期间，晋室大大小小的王宫诸侯陷入了群龙无首的状态，大臣们或出于拯救国家的公心或出于趁机捞得好处的野心，纷纷拥立司马皇族王公作为号召，重建中央，这时出现了四个行台，相当于四个临时中央政府。

第一个行台是在河阴的司徒傅祗建的，汝阴太守李矩提供了赞助的房屋和粮食。但没多久，六十九岁高龄的傅祗因病而死，这个行台在传檄天下后也就不了了之。

第二个行台是幽州刺史王浚建的，就是前文说的野心家。六月司马炽被俘，七月份，他不知从哪儿弄来一个假太子，布告天下，设置百官，自己总摄政，但死于石勒，也很快玩完。

第三个是荀晞建的。豫章王司马端（晋武帝司马炎的孙子，清河王司马遐的儿子）向东逃到仓垣（今河南省开封市东北），被荀晞立为皇太子，后来从仓垣迁到蒙城。不过结局也很惨，石勒攻破蒙城，司马端和荀晞全军覆没。

第四个行台一开始是荀藩与弟弟荀组、堂侄荀崧等人在司州荥阳郡密县（今河南省新密市东南）建的，传檄四方，推琅琊王司马睿为盟主。洛阳失陷，秦王司马邺随逃难人群避难到密县，遇上他的舅舅荀藩他们，于是荀藩改奉司马邺为盟主，一起转辗到许昌。就在这全国乱成一锅粥的时候，司马邺遇上了一位难得的人物，力挽狂澜，他就是阎鼎。阎鼎是甘肃天水人，起初是东海王司马越的参军，后出任豫州刺史，屯兵许昌，洛阳失陷后，在密县纠集流民数千人，准备打回老家，立功乡里。荀藩见阎鼎很有才能，便与之合并。

第四个行台下个驻点在哪里？有人建议往山东迁徙，但阎鼎认为，山东不是用武的地方，不是建立霸业的场所，还不如关中有利。

按照设想，阎鼎奉秦王为主后，到洛阳，参拜皇家陵墓，获得正统与合法地位，然后直扑长安，整合各地部队，赶走匈奴军队。本来这一决策是很有远见的。正当阎鼎着手准备进军洛阳时，不料出现了反对的声音，一些流民归心似箭，害怕到洛阳遭到拦截，只愿意从武关进入关中，阎鼎没办法，只好率部西进，但是又遭到荀藩几位大臣的反对，因为他们是山东人，不愿意随行入关，便在中途四处逃散。

怎么办？追杀！为稳定军心，对不配合的人，不管是大臣还是士卒，阎鼎只好采取这个办法。

杀一儆百，这支队伍的人心算是安定下来了，但是，这让原本相当强大的流民队伍由此遭受了严重削弱，给以后的政局埋下了不小的隐患。

此时，匈奴兵已经占领洛阳、长安及北方大部分国土。西晋尚存的军队被肢解得七零八落，西晋王朝已经岌岌可危。

天不亡晋。就在阎鼎他们往长安进军的路上，西晋大将、雍州刺史贾疋经过数月的围攻，终于将刘曜从长安城赶走，又马上派人将司马邺迎接进城。此时，司马炽尚在刘聪手中当俘虏，阎鼎、贾疋等人便立司马邺为皇太子。

皇太子司马邺是公元299年出生，此时才十三岁。他的父亲吴王司马晏是司马炎的第十二子，是二十六个儿子中才能最差的一个，且从小得风病，目不明，耳不聪，洛阳被攻陷时，遇害。司马邺是司马晏的第三个儿子，从小过继给司马炎的第三子秦王司马柬，袭封秦王。

这时候，中央临时政府的组阁是这样子的：以贾疋为征西大将军，以秦州刺史司马保为大司马，以阎鼎为太子詹事，总揽政事。另外还有辅国将军梁综、卫将军梁芬、始平太守麹允、抚夷护卫军索綝等，共同支撑这位临危的皇太子。

这些人中，除了能把握大局、处惊不变的阎鼎以外，还有有勇有谋固守气节的贾疋，他以恢复晋室为己任，自然没话说。麹允是西州世家大族，为人性情仁厚，有忠臣之心。索綝的父亲是索靖，晋武帝、惠帝两朝的重臣，索綝少年时代就有美誉，人们都以将相之才视之。在刘聪进军洛阳前后，他身为奋威将军，屡建战功。

这样一个班子，如果为君者统御有方，为臣者协力同心，晋王朝的康复也许是有可能的。

但是历史没有假设，只有悲哀。

不幸的消息很快传来。

永嘉六年（公元312年），西晋叛将彭夫护带领许多胡人进攻长安，贾疋迎战，贾疋寡不敌众战败而逃，夜间坠落在山涧中，被彭夫护杀死。消息传到长安，大家都很痛心惋惜。他的遇难使司马邺事业尚未开始便失去了一位有德有才的大将。

但是更加不幸的消息又接踵传来。

在临时政府里，见阎鼎摄政和指挥，出身士族的梁综等人眼红不已，于是想方设法抢班夺权。为了皇室的安全和政局的稳定，阎鼎无奈借故杀了梁综。

稳定了这头，那一头又起了风波。麴允、索綝嫉妒阎鼎的功劳，并且也想专权，就联合梁综的弟弟冯翊太守梁纬、北地太守梁肃，想除去阎鼎，于是紧锣密鼓收集他"无君之心、专戮大臣"的所谓的证据，并联名向司马邺弹劾。

庶族出身的阎鼎，哪是麴允和索綝等久已盘根错节的中央士族官僚集团的对手，他虽有经天纬地之才，却斗不过他们。无奈之下，阎鼎逃离长安，直奔雍州，在途中，为氐族首领所杀，并传首长安。阎鼎的一腔忠诚热血化作了屡屡烟雨，只能是让亲者痛仇者快。

这次内讧再次证明了魏晋以来的世家豪族的确已经发展到十分没落的地步，在如此国难当头的危亡时机，还竟然有人在争权夺利。

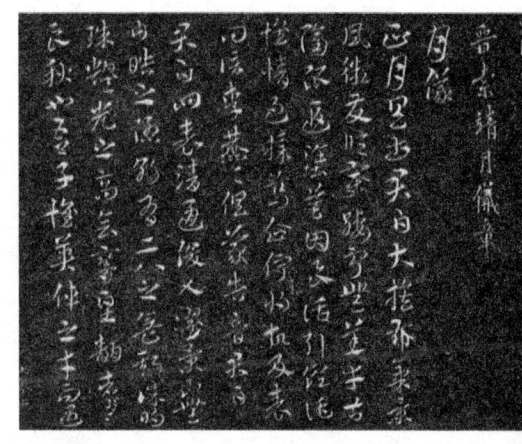

索靖书法

跟南宋灭亡时的张世杰、陆秀夫、文天祥相比，西晋的这班人真是令人生气，难怪西晋王朝的灭亡没人同情。

这是天要亡晋的节奏。还是唐朝那位诗人的话，"感时花溅泪，恨别鸟惊心"。国家的分裂、国事的艰难，长安的花鸟都为之落泪惊心，真是亡国之悲，离别之悲。

永嘉七年（公元313年）四月初一，得到晋怀帝的死讯，司马邺等人举行哀悼祭奠之礼。四月二十七日，司马邺即皇帝位，大赦天下，改年号为"建兴"，是为晋愍帝。内阁由梁芬、麴允、索綝三人组成，分别担任司徒、录尚书事和尚书右仆射。

那么，晋愍帝的命运将飘向哪里呢？

二十一、谁是西晋最后的依靠

最可怕的敌人，就是没有坚强的信念。

——罗曼·罗兰

"八百里加急！八百里加急！"长安至建邺的官道上，一卷黄尘滚滚，骏马飞驰而至，但见人影一晃，跳将下马。驿站前，随即便见烟尘顿起，又一骑者已然离去！

长安告急！建邺城内，琅琊王司马睿接旨一看，深为感动，字里行间，大义不可不谓凛然，语言不可不谓诚恳，感情不可不谓真挚。

"天灾人祸，虽在明君盛世，有时也会遇到。朕因年幼，继承大业，凭祖宗之灵和群公义士之力，欲扫除凶寇，拯救故都宗庙，瞻望前途，未能顺心如愿，心肝为之碎裂，西周时周公召公分陕而治，姬氏得以兴隆；周平王东迁，得到晋国郑国有力的辅助。今左右丞相高德可与圣贤媲美，又是王室近亲，国家当仰仗二公（指司马睿与司马保），扫除巨寇，奉迎怀帝灵柩，克复故土，使王业中兴。"

这是晋愍帝司马邺登基后连续发出的两份诏书之一，同时还有一份发往秦州。眼下的情况，是让司马邺做了皇帝比不做更痛苦，四周强敌如云，司马邺知道以长安现有的力量远不能驱逐匈奴、复国兴业，必须依靠握有重兵的司马家族的力量，于是就把国家最高的军政职衔留给了建邺和秦州的两位宗亲，任命镇东大将军、琅琊王司马睿为侍中、左丞相、大都督陕东诸军事，大司马、南阳王司马保为右丞相、大都督陕西诸军事。意思是说，以西安为中轴线，以东的军事由司马睿说了算，以西则归司马保总调度。这在国家强盛的时候，这样的职务实在炙手可热得不得了。可不是，一位是他堂伯司马睿，一位是他堂叔司马保，毕竟是自家人，当初司马炎大封宗室，无非也就是图个万一朝廷有难，各路王爷随时可以勤王，捍卫京师。

晋愍帝怕这份诏书分量还不够，紧跟着，又单独给司马睿发了一道诏书，估计是司马睿跟司马邺更亲，都是司马懿的后人，而司马保则是司马懿弟弟的后人。并且专门派殿中都尉刘蜀前往，催问司马睿的部队到哪里了，如何作战，并且勉励他当效仿周公召公。

"朕因年幼昏昧，继承大业，未能扫平凶逆，奉迎先帝灵柩，枕戈待时，心肝碎裂，前日得到魏浚上表，知道公率领三军，已经占据寿春，并传檄文于诸侯，共振国威，想来大军继续前进，已达洛阳。不知公当前在何处，因而其他各军都休养士卒，厉兵秣马，尚未大举进军。今公军已至何处，应当来信告知，朕便御驾亲征，会师中原，扫除群凶。公应思献宏大之计，长远之略，使先帝陵墓得迁还旧都，四海赖以安宁。公德高望重，为王室亲属，兴隆东方，安定天下，非公而谁能当此任！"

非公而谁能当此任！意思是说，除了你司马睿，我司马邺实在找不出第二位能挽救王朝的人了。大道理谁都懂，但是司马睿在思考一个问题，你叫我出师北上救围，除了这些空虚的头衔外，对我有什么好处？当务之急，保存实力是最明智的，何况匈奴兵还暂时没威胁到南方，到时候最坏的打算无非划江而治。

于是他婉言谢绝了晋愍帝哀求式的指令：朝廷有难我也很着急，我应该马上出兵前往营救，恨不得插上翅膀马上飞到皇上身边，哪怕路上千辛万苦杀机重重，我也不怕，谁叫我是皇帝的臣子兼亲戚呢。只是，眼前江南的流民刚刚被我平叛，还要时不时防御匈奴兵的南犯，我也是在穷于应付疲于奔命啊，您看我是不是心有余而力不足？

结果，诏书如同一纸空文，在建邺城的空中盘旋了几圈消失得无影无踪。不过，也有一点小作用，就是司马睿为了避皇帝的名讳，将"建邺"改名为

"建康"。

如果说司马睿的应对措施是"打太极拳",那么司马保接到诏书的态度更干脆:壮士断腕。把长安与秦州彻底隔开,截断陇地的路,防止匈奴兵的西侵,确保秦州的安全。司马保身边的官员都说:"被蝮蛇咬了手,壮士便截断手腕防止蛇毒蔓延。现在胡人贼寇士气正盛,应当暂时截断陇地的道路来观察事态的变化。"从事中郎裴诜实在听不下去了,生气地说:"现在蛇已经咬晋朝的头了,头难道也能截断吗?"无奈,司马保这才以镇军将军胡崧为前锋都督,等各军集中后进发,但也是虚张声势,并没有实质性去解围。

尽管两位司马王爷异曲同工,但司马保的眼光确实不如司马睿,司马保没有天时地利人和的优势。太平盛世你可以明哲保身,动乱天下你则孤掌难撑,难以保全,只有联合,只有凝心聚力,才能挽救全局。这个身高体胖,自称体重八百斤的人,喜欢睡觉,喜欢读书,但糊涂懦弱,缺少决断。不知道他读的是什么书,真是越读越糊涂,白读了。

本来,按照晋愍帝的设想,不包括零星的军队,他手上还有七万左右的流民部队,可以守卫长安,然后令幽、并两州的王浚、刘琨率兵三十万,直捣平阳。司马保率秦、凉、梁、雍四州劲旅三十万,进军长安。司马睿率自己所属精兵二十万,直指洛阳。并分别派遣凉州刺史支援过来的前锋,作为幽、并军的后继。这样将近九十万的兵力,还是不错的,比司马炎开国时的七十万还多出近二十万。刘渊他们的部队,远远不是一支强悍到不可战胜的军队,如果,两位司马王爷能出兵援助,再如果,晋军能有几个出色的将领,哪怕是晋军能有众志成城、为国捐躯的团结精神,也许局面就能很好地挽回,说不定还能中兴。

一想到此,晋愍帝仿佛枯木逢春激动不已。但是,他的"各路军克期赴敌,为国家建立大功"设想未免过于天真,因为这是不可能完成的任务,司马王朝的那一套早已被刘渊和他的接班人摸得很清楚了,当初国土还没分裂的时候,司马颖还将刘渊视为高参,阴谋八王之乱,众司马如此你争我斗尚

且很不团结,何况现在呢?

树还未倒猕猴就散了,谁也不愿意去保护这个末路皇帝。

就在晋愍帝被围困的公元313岁末公元314年初这段时间,天气也显得异常怪异,仿佛是西晋灭亡前的自然征兆。

公元313年十二月,史载河东发生地震,天空下起大雨。

公元314年春正月初一,史载河东的空气中出现黑雾,沾到人身上像墨一样,白天晚上没有停止,五天以后才消散。

两天后的初三早上八点左右,刚刚东升不久的太阳突然坠落于地,更怪异的是,接着又有三个太阳相继出现于西方而向东运行。太阳真的从西边出来了。

怪异现象归怪异现象,晋愍帝还在做最后的打算。外援靠不住,只有靠自己了。在久等司马睿和司马保援兵不到的情况下,晋愍帝重新组阁了新班子,任命幽州刺史王浚为大司马,卫将军荀组为司空,凉州刺史张轨为太尉,并州刺史刘琨为大将军,试图转而利用非司马将领来挽救晋王朝的危亡。

并州刺史刘琨是个能臣,他在左右强敌包围的环境下安抚流民,发展生产,加强防御。不到一年驻地晋阳就恢复了生机,成了晋朝在中原的少数几个留存的抵抗势力之一。不过,形势对他来说依然严峻,晋阳南面是强大的匈奴前赵,北面是正在崛起的鲜卑代国。

也许是上天要灭西晋。刚刚组阁完毕,就传来了噩耗。幽州刺史王浚遭到石勒攻杀,幽州沦为匈奴汉国的土地,后来石勒依靠这里建立自己的国家。

不久,凉州刺史张轨也因病去世,朝廷失去了一位忠贞爱国矢志不渝的良臣。

这时候,刘聪派刘曜率军步步逼近,关中地区、长安之外,处处是敌人。

在长安主政的麴允和索綝都不是那种能够力挽狂澜的砥柱干臣,麴允有忠心但无辅国之才;索綝有一定的军事才能,但缺乏政治素养,私心很重。他俩应付危机的唯一办法就是大肆封官,大肆承诺。最后连大大小小的坞堡

（地方自卫武装组织）头目都封了侍中、将军，但是真正作战的将士却得不到封赏，不过也是在难为他们，长安城除了空虚的官衔和爵号外，确实拿不出什么可以奖赏的。

公元316年的七月，刘曜再次正面进攻长安，索綝只好率领流民军队出面迎敌，麹允又率三万将士前往增援，结果差点全军覆没。

西晋至此已经摇摇欲坠了，只差一个指头轻轻一推，便可轰然倒塌。

二十二、做人是需要一点骨气的

极度的痛苦才是精神的最后解放者，唯有此种痛苦，才强迫我们大彻大悟。

——尼采

杂草丛生，荆棘成林，房屋坍塌，人烟稀少。这是长安城中少见的景象，此时的百姓不满百户人家，朝廷也没有车马服饰，只能把官衔写在桑木板上作标志而已。剩下的军队不过一旅，朝廷只有马车四辆，器械缺少，粮饷运输不能接济。各个方面都快揭不开锅了。

城外依然狼烟四起。建兴四年（公元316年）七月，刘曜进攻泾水以北地区，渭水以北各城全部溃败。刘曜抓获了麹允手下的将领建威将军鲁充、散骑常侍梁纬等人。

刘曜平时听说过鲁充是个贤能的将军，就让人把他带来，见面时，刘曜赐给他酒说："我得到了您，安定天下就不成问题了！"鲁充听后，只淡淡说了一句："我身为晋朝将军，国家沦丧失败不敢求生。如果能蒙受您的恩德，就请让我快点死为幸。"刘曜说："真是义士，我满足你。"赐给他剑，让他自杀。

梁纬被杀害后，刘曜见梁纬妻子辛氏，容貌美丽，仿佛看到了另一个羊献容，打算娶她为妻，谁知辛氏宁死不屈说："我的丈夫已死，从道义讲我不能自己活下去，再说一个妇人去侍奉两个丈夫，您难道需要我这样做吗？"刘曜说："真是贞女。"也听任她自杀，最后把鲁充与辛氏都按照礼制安葬了。

不要认为这是迂腐，做人是需要一点骨气的，这种骨气所形成的风骨远比那种飘逸、清谈的风骨来得更有震撼力。男人马革裹尸，战死沙场，为国捐躯，女人不亢不卑，坚守妇道，为爱殉情。人生至此，完美了！

尽管后人对刘曜评价是只知道屠杀，毫无英雄气概，但在这件事上，刘曜还是有点风度的。

一个月后，刘曜大军突破潼关天险，对长安城形成合围之势，内外断绝。

火烧眉毛了，怎么办？晋愍帝紧急召开殿前会议。麹允提议，既然旁边的司马保不愿意来，那我们干脆去找他，他总不会把我们拒之门外吧。这话颇有道理，在那种情况下，也许这是唯一的自救办法。

话音刚落，索綝坚决反对，他的理由是，司马保得到了天子，一定会放纵他自己的私心。说不定会重蹈曹操的挟天子以令诸侯的覆辙。这话貌似也有点道理。但是索綝并不是出于公心，而是从个人角度考虑，因为在长安这个临时中央政府里，虽然没有俸禄，虽然没有歌舞，但他好歹还是骠骑大将军、尚书左仆射、录尚书事，主持朝政的一把手啊。到了司马保那里，还能轮到他说话？

典型的个人利益凌驾于国家利益之上。这就是后人对索綝评价不高的主要原因，尽管他为王朝立下赫赫战功，尽管他为晋愍帝呕心沥血。

殿前会议没有任何结果，朝廷也没有任何行动。长安以西地区的道路眼看着被刘曜截断，没办法再进贡供奉朝廷，尤其是来自凉州的物资供给。朝廷中的文武百官都饥饿困乏，只能靠采集野生的谷子来充饥。大部分人不是饿死，就是逃跑，唯独几千名凉州兵仍在恪尽职守，毫不动摇。就这点，我们不得不敬佩凉州刺史张轨的忠诚，有这样的将领，就有这样的士兵。

这一年，让西晋人略感安慰的是，那个痛恨腐败、痛恨民族欺压、以推翻西晋解救苍生为己任的刘渊所建立起来的前赵，也开始腐败了。他的儿子、前赵国主刘聪疏于朝政，生活奢靡，只顾纵情声色，把已故张皇后的侍从婢女樊氏立为上皇后，同时拥有三个皇后之外，佩戴皇后玺印绶带的还有七个美女。朝廷中宠信的小人掌权，刑罚奖赏混乱不堪。儿子、大将军刘敷多次哭着恳切地劝谏，刘聪说："你想让你老爸我快点死呀？为什么早晚活生生地哭人！"刘敷忧虑激愤，得病去世。

而晋朝这边，除了一些人在观望外，全国上下只有一个人在努力争取抗敌。他就是祖逖。祖逖向司马睿进言道："晋室之乱，并不是皇帝无道，百姓造反，而是藩王争权，自相残杀，给了夷狄可乘之机。如今北地百姓备受蹂躏，都有奋起反击之志。大王如能命将出师，让祖逖等人为统领，江北豪杰必定会望风响应，沦亡人士也会欢欣鼓舞。如此，也许可以申雪国耻。"

司马睿心里想着是自己的小天地小日子，虽很不愿北伐，却也不便公开反对，于是任命祖逖为奋威将军、豫州刺史，却只拨予千人粮饷、三千匹布帛，让他自募战士，自造兵器。这并没有难倒祖逖。这个年少时生性豁荡，不拘小节，轻财重义的男人，此时他有他的办法，他率领跟随自己南下的宗族部曲百余家，毅然从京口渡江北上，当船至中流之时，他眼望面前滚滚东去的江水，感慨万千。想到山河破碎和百姓涂炭的情景，想到困难的处境和壮志难伸的愤懑，豪气干云，热血涌动，敲着船楫朗声发誓："祖逖不能清中原而复济者，有如大江！"意思是若不能平定中原，收复失地，自己就像这大江一样有去无回！

他在渡江后，暂驻淮阴，起炉冶铁，铸造兵器，又招募到士兵两千多人。为什么宗族家人能追随他，为什么能很短的时间里招募到那么多士兵，是跟他的人品有关。史称，祖逖慷慨有志节，常周济贫困，深受乡党宗族敬重。

祖逖很努力地作战，也收复了不少黄河以南的地区，但是，远水解不了近渴，孤掌难鸣，鞭长莫及。长安情况日益恶化，晋愍帝司马邺处境日趋窘迫。

十月，长安城发生严重饥荒，米价一斗达到黄金二两，并出现人吃人的情况。司马邺不愿坐以待毙，曾想逃出城去，可他刚出皇宫就遭到了成群的饥民围抢，只得退了回去。身为皇帝的司马邺也没有饭吃，成天饿着肚子。

麹允到太仓中找吃的，发现还有数十块酿酒用的曲饼，就赶快拿出来砸碎，熬成粥给司马邺喝。不久，曲饼也吃光了。

司马邺没有办法，哭着对麹允说："如今城中危急，外无援兵，我为社稷而死也是应该的。但想想城中这些将士和百姓，与其等城陷后让他们遭受屠戮之苦，不如投降以保全他们的性命。"1300多年后，北京城的另一位皇帝跟他有相似的地方，同样是外族入侵，兵临城下，那位皇帝自缢前，在蓝色袍服上写下：任贼分裂朕尸，勿伤百姓一人。灭亡前，还能想到老百姓，都算是有良知的皇帝。

无奈之下，晋愍帝只好派侍中宋敞向刘曜投降。都这时候了，索綝的私心还在作怪，他暗中将宋敞扣留，命儿子作为使者，向刘曜说："现在城中粮食足够支持一年，你未能轻易攻占得了。但如果你答应让索綝为车骑将军、仪同三司和食邑万户的郡公，那就会以城向你投降。"刘曜马上杀了索綝儿子，并传话给索綝："我统领军队十五年来，没有试过以假消息和诡计击败对手，而会用军事力量完全压倒对方。你们就等着吧。"索綝以为刘曜是个低能儿，结果反落了个笑柄。

著名史学家蔡东藩扼腕长叹："刘曜石勒王弥辈，徒知屠掠，毫无英雄气象，不过因晋室无人，遂至横行海内，否则跳梁小丑，亦何能为？"悲剧就是悲剧，跳梁小丑把庞然大物给吃掉了。

西晋最苦的一刻马上就要到来！

二十三、日落长安

人有两个本能：生的本能与死的本能。生的本能表现为善良、慈爱、宽容等积极光明的行为。死的本能则表现为杀戮、贪婪、自毁等邪恶极端的行为。

——摘自网络

建兴四年（公元316年）11月11日，双十一，是西晋的祭日。在经历了三个月的既无粮草又乏兵将的极其艰难的困守之后，西晋十七岁的末代皇帝司马邺在饥寒交迫、外无援兵的情况下，率手下仅有的几个大臣面黄肌瘦、摇摇欲倒地从长安城东门出来，向率大军围攻长安的刘曜投降。

司马邺派侍中宋敞向刘曜送上降书，自己乘坐羊车，脱去上衣，口衔玉璧，侍从在后面抬着棺材，出城投降。群臣哭泣呼号，攀缘住车驾，拉住司马邺的手，司马邺也不胜悲哀。御史中丞吉朗当场自杀。刘曜接受了玉璧，烧了棺材，让宋敞侍奉晋愍帝回宫。

若干年前，在建康城，一个聪明的孩子跟他父亲在对话，太阳跟长安离建康哪个近哪个远？这个故事后来成了经典。但他不知道，这回太阳坠落了，不管是长安还是太阳，你都看不见了。

时间定格在公元316年，这一年，庾亮二十八岁，司马绍十八岁，桓温四岁，谢安和刘裕尚未出生。北伐和光复成了下一代人的实现报国理想的人生之梦。

17日，司马邺被送往平阳过流亡生活，麴允和索綝等群官都跟从到平阳。18日，刘聪登殿，司马邺在他面前叩头跪拜，麴允看到这种情景，怎么也忍受不住，伏地痛哭，当场自杀。刘聪认为，索綝以献城为条件谋求高官的行为是不忠于晋朝，这样的人是毫无价值的，于是在平阳东市处死了索綝。

麹允和索綝这对难兄难弟，并肩作战四年，本以为晋书会将他们排在一起的，结果不是，麹允在忠义传里，而索綝则不是。这说明群众的眼睛是雪亮的。

司马邺投降前赵后，刘聪对他百般羞辱。公元317年11月，刘聪外出打猎，令司马邺执行车骑将军的职务，穿着戎服，手执戟矛，在前面开路，百姓围在路旁观看，有些晋朝遗民故老，看了以后抽泣流涕，刘聪听到后十分厌恶。后来，刘聪又趁宴会时让司马邺行酒，洗酒杯，上厕所时又使司马邺拿马桶盖，想办法去凌辱他。旁边的晋臣多失声哭泣。次年，刘聪将司马邺杀害，终年十八岁，这一幕跟4年前晋怀帝司马炽被毒死的情节如出一辙。

短短四十一年，富丽堂皇的西晋就这样玩完了。再来看西晋建国之初的一幕，会不会有个恍然大悟？

有一次，司马炎主持祭祀典礼后，兴致高昂，随口问身边陪同的司隶校尉刘毅道："朕与汉朝的皇帝相比，可与谁齐名啊？"刘毅倒是个有胆色的臣子，回道："汉桓帝、汉灵帝。"桓、灵二帝被公认是东汉的亡国罪人，正骄矜自得的司马炎当然很生气："怎么能把朕与这两个昏君相比呢？"刘毅回答说："桓、灵二帝卖官的钱入了官库，陛下卖官的钱进了自己的腰包，从这方面看，您还不如桓、灵二帝呢。"司马炎气乐了，笑道："桓、灵之世，没有谁敢说这样的真话，现在朕有你这样忠直的臣子，毕竟还是比他们强啊。"

司马炎的奢侈是西晋灭亡的源头。有这样奢侈的皇帝，就有这样奢华的国家，就有这样腐化的官员，更有这样浮夸的社会。

这是个奢侈腐化的朝廷。西晋统治集团腐化先从皇帝开始。晋武帝司马炎在民间大选宫女。后宫宫女多达数千，但他仍不满足，灭吴之后，又把吴国宫中数千名宫女运到洛阳。由于宫女太多，司马炎不知所从，有时就坐在一辆羊拉的车上在宫里转悠，车停在哪个宫女的门口，就在哪儿过夜。上行下效，皇帝如此荒淫无度、纵情享乐，怎么能对下面进行约束？于是那些皇亲贵戚、官僚大臣紧随其后，自上而下崇尚奢华，纵情声色，极尽奢华。大臣傅咸就向朝廷上书，愤怒指出："奢侈之费，甚于天灾！"

这是个金钱崇拜的社会。在司马炎的纵容和包庇下，西晋的官员富豪们互相比拼地追求利益，贪婪地搜刮民财，金钱成为对他们最有吸引力的东西。在他们看来，有了钱就没有办不成的事。西晋是中国古代货币拜物教最盛行的时期。钱本来就是物品流通的媒介，但是，在西晋，钱却成了无所不能的神物，人们痛感这一社会风气对社会的腐蚀，纷纷写文章予以抨击。其中鲁褒写了一篇著名的《钱神论》，辛辣地讥讽一切为钱、一切向钱看的社会现象。

这是个清谈虚浮的官员群体。西晋社会上弥漫着一股清谈虚浮之风。西晋官员们也大倡玄风。他们以名士自居，一边潇洒地挥着麈尾，一边侃侃而谈，故弄玄虚。心思在政事以外，不好好干事，每天乐此不疲的就是清谈。陈寅恪先生说："如果是林泉隐逸清谈玄理，则纵使无益于国计民生，也不致误国。清谈误国，正因在朝廷执政即负有最大责任的达官，崇尚虚无，口谈玄远，不屑综理世务之故。"

写完西晋的历史，我感触特别深，这真是一段很值得玩味的历史。正如文章开篇所说的，一开国就暮气沉沉，看似一个新政权，其实已是一部千疮百孔的老机器。它的腐朽退化，不过是自取灭亡，迟早都会降临。正所谓人必自侮，然后人侮，家必自毁，然后人毁，国必自伐，然后人伐。

历史虽然已经过去，但是却不能不让后人替他们反思。无论什么时候，吏治清明永远是国家强盛的保障。监督不可荒废，监察不可终止。

西晋过后，能力平平、资历一般的琅琊王司马睿以建康为根据地建立了长江以南的流亡政府，史称东晋，它为汉民族提供了一块避难所，否则汉文明极有可能像同时代的西罗马文明一样亡于蛮族之手，中国将四分五裂，且永远丧失了重新统一的机会。

所以，在这里，我觉得我们应该感谢司马睿，主要有两点：一是在五胡乱华的大背景下，他使汉文明能够在北方蛮族入侵的浪潮中苟延残喘，保留了汉文明日后东山再起的资本；二是感谢他，注重节俭，勤俭治国，扭转了西晋那种奢靡之风，也许在举国上下花天酒地、纸醉金迷的背景下，节俭也就成为压倒一切的治国任务！

下 篇

读西晋的历史有股莫名的心酸，读东晋的历史则有明显的惆怅。朝纲不振，世风日下。皇帝越来越孱弱，权臣越来越强大。一言以蔽之，王朝沉寂得可怕，权臣膨胀得可怕，贵族潇洒得可怕，外族狰狞得可怕。

司马睿建立了东晋，让人仿佛看到了一缕久违的阳光，像是在西晋灭亡的寒冬里给人一丝温暖，但好景不长，在四世纪到五世纪的一百年中，就日落西山了。又宛如一注激昂的喷泉引回到死水般的池塘，再也不兴波澜，只剩下点缀其间一片静谧的莲花，稍稍掩盖了一些沉沉暮气。

这期间，有野心的士族们热衷于自相残杀，空暇的时候应付北伐走个程序，更多的时间则虎视眈眈瞄准皇位；没野心的士族们整天沉浸在一种醉生梦死、感叹人生匆匆的气氛里，将西晋的清谈和奢华发扬光大；好在还有一批忠勇之士热爱并且愿意抛头颅洒热血去保卫着这片热土，以至于东晋王朝还能平稳地划江而治守护着半壁江山。

王家、庾家、桓家、谢家纷纷登台献演精彩节目，把持朝政，指点江山，激扬的不仅仅是文字。结果让一个叫刘寄奴的寒门庶族笑到了最后，"斜阳草树，寻常巷陌，人道寄奴曾住。想当年，金戈铁马，气吞万里如虎"。真是应了汉献帝刘协当初禅让时说的话，"百尺竿头望九州，前人田土后人收。后人收后休欢喜，更有收人在后头"。一语成谶，曹氏江山被司马氏所夺，东晋司马天下落入刘裕之手。这话在我看来，恐怕还有另外含义，古往今来，创业也好，仕途晋升成大业也罢，都必须遵循当时的社会道德规范和职场规则，否则，你用非常规手段得来的东西，别人也能用非常规手段拿走。

历史在周而复始，没有一个完结，我们总喜欢坐在废墟上畅想未来，想象某天的美景和某些自己得到的梦想，可是却从没有想到一个历史的审判。那千百年来喧哗与骚动的声音，都消逝到哪儿去了？都不过梦一场罢了！

借用宋朝诗人辛弃疾《永遇乐·京口北固亭怀古》的一句话：舞榭歌台，风流总被，雨打风吹去。今夜读东晋，我们就从西晋的一位公主开始吧。

二十四、不幸公主的劫后余生

对人来说，不幸要比幸福多两倍。

——荷马

夕阳无限血红吞噬了整座洛阳城。洛阳被攻破之后，城破家亡，哀鸿遍野，只见一名老宫人紧紧地拉着一个不满十岁的女孩的手，异常慌张地逃出后门，很快地融入了逃亡的队伍里面。然而逃到郊外，被石勒大军迎截，老宫人死于乱兵之手。幸亏小女孩年纪小，才未引起匈奴兵的注意，侥幸逃生。

这是公元311年六月的一幕。这个女孩子就是晋惠帝与羊献容的女儿清河公主。

混乱之中，皇后羊献容眼睁睁地看着女儿被冲散，渐渐走远，估计女儿是凶多吉少了，在那个兵荒马乱的时代，不可能再找到她了。她也情知无法逃脱，反倒镇定自若，在弘信宫里正襟危坐，保持皇后的威仪，她很快成了汉赵中山王刘曜的俘虏。刘曜被羊献容的风姿逸韵、如花美貌所吸引，更惊奇于她的身世离奇和过人智慧。他当晚就在后宫占有了羊献容，这也是胜利者的一方对失败者的一方所具有的心理优势。羊献容世代公侯，又有皇后之尊，刘曜对她十分着迷，宠爱到了极致，竟至废掉自己的王妃卜氏，封羊献容为嫡妻王妃，恩宠倍加。刘曜性情暴躁，心狠手辣，唯对羊献容百依百顺，言听计从。成为赵国皇帝后，便又封她为皇后。羊献容成为历史上唯一的两国皇后，也算有了圆满的归宿。

那么，他女儿清河公主后来命运怎么样呢？原来，就在老宫人被杀害后，小女孩显得很镇定。这种性格估计缘自她多年跟母亲一起被监禁，使她过早尝到了生活的大喜大悲，体味到人情冷暖世态炎凉之故。生存的本能告诉她，她只有把自己隐匿在民间，才能保护好自己。于是她把自己的脸涂黑，把自己华丽的衣服弄乱，随着南渡的大洪流，她被裹挟到了江南。她一边流浪，一边寻找着自己的亲人。

不幸的是，她很快被人贩子瞄上了，变成了黑色交易的羊羔。她被人贩子东卖西卖，最后被卖到了吴兴府的一户叫钱温的大户人家做丫鬟。

钱温，这个名字看起来还算温和，但为人很苛刻，尤其是他的那个女儿。钱温女儿从小娇生惯养，为人自私专横，尤其对身边的家僮侍婢，更是颐指气使，非打即骂。钱温买得公主后，便将她送给爱女当丫头。公主一生中最苦难最卑微的生活便由此开始了。

公主生得仪表端庄，因为身上带着皇室血统，一步一颦都极有韵致，那是一种非小家碧玉所能及的气度。这很使钱女嫉妒，她套问公主被卖之前的身份，公主都装哑作聋避而不谈。

钱女对公主相当冷酷，动不动就差她做这做那，稍有不慎就用鞭子抽打，关在黑房间，几天几夜不供吃喝。公主孤苦伶仃，举目无亲。只能打落牙齿往肚里吞。她心想，从前做皇女的时光再如何繁华，终究也是一场过眼烟云。她认命了。

直到有一天，公主从其他人口中得知，司马睿在江南恢复了晋朝，听到这一消息，仿佛在黑暗中抓着了一线希望。那天钱女差她外出购买脂粉时，她乘人不备，逃出火坑，一路小跑到吴兴府，求见地方长官。然而门口的卫士见她衣衫褴褛，一身奴婢打扮，不相信她就是前任晋惠帝的女儿。在她赌咒发誓之后，卫士将信将疑，终于同意向长官禀报。吴兴太守一听她是晋朝落难公主，来投官家求救，便马上带她到都城。公主稍稍梳理打扮后，帝女风范，光彩照人。

在司马睿面前，公主声泪俱下，陈诉了这些年来的颠沛流离及所遭受的种种苦难。司马睿感叹皇女的不幸,更愤怒钱温及其女儿如此虐待公主。他命人押来钱温及其女儿,送入死牢,随后将其一家斩首示众,财产充公,以儆效尤。

不久,司马睿改封清河公主为临海公主,下嫁宗正曹统。公主的生活,终于云开雾散。她作为公主曾被卖身为奴的经历也堪称历史唯一,享年71岁。

历史上,当国破家亡之际,那些能够活下来的公主,她们的不幸遭遇各异,但都充满着辛酸与屈辱,像临海公主这样的金枝玉叶委顿尘土,被迫为奴为婢,也算不幸中的万幸了。不过,明末的另一位公主也算幸运。

1644年,明朝最后一个皇帝崇祯见大势已去,不想把后宫佳丽和儿女们留给起义军,便挥剑乱杀乱砍,刺死两位公主后,又逼迫皇后和妃子们自尽。当崇祯要杀儿子朱慈焕和另一位公主时,一位老太监用胸膛迎住了剑刃,说:"皇上,给朱家留下点骨血吧,或许会东山再起啊!"血泊中的老太监又说,"太子,快逃啊,去山东章丘找李开先的后人,先皇对李开先有知遇之恩,他们会收留你们的……"就这样,姐弟二人逃出了京城,经十多天躲藏奔波,来到了章丘鹅庄。哪知,此时的李家人因李开先曾在明朝做官,唯恐会受到牵连而心有余悸,又怎敢收留他姐弟二人呢!李家人给了一点银两、衣物,让其去文祖镇西王黑村投奔靳载章。姐弟二人无奈,只好听从安排。

靳载章原是方圆百里的响马总头,后被招安,在崇祯年间任京里屯田参谋兼督坤职务,后告老还乡。此人行侠仗义,在章丘名望很高。靳载章见到朱慈焕姐弟二人,得知其遭遇,又想起皇帝对自己的恩宠,忍不住伤心落泪。为挡外人耳目,靳载章称是来了远房亲戚,将两人改名换姓,朱慈焕叫白重起,公主叫白蝶。并将朱慈焕安排教私塾,后又把公主许配给其侄靳鲁坡。就这样,一个金枝玉叶的公主,随着改朝换代竟嫁给了戴草帽的农民为妻。

人生如戏,悲喜无常,是人为还是宿命?正史稗史,奇文奇书,充满了

警世的忧伤与唏嘘！

临海公主归宗后，十分希望晋元帝司马睿尽早恢复中原，解救自己的母亲羊献容以及成千上万仍陷入苦难中的姐妹。

但司马睿十分矛盾，他属于皇室的疏族，素无名望，并无恢复中原之志，而又害怕有人以北伐的名义建立功业，威胁他的统治，仅仅满足偏安于江南一隅。而一些沽名钓誉者，又常拿北伐作为在朝廷中争权夺利的筹码，并不真心北伐，以致统一的机会尽失，中国南北方长期处于大分裂之中。

二十五、司马睿是怎么样站稳脚跟的

如果你想走到高处,就要使用自己的两条腿!不要让别人把你抬到高处,不要坐在别人的背上和头上。

——尼采

连续几天,初到建康的司马睿有些心神不宁。

琅琊王府,门可罗雀。由于司马睿在西晋诸王中的地位并不显赫,加上西晋建立以来江南的士族大家一向受到北方大族的排斥和压抑,个性张扬的建康人,宁可万人空巷去围观美男子表演,也不愿前来巴结这个掌管江南五州的封疆大吏。眼看着到建康已经一个月了,居然没有一个人前来拜访,哪怕是打个招呼也没有。江南世族真的很瞧不起这位南下的王爷,再说王爷多如牛毛,谁知道你是根葱还是棵白菜。

司马睿心里那个急啊!这让他情何以堪,面子上也说不过去。更要命的是,晋朝是靠大士族支撑的王朝,大士族根基深厚,傲视王侯,若得不到他们的支持,很难在江南立足。尤其是江南头等名门望族顾荣、贺循等人。

说起这些人,都有来头。顾荣是东吴丞相顾雍的孙子,从小天资聪敏,他曾和陆机、陆云兄弟一起进入洛阳,号为"三俊"。八王之乱时,他比"二陆"聪明,懂得政治是有致命风险的,天天喝得大醉,从来不理公事。所以一批批的人在身边倒下,他却安然无恙。后来他看到几乎每天都在厮杀和战斗,也趁乱逃回吴国。

贺循也是"官二代",父亲贺邵在孙皓时做到中书令。但是孙皓乱杀人,贺邵没有幸免，全家遭到流放。一直到吴灭亡后，贺循才返回家乡。贺循为人正派，举止严格遵守礼仪，又懂得谦让，所以名望相当高。他也曾在洛阳做官，但八王之乱初期，就以身体不好为借口，潜回老家。后来，江南发生多起叛乱，他参与平叛，但一到论功行赏的时候，他就闭门不出。

你看看，如果没有得到这些人的认同和支持，司马睿怎么去施展宏图实现抱负？难怪他会感到尴尬和失望，甚至索性"以酒废事"。

但是，这时候有人出了个主意："王爷，再过几天就是三月三了，建康城有个民间习俗过禊节，就是官民们到时候都去郊外的水滨去洗浴，说可以洗去身上的污垢，称为修禊。你可以这样……"司马睿一听，顿时喜上眉梢。

果然，到了那天，司马睿穿着盛装，坐着轿子，在王敦、王导等几个北方南下的世家大族代表的簇拥下，到水滨观看官民过节。他们故意绕道走建康城里最繁华的街道，这一天，在建康城里看热闹的人本来就多，大家看到这种从来没见过的大排场，都轰动了，纷纷围观，人声鼎沸。这些镜头有点像摆拍，又显得有几许自然。隆重的仪仗，威严的行列，江南头等名门望族顾荣、贺循等人一看这个阵势，都被镇住了，又见王敦、王导这些有声望的人对司马睿毕恭毕敬，大吃一惊，怕自己怠慢了，都纷纷出来迎接，拜见司马睿。这一幕，让他们相信司马睿完全有可能是北方大族即将拥戴出来的江南之主。

根据事先安排，司马睿满脸微笑地朝四周的人群挥手致意。他又不亢不卑地握着顾荣、贺循他们的手，说节日好，又问些家长里短的话。

这一出包装和策划获得空前成功。于是，有人又向司马睿趁热打铁说，现在天下丧乱，九州分裂，王爷在江南草创基业，当务之急是网罗人才，顾荣、贺循等人是江南土著大族，应罗致过来以结人心。只要这两人倾心拥戴王爷，其他人自然望风而归顺。

司马睿想都没想，欣然答应，并派人代表自己去邀请。顾荣和贺循等一大批江南大族纷纷应召而来，到司马睿帐下做官。

顾荣被任为散骑常侍，这个职位是皇帝身边的侍从。类似于现在的中央办公厅秘书长或者顾问，专门向皇帝提建议的。顾荣又上书推荐了许多南方的人才，司马睿很乐意，只要顾荣推荐的，全部录用。司马睿任贺循为中书令等官职，中书令是帮助皇帝在宫廷处理政务的官员。后来他仅接受太常这个职务，太常是主持礼仪的官，在古代也非常重要。纪瞻也被任为军咨祭酒，类似于军事参谋长。司马睿每次到纪瞻家，都和他同乘一辆车。后来又加封扬威将军，都督京口、芜湖诸军事。

从此江浙一带的名门士族大多归附，开始认司马睿为"老大"，相互依靠，君臣名分确立。司马睿不仅给他们高官厚禄，还经常和他们一起面南背北商量朝政大事。

有了江南人士的支持，北方乔迁过来的大批士人更是司马睿的主要支柱，当黄河流域大批士人南渡时，又有人力劝司马睿选取其中有才干的士人，为自己正在草创的政权服务。司马睿也予以采纳，被江南政权选拔任用的有琅琊王氏、陈郡谢氏、汝南袁氏、兰陵萧氏，合称"王、谢、袁、萧"。刘禹锡一句"旧时王谢堂前燕，飞入寻常百姓家"，说的就是王谢两大士族。

为了让自己的群众基础更加扎实，司马睿还妥善安排南下的士族大家及其宗族、部曲和佃客。一边设置一些"侨州"、"侨郡"、"侨县"，即在大江南岸的郡县里划出一块地区，让南渡人口集中居住，为了照顾到家乡感情，仍以北方原来的郡县命名。司马睿先后在建康设立侨郡和侨县有20多个。最早建立的侨县叫"怀德县"，后改名为"费县"。这个县是专门安置跟随司马睿一道从山东琅琊来的南渡人口。由于他们与东晋皇室的关系密切，所以安排在宫城附近居住。从建康到京口（今镇江市）一带，以山东和徐淮地区来的人最多，就在京口设立了"南徐州"来统一管理。而设在建康地区的各侨郡和侨县，大部分均归南徐州管辖。

建立初步权威、拉拢江南士族、安排南下士人，看起来司马睿还是挺高明的，有人说这估计跟他的面相有关。大臣嵇绍曾对司马睿的长相有过特别的关注，他说："琅琊王（司马睿）毛骨非常，殆非人臣之相。"毛，就是司马睿的左额上长了一根白发，这根在今天看来可能象征早衰的白发，在史书中就成了决定司马睿至高地位的象征。

《晋书》记载，司马睿于公元276年生于洛阳。他落地的时候，"有神光之异，一室尽明。及长，白豪生于日角之左，隆准龙颜，目有精曜，顾眄炜如也。"相书上说："额有龙犀入发，左角日，右角月，王天下也。"一个人有没有富贵命，全看他的额头有没有什么奇妙之处。

发生八王之乱后，司马睿从洛阳跑到自己的封地琅琊，趁北方兵乱跑到江南以自保，当时就有童谣说："五马游渡江，一马化为龙。"西晋王室沦覆后，琅琊王司马睿与西阳王、汝南王、南顿王、彭城王一起渡江，司马睿用了上述三招，在江南站稳了脚跟，建立了江南的政权。

如果依此判断司马睿还是个不错的领导者，那你就大错特错了，其实，这一切都源自一个人的计谋。他是谁？他就是东晋历史上赫赫有名的王导。八王之乱时，司马睿在下邳（今江苏睢宁县）犹豫彷徨，王导于是手指南方，坦陈利弊，描绘出未来蓝图：劈开生死路、跳出是非地，依凭长江天险，积蓄力量，相时而动。

在今天的南京城有一座山叫幕府山，是横贯于鼓楼区和栖霞区燕子矶的一座丘陵山脉，因相传王导的幕府建在该山麓边而得名。山峦延绵起伏，登临幕府，远望景天一色，万里长江从山下奔腾向前。

二十六、做皇帝和北伐哪个更重要

一个君王要官运亨通,就应该丝毫不考虑道德问题,而要依靠势力和奸计。

——马基雅维利

公元318年4月23日,晋愍帝被害的凶讯传至建康。全城痛哭遥祭,化悲痛为力量,此时,摆在司马睿眼前的是一道选择题:先做皇帝,还是先出师北伐替晋愍帝报仇雪恨?

好像有人猜出了司马睿的心思。当天,军咨祭酒纪瞻和王导共同入宫劝他称帝,纪瞻的理由是:

"晋朝灭亡,至今已经两年,陛下应当继承大业。遍观皇室子弟,又有谁值得推让!陛下如果荣登皇位,那么祖先神灵和国民都能有所依凭;如果拂逆天命,违背人心,大势一旦失去,就无法挽回了。现在洛阳、长安两座京城被毁,国家无主,刘聪在西北自立国号,而陛下却在东南清高地推谢帝位,这就如同急于救火却恭礼谦让。"

司马睿想了想,拒绝了。不要以为皇帝的没答应是真心的,这是政治的潜规则,他无非走个程序,这程序必须是要拒绝几次的,至于次数多少可以灵活掌握。

也有人不怎么识时务。奉朝请周嵩也上了奏疏,强烈反对司马睿登基做皇帝,理由是:

"现在皇帝(指晋愍帝)的梓宫还没返,旧京都还没清理,当务之急是延纳嘉谋,训练军队,雪社稷大耻,安天下人之心,何必汲汲于皇位呢?"

司马睿看后，十分恼火。皇帝心里想的东西就是最大的政治，天下居然还有这样不懂政治的人。一怒之下，就把周嵩贬为新安太守。甚至还不解心头之恨，又借口他心有怨恨和不满，加以治罪。

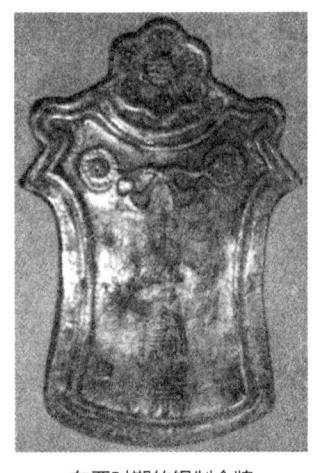

东晋时期的银制令牌

其实，周嵩搞混了一个概念，国与君。两者是不同的，国为公，君为私，忠君未必爱国，爱国就更未必忠君。在那个时代，虽然理论上把君和国看成一体，把国看做是君的一家之产业，而实际上并非如此。如果你损害了君的一己之私而为国谋福利，你必定会倒大霉。

最后，王导出来打圆场，折中吧，大家都不必争吵，这两种观点都有一定道理，还是请王爷先登基，君临万民，四海有主，然后才能一心一意去北伐征讨胡人。意思是做了皇帝后再去打胡人更有精神，更有力量。

就这样，4月26日，司马睿毫无悬念地登上了皇位，史称晋元帝。

司马睿向来缺少才智，又是晋室疏属，之所以能重建晋室，主要得益于王导的全力扶持。

说起登基还有一个小插曲。此前，西晋抗胡名将刘琨派长史温峤奉表南下劝司马睿登基，抵达建康后，目睹江左草创，法度未立，深感忧虑。温峤立刻去见王导，诉说晋愍帝被掳、宫庙被焚、皇陵被掘等亡国惨象，说着说着，不由得放声大哭，王导便与他对哭起来。哭完，俩人又谈了一阵中兴大事，惺惺相惜，引为知己。告别王导，温峤兴奋地对人说：江左自有管夷吾（管仲），吾无忧矣！当时名士桓彝见司马睿的实力十分薄弱，十分失望，对旁人说，他因中州多故，来此求全，乃单弱至此，怎能济事？后来他见了王导，谈论时事，王导口讲指画，议论风生，令桓彝心悦诚服。

不仅是私下场合，而且在公共场合，王导都很注意舆论导向。起初多数南渡人物对晋室心存疑虑，甚至失望悲观。《世说新语》记载：过江人士，每逢空暇的时候常至新亭饮宴。在一次聚会时，周顗叹气说："风景跟往昔一样，江山却换了主人。"在座的名士听了都不禁伤心落泪。王导当场放下脸道："你们应当共同合力效忠朝廷，最终光复祖国，怎么可以相对哭泣如同亡国奴一样！"众人听罢，都收泪向他道歉。

登基后，司马睿的心思根本没有放在北伐上，而是感觉建康作为京城配不上他这个皇帝。没有平直的街道，没有牢固的城墙，没有像样的宫阙。"惟有青山似洛中"，就是他们共同的慨叹，除了山环水绕这样的地理大势，破旧的建康还有那么点像洛阳外，其他方面，没有一样能与洛阳同日而语。

司马睿的不满意，来自他由北往南奔逃的经历，也缘于他到建康以后的所见所闻。这座城市，哪里有个都城的样子？怎么能够呈现皇帝的威仪？面对司马睿，王导灵机一动，他就带皇帝登高南望，指着南郊的牛首山双峰，大声说："皇上，您看，这两座山峰东西相对，不就是天然的宫阙吗？哪一座人工建造的阙能比它更高大，更雄伟，更巍峨呢？还有什么必要修阙呢？"皇帝被说服了。从此以后，牛首山就有了"天阙山"的雅号。一百多年里，东晋再没有一位皇帝重提修阙的话题。

司马睿只想做个偏安皇帝，王导也只是想建立一个以王氏为主导的小朝廷，他们的目光专注于江东内部的权利分配上，不做北伐的准备，甚至还反对北伐。谁主张北伐，谁就遭排斥。三个例子很能说明问题。

公元318年，御史中丞熊远要求朝廷改正过失，说不能遣军北伐是一失；朝廷中人忘记国耻，耽于游戏酒食是二失，司马睿看了奏疏，二话没说，就把熊远这个京官外放为地方官。

公元320年，王浚的手下大将邵续还在苦苦坚持抗击胡人，西晋灭亡后他归顺了东晋，司马睿晋升邵续为平原乐安太守、右将军、冀州刺史，再进平北将军，邵续的驻地富平城成了东晋在北方孤悬的堡垒。后来，当邵续被包围在一个叫厌次的地方时，他再次向东晋王朝发出紧急求救。吏部郎刘胤向司马睿建议：北方藩镇，俱已失败，惟余邵续，如被石勒所灭，北方就没有火种，请赶快发兵救援。司马睿没同意。等邵续兵败被俘，才虚送人情，下诏将邵续的官位转授给他的儿子。

公元321年，由于司马睿担心奋威将军、豫州刺史祖逖在北伐中立功建立威望，威胁自己的统治，一直不给予实际支持。在屡次大败石勒军，收复了黄河以南全部失地后，正当祖逖准备渡河，收复失地时，司马睿突然任命戴渊为征西将军、都督司兖豫并雍冀六州诸军事、司州刺史，出镇合肥。这样做，名义上是讨胡，实际是牵制祖逖。由于戴渊的胡乱指挥，以致收复的失地又尽数丢掉。朝廷对祖逖在北方的军事行动向来不闻不问，而在祖逖历尽艰辛收复了大片黄河以南的领土之后，却派一个文官做他的上司。这使得祖逖非常不快，极度失望后最终忧愤而死。可惜一代名将，就这样在皇帝和权臣的权力争斗中陨落了。从君臣互不信任这个角度看，祖逖跟后来的岳飞有几分相似，他们的爱国热情相差无几，司马睿和赵构的矛盾心理也相差无几，只是手段不一样罢了。北伐大计，也就一时无期了。

苟且偷安之风弥漫于上层人物的东晋，就这样开篇了，似乎已经暗示人民将面临的是一个对统一大业毫无兴趣、只会偏安一隅的朝廷，也似乎暗示将会有权臣拿北伐之事和昏弱皇室争夺权力甚至篡位。

如果说后期的王导是愦愦施政，我认为东晋就是愦愦开朝，难怪有人说东晋是西晋的僵气余存。此言不虚。

二十七、幸福的事就是跟舒服的人在一起

走自己的路，让别人说去吧。

——但丁

出乎所有人意料，又好像在所有人意料之内。

那天阳光普照，就在司马睿登基的那一刻，司马睿当着百官的面，竟要拉王导同坐御床，接受百官朝拜，这种待遇就连当初为臣时的司马懿也没享受过。王导想都没想，就诚恐诚惶地推辞说：如果太阳也和地下万物一样，那么老百姓该到哪里沐浴光辉呢？（"若太阳下同万物，苍生何由仰照！"）

在朝廷上，这点规矩王导还是很清楚的。他没有把司马睿当朋友，司马睿永远是他的好领导，尽管私底下是好哥们。此时此刻，他没有像前朝曹操身边那个许攸，动不动就称这是我的功劳，更不会像后来的朱温那样功高震主有谋权篡位之心。他还是那样谦卑，还是那样低调，跟这样的人相处，你不觉得舒服才怪。

很快的，社会上就流传童谣"王与马，共天下。"意思就是王不能离开马，离开马，王将失去权势；同样马也不能离开王，离开王，马将无法立足。事实也确实如此，王和马配合默契，稳定住了西晋末东晋初混乱的局面。

当然，这里的王不仅仅单指王导一人，还有一个重要人物，就是王敦。王敦是王导的族兄，也为司马睿政权的建立立下了汗马功劳。王导虽然推辞了与皇帝同坐御床，但司马睿此举却震动了满朝文武。从此，王导在东晋政权中就有着特殊的地位：王导位至宰相，掌握着中央的行政大权，族兄王敦手握重兵，镇守荆州，直接在地方上指挥 军队，负责征讨叛贼逆匪。整个王氏家族，都担任了要职。

东晋王朝是建立了，但起初矛盾还是很多，北方士族与南方士族之间、北方士族与司马家族之间、南方士族与司马家族之间都存在着矛盾，王导一生的事业就是调剂这些矛盾，因而造成偏安江左的局面。这个局面也是王导和晋元帝所专注和希冀的。

王导处于晋元帝司马睿、南方士族、北方士族三角漩涡的中心，要使三方都舒服，确实需要一定的本领。王导采取了道家无为而治的"清静为政"。性情谦和宽厚、心有恻隐仁爱之心、遇事常能容忍让度，所以非常适合当和事佬。十四岁时，陈留高士张公见到他风姿飘逸，见识器量，张公非常惊奇，对他的从兄王敦说："这个孩子的容貌气度，是当宰相的材料。"

他先让司马睿舒服。看到连年征战，国库空虚，他便以身作则，在清明春游之日，宰相布衣简行，轰动江左，有效扼制了西晋以来的奢靡之风。同时他采取开源节流的办法，让国库慢慢充盈起来。

他再让南方士人舒服。不仅对如顾荣、贺循等南方领袖"躬造"拜访，恭敬有加，极力保护他们在政治、经济上的利益，甚至于不惜降低身份学习、使用被中原士人视为蛮语的吴语，以此来联络感情，淡化文化上的隔膜。著名清谈家刘真长初见宰相王导，有人问他见到王导，看法怎么样？刘真长说："没有见到其他特别的地方，只是听到他说吴语罢了。"作为一向就蔑视江南文化的刘真长又怎么能够体会出王导的一片苦心呢！

他还让北方士族舒服。要让来自中原的士人安心于江南，扎根于江南，这就需要让他们得到许多的好处，需要用宽松的环境和更多的利益来稳定他们，使他们"乐不思蜀"。在这一方面，王导创立了"侨寄法"，允许南下的世家大族大量地圈占土地，维护士人政治特权等等，成为安置了流亡士族、缓和南北士族矛盾的重要措施。同时，对于一些地广人稀、荒凉贫瘠的地区，也起了一定的开垦繁殖、发展经济的作用。

最后，他让朝廷普通官员感到舒服。在行政管理上，他"政务宽恕，事从简易"显得很宽松很人性化。

他曾经夏季到石头城看望庾冰，庾冰正在料理公务。此人也是个人物，后文还会提及。王导说："天热，可以稍微省略一些政务。"庾冰反驳说："您的一些做法，天下人并不觉得合适。"

王导的主簿希望王导检查一下丞相府的情况，王导对主簿说："我只想和主簿交往，不想知道别人案牍间的闲事。"

他担任扬州刺史时，派遣所辖八郡的部从事到任，顾和当时作为按察官从外面回来，一同进见。各位从事分别报告俸禄二千石官员的过失，到了顾和那里却一言不发。王导问顾和："你听到什么了？"顾和答道："您做宰相，宁可让网漏吞舟，怎么会靠听信传闻作为洞察明辨的德政呢？"王导称赞顾和说得好，各位从事也觉得自己有缺陷。

有人批评他这种做法。其实在那种环境里，他的做法是最明智的。难道他用儒家那种激励大家忠君爱国投身革命事业？根本不可能，崇尚自由、清谈飘逸的士族们才懒得理你。难道他用法家那套严刑峻法来管理国家？

"王马共天下"显示了东晋政权的政治特点，其为政基本点就是收揽一批北方的士族做骨干，联络南方士族作辅助，自己作为南北士族的首领；在自己上面，安置一个皇帝。此后东晋政权的存在，不是因为它本身有力量，而是因为几个大姓间常常保持势力的均衡，共同推戴司马氏作为象征来维持这种平衡而已。

我手头有一本九十年代出版的《治国宰相》，其中选取了东晋两位宰相，一位是谢安，一位是跟王导同时期的卞壸，为何没有王导，编著者没有说明原因。据我猜测，原因无非是，如同著名历史学家何兹全说的："王导我觉得他为政的精神在宽，宽，在当时是不得不如此的，但宽对后来的影响是不好的，宽的坏处，到东晋后期就都浮现出来了。"所以说他在前期是有功的，而后期也是有过的。

南宋陈亮也误读了王导，在他眼里北面横陈着长江，东、西、南三面连接着山冈，这里完全是可以争雄中原的好形势。可六朝的士大夫们，除了有利于他们一家一族的自私打算之外，究竟还做了些什么呢？最可笑王、谢之辈，他们仗着长江天险，偏安一隅，哪管广大中原地区已被占领，充满了腥膻之气。

王导尽管劳苦功高，功勋显赫，但是还是避免不了后人对他的一些负面评价，比如司马光就很不喜欢他。难免，人嘛，怎么可能会十全十美？走自己的路，让别人说去。据《世说新语》记载：他晚年，完全不理政务，文件也不看，就直接签字画押。自己感叹道："人们说我糊涂，但后人会怀念我这种糊涂的。"谁知道谁又能理解他的苦衷，这是执行其安抚士族、缓和与长江上下游势力矛盾的举措。在王导的愦愦之政的指引下，东晋王朝就这样安而复危，危而复安地持续着。

东晋一朝从头到尾，士族权臣几经更易，但"主弱臣强"依旧。在琅琊王氏以后又出现颍川庾氏、谯郡桓氏、陈郡谢氏等权臣，呈现庾与马、桓与马、谢与马"共天下"的局面。这种模式如果演化为西方的君主立宪制，倒是可以很好地经营，王室成了国家的象征，贵族集团组阁成为实际执政者。但是要走中央集权制，皇权和相权要势均力敌，否则相权或者帅权超过皇权，那么这种经营模式很快就要崩盘。

司马睿很是幸福了一阵子，就在东晋朝蓬勃发展的时候，突然有一天，司马睿感到不舒服了。他觉得王导、王敦兄弟在架空他，有皇帝之名无君主之实，于是试着想打破这种共天下的格局，来个皇帝集权，彻底让自己舒服一把。结果后果很严重，激怒了手握重兵的王敦。

于是，迎来了王导在政治生涯中面临的最大一次挑战，就是应对其兄王敦的叛乱，使东晋渡过了第一次危机。他又是如何处理的呢？

二十八、野心越大离身败名裂越近

贪婪、权欲和虚荣心,弄得人痛苦不堪,这是大众意识的三根台柱,无论何时何地,它们都支撑着毫不动摇的庸人世界。

——艾特玛托夫

司马睿明显觉得有些喘不过气来,尽管王导对他很尊重、很谦卑,两人亲密无间,但是每次召集王导王敦兄弟俩议事的时候,他总觉得王敦那双眼睛含有觊觎的味道,说话也开始有些咄咄逼人。

关于王敦,他早已听过几个让人不寒而栗的故事。王敦是晋武帝司马炎的东床快婿,西晋开国时的驸马爷,论辈分一样大,论年纪比司马睿大十岁。有一次,王恺设置酒宴,就是那个喜欢斗富的人,王敦和王导当时都在座。酒过三巡,有一名侍女吹笛吹错了,王恺就立刻将她杀害,此举令在座众人都失色,唯独王敦好像没有看见一样镇定。又一次王导王敦到王恺家做客,王恺命美人进酒,并命令若客人不喝就要死。敬到王敦那里时他坚决不肯喝,这让行酒的美人恐惧色变,但王敦仍然不屑一顾。王导抱怨族兄没有人性,王敦却说:"他杀自家的人,关咱们什么事。"

司马睿知道他的这点权威来自于这些名门大族,没有他们抬着吹捧着,他就是一个落难的王爷,落难的凤凰不如鸡。不过,他想,既然让我当皇帝了,总得有个皇帝的样子,这点要求不过分吧。

怎么办?他既不能像宋朝的赵匡胤来个杯酒释兵权,因为他没那个睿智;又不能像明朝的朱元璋来个兔走狗烹,因为他没那个能力。对,得找个可靠的人,不能事事依赖王导他们。于是,他启用了两个琅琊府的旧人,以此故意疏远王导和王敦，甚至来制衡他们。

不用这两人还好，一用意味着没开始就已经失败了。

为什么？看看这是什么人，一个叫刁协，简直就是一个愣头青，性格强悍，和同事们都有很多违逆的地方，而且又常因酒醉失言，尽说当朝官员的坏话，令众人厌恶。同时对人没有任何的恩德，很是自私。另一个叫刘隗，其他先不说，就从后来战败不回到司马睿身边誓死捍卫王室，也不战死沙场为国捐躯，而是居然投靠了司马睿的死敌石勒这点上，人品自然好不到哪里去。

那时的王敦，出任镇东大将军、开府仪同三司，加都督江扬荆湘交广六州诸军事，比当时司马睿刚到江南掌管五个州还多出一个荆州。镇守在武昌的他掌握了东晋王朝上游军队，长江上游为甲兵聚集，以军事和经济的双重优势对下游时时构成威胁。

刘隗看王敦威权太盛，无法控制，就劝司马睿派心腹镇守重要州郡，以防王敦为患。王敦得知此事后十分气愤，恐吓刘隗说："只有天下安泰，帝业才能兴隆。否则，天下就没希望了。"刘隗答书说："鱼相忘于江湖，人相忘于道术，我的志向是竭尽全力效忠王室。"呵呵，说的比唱的还好听。

很快，司马睿采取了措施，拜刘隗为镇北将军，都督青徐幽平四州军事，率万人镇淮阴（今江苏淮安市），以抑制王敦。又任命亲信、尚书仆射戴渊为征西将军、都督司兖豫并雍冀六州诸军事、司州刺史，镇合肥（今安徽合肥市）。

王导被疏远后，尚能保持平常心，泰然处之。但大臣周嵩对司马睿的做法表示不满。他上疏力谏皇帝切勿疏远王导，重用刁、刘这等佞幸。司马睿当然不会理睬他的意见。

王敦则表现得更加不痛快。在他看来，司马睿能当上皇帝，东晋能够偏安江南，王氏兄弟功劳系于一半。于是，王敦每次酒后便大声歌咏曹操的"老骥伏枥，志在千里；烈士暮年，壮心不已"，而且用力"以如意打唾壶为节",以至于把壶边都打碎了。

大兴三年（公元320年），王敦憋不住这口恶气，上疏司马睿为王导申诉说："当初陛下说过：'我与王敦和王导是管仲、鲍叔之交'，这话至今铭记在心，我想这话不会一朝而尽吧？"言外之意就是指责司马睿言而无信，过河拆桥。王导觉得不妥，就将奏书密封后退还了王敦。王敦却很不识趣，再次上奏。

两年后的正月，王敦终于忍受不了，以诛杀刘隗为名再次上疏，并在武昌起兵叛乱。在奏疏中，王敦还以"隗首朝悬，诸军夕退"，来威胁司马睿就范。王敦兵至芜湖时，又上表大谈刁协的罪状，让司马睿杀掉刁协。司马睿大怒，是可忍孰不可忍。

生气归生气，但王敦实力不容小觑，为此，司马睿又想到了王导。王导成了司马睿和王敦之间的夹心饼干，角色很是尴尬。

王敦反叛时，刘隗劝司马睿尽诛王氏家族之人，王导率族中兄弟子侄二十余人，每天天亮时到台阁处等待议罪领罚。司马睿因王导素来忠诚正直，特地还给他朝服，并召见了他。王导叩首答谢说："叛臣贼子，哪个朝代没有呢，但想不到会出在我们王氏家族中。"司马睿赤着脚走下来拉着王导的手说："我正要托付公侯之命与你，你怎么说这样的话呢。"

三月，司马睿以王导为前锋大都督，自己亲率军队迎战，由于建康没有较强军事力量的支持，手握重兵的王敦轻而易举地进入了石头城，兵临建康城下，放纵兵士劫掠。没有自己的中央军让司马睿输得很惨，后来的唐宋元明都吸取了教训，一定要有自己的御林军，就是能拱卫京城的军队。这个很关键。

司马睿忙命刁协、刘隗、戴渊等人夺回石头城，但均遭大败。戴渊、刁协被杀，刘隗投奔石勒，司马睿一败涂地，无奈之下，他脱下戎装，穿上朝服，感叹："王敦想要我的王位，只管及早表明，我自还琅琊，何至于如此扰乱百姓呢？"最后，他派人告知王敦："你如果不忘本朝，就此息兵，那么天下还可以共安。如果不肯罢手,我当返归琅琊,自避贤路。"

司马睿近似哀求的话,并没有满足王敦越来越膨胀的野心。不久,王敦便自己为自己加官晋爵,"敦乃自为丞相、都督中外诸军、录尚书事"。司马睿称帝前积累的那点权威,如今已是荡然无存;皇帝徒具虚名而已,朝中任何事情都由王敦做主。

尼采曾说过,我走在命运为我规定的路上,虽然我并不愿意走在这条路上,但是我除了满腔悲愤地走在这条路上,别无选择。遗憾的是尼采比司马睿迟出生一千五百多年,否则司马睿读到这段文字肯定会泪流满面,说不定还会视尼采为知己。

司马睿眼睁睁地看着王敦飞扬跋扈,逼辱朝廷,蔑视皇权,却没有一点办法。当年十一月,司马睿在极度郁闷和窝囊中去世,享年四十七岁。

就这样,司马睿为子孙们做出了榜样,东晋后来的皇帝大都受到权臣的掣肘,君弱臣强一直延续到东晋亡国,这不能不说是受开国皇帝司马睿"失驭强臣,自亡齐斧"的负面影响。

就这样,王敦为后来的野心家们立下了标杆。三十年后,当东晋权臣桓温在路过王敦墓前驻足久久,赞叹不已,连说:"可人,可人!"认为他是一位有可取之处并令后人羡慕的人物。

东晋时期青铜鐎斗

二十九、由蝉蜕变而成的司马绍

> 有气度、有见识的人,他虽然从艰苦困难中成长,反而更具有同情心和慷慨好义的胸襟怀抱。因为他懂得人生,知道世情的甘苦。
>
> ——南怀瑾

公元322年的夏天,蝉鸣声声,诠释着夏的酷热,倾诉着心的情结。就在这炎热难耐的傍晚,司马绍整理着自己混乱的思绪。

他正低吟着一篇旧作《蝉赋》:"寻长枝以凌高,静无为以自宁。邈焉独处,弗累于情。任运任时,不虑不营。"吟诵完,这位年轻的太子不禁长叹一声,他所向往的沉静寡欲、超脱自然的心境居然会这么难。

此时的他不得不面对着这么个不幸的现实:父皇司马睿时时被权臣所牵制,自己的太子地位时时会被废,晋室朝廷时时会被攻击,南方统一王朝时时面临分裂。

这几个月确实发生了很多事情,让他有些措手不及。

三月份,王敦叛乱,攻入石头城,他登上战车,要率将士们与王敦决一死战。幸亏大臣温峤认为这是冒险,死死劝止他,并抽剑斩断马脖子上的缰绳,使战车不能启动,他才返回宫里逃过一劫。

四月份,王敦对太子很有戒备心,认为司马绍"神武有明略",为朝野人士所钦佩信赖,打算用不孝的罪名废黜他。于是在上朝议事时,王敦当众问温峤:"皇太子有什么功德值得称道?"声色俱厉,一定要让温峤废掉太子。温峤回答说:"探讨高深的治国之道,使国家长治久安,这不是见识短浅的人所能认识的。从礼的角度看,这就是孝。"大臣们都支持温峤的意见,王敦的阴谋没有得逞。

夏天过后，司马绍那个平庸的父皇抑郁而逝。司马绍即位，是为晋明帝。登基后，司马绍做了两件事，让天下人刮目。这时候的王敦叛乱得逞，一手把持朝政，飞扬跋扈，炙手可热。为了稳定王敦，一方面司马绍照样大封王敦，亲手诏书，加封黄钺、班剑等特殊仪仗，给予奏事不名、入朝不趋、剑履上殿等特殊权力。另一方面，他以自己的大舅子庾亮为中书监，以郗鉴为兖州刺史，出镇合肥，以防王敦之变。

不过王敦也不是吃素的，他马上上表给朝廷，推荐郗鉴为尚书令，实为逼朝廷召回郗鉴。

司马绍跟他的先皇不一样，他不甘心朝廷就这样受制于臣子。公元323年六月，王敦再次叛乱，将举兵向京师进发，司马绍暗中得知，于是骑马微服出行，到王敦驻地于湖想亲身刺探军情，结果被王敦的士兵发现了，士兵们说："这不是普通人啊！"这天王敦午睡，梦见太阳绕其城，受惊而起，说："这必定是黄胡须的鲜卑奴来了。"司马绍的母亲荀氏是燕代人，司马绍状貌类似外族人，胡须黄色，所以王敦这样称呼司马绍。于是王敦派五个骑兵去寻找追赶。司马绍也策马奔驰而去，马拉粪时，就浇上冷水。遇到旅舍卖饭的老妇，送给她一把七宝鞭，对她说："后面有骑兵来，可把此鞭给他们看。"过了片刻，追骑来到旅舍，问老妇，老妇说："人已经走远了。"并把七宝鞭拿出来给他们看。五个士兵传递着玩赏，停留了很久。又见马粪是冷的，认为确实已走远，便停止追赶。司马绍因此得以脱身。

面对王敦的暗流涌动杀机四起，根据司马睿的遗诏，司马绍依然重用王导。

不过，王导在王敦之乱中与皇帝和王敦之间有着比较微妙的三角关系。一方面，在王敦攻破建康前，他以前锋大都督并假节征东将军率领军马抵御王敦的进攻。而在王敦占领建康后，两人依然以兄弟相处。王敦还埋怨王导支持素无威望的晋元帝而不支持他，几致灭族。另一方面，王导一面与王敦虚与委蛇，但和晋元帝及太子保持密切的联系。王导着力调节王敦和司马睿之间的关系，在亲情和忠义之间试图两全，然而此时已经万万不能。当王敦想进一步图谋篡位的时候，王导予以严厉拒绝。

有两件事彻底让王导和王敦决裂。王敦有一晚与属下饮酒，堂侄王允之也在席但因酒醉先躺下休息。及后王敦与心腹钱凤在席间商讨攻打建康篡位的事，王允之在当时已醒来，故此听到全部对话内容。王允之随后便因怕王敦怀疑自己听到机密，于是便呕吐大作，弄得衣服和面部都是吐物，自己则仍倒在原地。钱凤走后，王敦来察看，见如此情况也就不怀疑王允之听到机密了。不久，王允之赶到建康后就将王敦图谋告诉父亲王舒和伯父王导，王导不敢隐瞒，更不敢包庇，便第一时间报告了晋明帝，让晋明帝早作准备。这是一件事。

第二件事是，就在王敦再次起兵时，王敦突然患了重病，也是天意如此，真是天不亡东晋。王导闻讯，果断做出一个决定，立即率领众多兄弟子侄为王敦发丧。众人以为王敦已死，个个精神振奋，斗志倍增。由敌对一方，而且还是自家兄弟为叛乱一方发丧，也算奇事一件。在病榻上的王敦头脑还是异常清醒，他给自己的弟兄们留了三条后路，要么在我死后，你们解散兵将归身朝廷；要么你们退守武昌，侍奉朝廷，进献不断；要么你们趁我还没死，孤注一掷，直捣建康。于是他们选择了第三条路，以王含为帅进攻建康。王导得知消息后立即致书劝降王含，书中说宁忠臣而死，不无赖而生矣。

王导采取的两个措施，都狠狠地帮助了司马绍一把。结果，司马绍亲率六军迎战，大败叛军，王敦病死，叛乱最终被平息。

对王敦，司马绍恨之入骨，命令人扒开了他的坟墓。把王敦的衣冠全部烧毁，尸体拉出来，让他跪在地上，斩首示众。然后把王敦及其部将沈充的头颅悬挂在朱雀桥南。

司马绍以弱制强，终于平定了内乱。这位被后人誉为晋史上颜值最高、能力最强的皇帝，确实不简单。

一次，司马绍召见王导和温峤，问："你们认为西晋得天下原因是什么？"温峤还没有回答。王导说："温峤那时年龄小还不清楚，我给陛下说说。"王导详细叙述了一长串故事，内容是司马懿创业之初，是如何利用种种猜忍手段诛杀名族、拉帮结派的；司马昭的末年，又是如何诛杀曹氏贵族的。晋明帝听得冷汗直冒，惭愧万分，说："如果真像您说的，晋朝怎么能长久呢？"

然而，正当司马绍大展宏图的时候，突然得了重病，医治无效，天妒英才，于公元325年的八月去世，享年二十七岁。

戚某人叹曰：对于有才更有欲的王敦，历史自然把他打入叛臣的行列，自然会被后人所唾弃。才可自立，欲可自毁，才不一定人人都有，欲可是天生带来，因此，对于一个人的才能，一定要万分珍惜，对于一个人的欲望，更要做到尽可能地限制。才大欲亦大，这也许是个规律。但如果不能控制欲望，则才无从发挥，即使发挥出来，也将会身败名裂。殷鉴不远，现实的例子比比皆是。

戚某人更叹曰：对于英年早逝的司马绍，他就是这么一只蝉。蝉那么小的声音却那么的响，竟响彻一个夏天！因为从泥土里出来、从幼虫成长过来足足等了十七年，才等到了一个夏天，等秋风一吹它的生命就完结了。虽然只有90多天的生命但它丝毫没有放弃，一直在奏响生命最强曲。司马绍也一样，为了除去权臣，他也等待了很久，他想尽一切办法克服了困难，终于让东晋度过了这个危机，为皇权挽回了一点面子。

然而，历史终究会有遗憾，东晋王朝送走了王敦这个权臣，却迎来了另外一个权臣。

三十、江南名媛庾文君的绝伦凄美

悲剧是必然的,它弥漫于世界植根于人性,命运是对未来的开垦,而开垦无论是掘出清泉还是掘开深渊——就是命运。

——王江松

出师未捷身先死,长使英雄泪满襟。

晋明帝司马绍怎么也忘不了这三年他是怎么过来的,二十五岁登基后,他平定了王敦的叛乱,又重用皇室元老司马羕,安抚北方流民将领苏峻等,目的是重振司马氏雄风,为收复中原做好准备。

但事发突然,司马绍明显感到自己快要走到人生尽头了,于公元325年闰八月十九日,召集太宰、西阳王司马羕,司徒王导,尚书令卞壶,护军将军庾亮,丹阳尹温峤等人,命手下的人起草遗诏,做最后的交代。

遗诏里他显得有些豁达,说,自古至今人人有死,圣贤也不例外,寿命长短,仕途穷达,最后都归一死,死又何足痛惜呢!

目前国家还是很困难,对身后,他希望一切从简。遗诏里说,遵守以前制度,务从简约,烦劳众人,崇尚虚饰的事都不要做。

当然,最让司马绍放心不下的是眼下尚未稳固的政局。他说,各地征镇将领,刺史太守,都是捍卫皇家的长城,在外操持军务,虽事有内外之分,目标是一致的。所以没有在外从军的人,谁来保护百姓的平安生活!内外之职譬如唇齿相依,表里互用。百官卿士,皆归总听于宰相,共同保护幼主,度过艰难时刻,长令祖宗之灵,安宁于九天之上,则朕死后于黄泉下也无遗憾了。

五天后，司马绍在东堂去世，终年二十七岁。在东晋十一个皇帝中，像司马绍这样有雄才大略的并不多。然而，他在位不满三年就病死了，没能改变东晋君弱臣强的局面。他临死前真心希望君臣能上下同心度过艰难时刻，但是，事情仿佛被他料到了一样，并没有朝他的遗愿发展，而是走向了另一面。这个下回再详说。先说说司马绍的死因。

年纪轻轻的，当了皇帝后，还独自骑马跑几百里路到王敦军营刺探军情，身体这样强健的一个人，怎么突然就病死了？

关于他的死因，确有令人疑惑的地方。有不少版本，有人推断，司马绍的死，可能与他宠幸的美人宋祎有关。宋祎原先是王敦的侍妾，"有国色，善吹笛"，后来成为司马绍的妃子，说是王敦特意安排在皇帝身边的间谍，并借宋祎的手用慢性毒药害死了司马绍。有板有眼的，很符合传奇小说的特点。

也有人猜测，司马绍如同西晋开国皇帝司马炎一样，三宫六院，美女如云，纵欲过度，身体经不起折腾就一命呜呼了。

还有人分析，凶手是他的皇后庾文君，因为庾文君生性有点像母老虎，跟老公相处不和谐，喜欢跟艳丽的宋祎争风吃醋，最后一怒之下毒死了司马绍。分析的也很是玄乎。

这些看起来都有几分道理，其实并不是这样，尤其是第三种分析。难怪有人说，历史是个小姑娘，任人打扮。历史上的庾文君不仅很有才情，而且做事十分有分寸，是个通情达理素质较高的女性。

庾文君是颍川鄢陵（今河南鄢陵北）人，父亲庾琛曾担任过建威将军，晋王室南渡过长江后，庾琛又担任了会稽太守，也算是东晋朝的重臣，所以庾文君从小与哥哥庾亮跟着父亲在会稽居住。她长得很美，山清水秀的江南风情以及严格的家教把她熏陶成才情俱佳的女子，她特别重视德行，常以前代孝女的标准要求自己。史书记载，庾文君除"明理会事"之外，颇具大家风范，被时人喻为江南名媛。

庾文君的哥哥庾亮是司马睿的好朋友，后成为东晋权臣，两人均有鸿鹄之志。司马睿让庾亮管理藩王府属官。后来，司马睿听说庾亮有个妹妹叫庾文君，漂亮多才，便做主替儿子司马绍纳聘为妇。

庾亮再三推辞，认为自己的妹妹只是小家碧玉，登不得大雅之堂。西晋是司马家的天下，怎能让皇家受委屈呢？

见庾亮不肯，司马睿便托人打听，了解到庾文君的确是一个非常优秀的女孩子。于是，司马睿"穷追不舍"，最终让自己的儿子娶了才色俱佳的庾文君，尽管庾文君比司马绍还大三岁。

司马绍是司马睿的长子，庾文君嫁过去是正妻，今后是有希望做皇后的，这一点庾家非常清楚。待嫁那一阵子，庾家多次以历史上的明后做榜样，教育、开导庾文君，这让庾文君更加通晓宫廷生活的要领，为她日后在复杂的政治斗争中超脱出来，起到了决定性的作用。

自庾文君嫁给司马绍之后，两人互相敬重，恩爱有加。她平素积累的文化修养以及礼仪知识都派了用场，在太子宫和皇宫里，几乎到了鹤立鸡群的程度。

公元322年闰十一月十一日，司马绍即皇帝位，323年六月初六，司马绍册立太子妃庾文君为皇后。

册立的诏书是这么写的："妃庾氏先前奉承圣命，在东宫作嫔妃，恭行妇道，恩爱有礼。行事忠信心思顺从，以此成就和谐之道；协助端正后宫秩序，因此有和谐道德的美名。我过去经历了不幸，孤单得像是在害病。众公卿考查了以往朝代，都以推崇嫡亲辨明正统为重，记载在典籍中，应该建皇后宫，以此来供奉宗庙。追述先帝的愿望，不废弃旧有的命令，派使持节兼太尉赠皇后玺绶。女性的德崇尚阴柔，妇道要奉承婆母，崇敬祭祀的礼节，看重多子多孙的道义。因此永远贞节，就能光大皇家基业，做天下母亲的典范，推行后宫教化。借鉴六传，稽考典籍，祸福不定，盛衰在人，虽被赞美而不自恃。要恭敬啊，怎么能不慎重！"

有人从这份诏书以及其他方面上读出了一些信息。说皇后庾文君毒死司马绍的三个理由：一是晋明帝即位后，迟迟没册封庾文君为皇后。这事拖了大半年，还是很多大臣联名进谏才为之的。至少说明司马绍是不喜欢她的；二是庾文君比他大三岁，直到成亲将近四年了才给晋明帝生下了一个儿子，也就是后来的成帝司马衍。估计是两人同房比较少的缘故；三是在诏书里几处用词有些春秋笔法，如"思媚轨则"、"履信思顺"等等，意思是要皇后"思顺"、"思媚"，估计就是这位皇后有些母老虎味道，又一点也不温柔妩媚，让晋明帝很不好受。

我觉得，这些很是牵强附会，迟立皇后、迟生儿子以及诏书里有关勉励的话来推测两人关系的糟糕，未免过于武断。

司马绍死后，遵照他的遗嘱，只有五岁的皇太子司马衍登上皇位，是为晋成帝。年纪轻轻的庾文君被尊为皇太后。司马衍才五岁，怎么执政？大臣们商议的结果是，奏请太后庾文君依照东汉和熹皇后邓绥的旧例临朝摄政，庾文君不肯，先后四次辞让，可是群臣均劝她以大局为重。她只得答应，说："我是一个女流之辈，如何能担当起朝廷的重任呢？时机成熟后，我会立即退下来。"

九月十一日，庾文君开始临朝摄政。庾文君之兄中书令庾亮管理诏书命令。

庾文君很有智慧，在任命庾亮为参录尚书令的同时，也任命了王敦的族弟王导为这一职务，两人共同承担起辅政的任务，以显示东晋朝廷的大度。当然，王导也是明智之人，急流勇退，凡事都由庾亮说了算。这套新班子的实际权力落在庾太后的哥哥庾亮手里。庾文君在宣布垂帘听政后，便回到自己的寝宫，再也不过问政事了。但她还不忘常告诫哥哥庾亮，督促他秉公执政。

庾文君年少守寡，但是良好的教育使她能够坚守封建社会的所谓妇道，她没有闹出什么绯闻来，对娘家人也一直要求严格。几年后，有关官员奏请追赠太后庾文君的父亲庾琛和母亲毌丘氏，庾文君陈辞推让不答应，三次奏请都不依从。

这个才情俱佳的女子，母仪天下从不揽政，只在后宫操守妇道，但却不能避祸，公元331年，叛军苏峻率部攻进首都建康，烧杀抢掠。庾文君不堪侮辱，愤然自尽，年仅三十二岁。

历史学家蔡东藩扼腕叹息，"三十二年悲短命，九原应自怨亲兄。"为什么会这么说，原因就在庾文君哥哥那里，庾亮当政后，早就把妹妹的话丢在一边。他把司马江山当成自己庾氏的了。他一方面排斥王导，把中央的权力紧紧攥在自己手中；另一方面疑忌地方官员，最终引起苏峻的起兵叛变。

唉，可叹司马绍的暴疾而亡，东晋王朝就如同失去了英明舵手的巨船，从此便在无休止的世族、皇族相争中消耗、沉沦下去。

三十一、爱折腾的人终被折腾所误

> 生活有时像折腾。好比在水里游泳，你可以勇往直前，但也走不了多远，而且会遭遇过大阻力；你也可以循序渐进，安步当车，似乎落后一些，却也平平淡淡、真真实实。
>
> ——摘自网络

东晋第三位皇帝晋成帝司马衍继位时才五岁，自然懵懵懂懂，尽管母后垂帘听政，但基本上是舅舅庾亮说了算。

这是个爱折腾的舅舅，仗着自己的妹妹是太后，庾亮辅政后总以为幼主易欺，遇有异己便私自处置，一改王导的宽政，恃权放肆，用法严苛，排斥异己，妄杀大臣，在朝野上下结怨很多。

庾亮原先并不是这样的，他的一百八十度大转弯，让很多人大跌眼镜。当初他在东宫侍讲时，司马睿想以法家思想治理乱世，把《韩非子》赐给太子司马绍，庾亮认为韩非子的刑名权术之学，严厉苛刻有伤礼义教化，不应该多留心这些东西，司马绍对此也很赞同。

难道当时说的话是伪装的？

三十七岁的庾亮，这个给人印象还不错的男人，姿容俊美，善于言谈，为人严肃庄重，一举一动遵礼而行，即使在房间里也是规规矩矩的，开始了他的折腾之旅。

看谁不顺眼，我就要跟谁斗，而且一斗就要赢。他首先跟王室的南顿王司马宗斗。司马衍即位第二年，一天未见司马宗上朝，便问庾亮："前日的白头翁怎么许久不见了？"因司马宗为王室近支，经常上朝，且满头白发，所以司马衍称他为白头翁。庾亮道："因他有意谋反，我把他杀了。"司马衍听了，气得流着泪说："舅父说他人是叛贼，就轻易地杀了他。如果别人说舅父是叛贼，该怎么办？"庾亮恐惧得变了脸色，无言以答。

为什么庾亮和司马宗会交恶？缘起居然是为了一把钥匙。晋明帝司马绍生病时，庾亮连夜送奏章，向司马宗要入宫的钥匙，司马宗不给，而且毫不留情面地批评他："这是皇宫，你以为是你自己的家啊？"从那开始，庾亮对他恨之不已。后来，司马宗对庾亮专横朝政不满，被庾亮改任为骠骑将军。司马宗失去要职，自然嫉恨庾亮，便和流民将领苏峻来往密切，互通书信，意欲将庾亮除掉。庾亮知道后，就想除掉司马宗。恰这时有人告司马宗谋反。庾亮乘机令人逮捕司马宗，并立即将其杀掉。

这么好斗，司马衍确实不太喜欢他这个舅舅。结果碰上庾亮的二弟庾怿也是爱折腾的人。一次，庾怿送酒给江州刺史王允之，王允之试着让狗先喝了一点，那狗便立即倒在地上死去。王允之吓得不轻，赶紧上表报告小皇帝。司马衍听说后怒不可遏地说："大舅已乱天下，小舅也要学着来吗？"庾怿听到，惊惧不已，不久便自杀身亡。看来司马衍从小就不简单。

谁影响我，我就要跟谁斗，庾亮还跟司马衍相当尊重的三朝元老王导斗。按理说，王导并没碍着庾亮什么，因为太后要他俩一起执政，王导很知趣，主动退到后面，凡是都由庾亮做主。

再说凭王导平和的性格也不可能对咄咄逼人的庾亮构成威胁，但关键是两人的执政理念完全不一样，一个松，一个紧，在大多数人眼中，庾亮是一个严肃的政治家。做事一板一眼，眼里揉不得沙子。凡事要讲规矩，执法要从严。王导则执政宽松，对士族违法睁只眼闭只眼，是一味地"和稀泥"。这样一来，庾亮认为在施政过程中，王导将会是最大的拦路虎，因为王导巨大的影响力摆在那里。庾亮多次讥讽指责王导："心太软的你迟早会出事。"

此时，江州刺史应詹去世，庾亮任命他最信得过的朋友温峤当江州刺史，又选派了自己的心腹羊曼出任丹阳尹。庾亮任用羊曼有个重要原因，这个人平时最看不惯王导。

庾亮就这样步步紧逼，渐渐夺得了朝中大权。王导受到排挤自然心知肚明，但他能够容忍，矛盾还没有激发。后来庾亮外出任平西将军、豫州刺史，手握强兵，虽镇守于外，但还执掌着朝政大权，一些察言观色的人都投奔他。王导感到不愉快，常常在刮起西风的时候，用扇子挡起风尘，慢吞吞地说："庾亮吹起的灰尘把人弄脏了。"

跟宗室斗，他赢了，跟元老斗，他赢了，但他还不满足，还要跟其他地方诸侯斗一把。历阳太守苏峻，因晋明帝时讨伐王敦有功，威望一向很高，且部下甲杖精锐，对庾亮专擅朝政很是不满。庾亮想设计夺其兵权，坚持征诏其入朝为大司农，让他来管国家的仓库。

庾亮便和王导商议此事。王导说："苏峻奸诈多疑，必定不肯奉诏前来。山川原野中，可以躲藏毒虫猛兽，苏峻在外，还不至于马上发难，应暂时包容不惊动他。"王导力争，庾亮不听。还有那个祖约，就是祖逖的弟弟，早些时候，后赵石聪进攻寿春（今安徽寿县），祖约多次向朝廷求援，庾亮想趁机削弱他的部队，拒不发兵救援。

庾亮的做法终于激怒了苏峻和祖约，于是爆发了东晋史上第二次大动乱。爱折腾的庾亮搬起石头狠狠地砸了自己的脚。

面对庾亮的专横跋扈，小皇帝司马衍无可奈何，君弱臣强，东晋的皇帝成了配角的配角。《晋书》记载，其实司马衍自幼聪明伶俐，明于事理，说话很到位，一副小大人的样子。可惜他自幼被舅家把持，没机会管理朝政。

司马衍对有功之人很尊重，尤其对王导。司马衍去拜访王导，就像小学生见到老师，每次先要下拜。给王导的诏书，都加上"惶恐地说"。每年正月初一，大臣们入朝，等到王导进来，司马衍亲自起来迎接。王导平时生活俭朴，家里没有多余的粮和像样的服装，就是天冷了，都舍不得穿两件厚衣服。司马衍偶然听说后很吃惊，立即派人送给他布万匹。

司马衍还有勤俭的德行。他曾想在后院盖个射箭练习室，算后要用四十金，就说太费钱了没盖。在东晋奢侈浮华之风历久并且盛行之时，他作为皇帝却能力倡简朴、节俭，还带头实行，应该说是很不容易的。

更让人称赞的是他的临危不惧。后来苏峻叛乱，囚禁并苛待司马衍时，司马衍既不畏惧，也不猥琐，而是泰然处之，埋头读书，表现出智者风度。

面对庾亮的专横跋扈，王导采取的措施是避其锋芒，不断调停。公元339年，东晋一颗巨星陨落了，王导这位笑看风起云涌、经历大风大浪的老人离开了纷纷扰扰的世间，终年六十四岁。葬礼无比隆重，司马衍于朝举哀三日，仪式赠物之礼，比照汉代的霍光及安平献王司马孚（司马懿之弟）。东晋中兴名臣没有可以同他相比的。

但对这位功勋人物，后人对他的评价是不一致的。有褒有贬，众说纷纭。但在我看来，王导纵有诸多不足，光从他笼络江东士族，统一东晋内部，融合南人北人两种实力，以抵抗外侮，使民族得以独立和文化得以续延这一点，就足以给时人给后人给历史以巨大的正能量了。

风流总被风吹雨打去，任何时代都有其前代的历史，任何时代都将成为其后代的历史。旧时王谢堂前燕，早已与他们的人物一起，消失在浩瀚的历史长河里了。今天的我们，走在乌衣巷内和幕府山下的时候，估计不会念及这些地方当年的人当年的事了。

王导和庾亮，一个实施愦愦之政的和事佬，维持了东晋的半壁江山，一个喜欢东斗西斗的瞎折腾，几乎断送了东晋王朝。

三十二、宁愿在山头上望监狱

在任何状况下,不能玩弄别人,玩人必被人玩。你再有心眼,也不是最厉害的那个。

——摘自网络

我宁愿在山头上望监狱,也不能在监狱里望山头。说这么萌的话时,苏峻咬牙切齿,异常气愤。这个既是朝廷命官,也是流民的统帅的历阳内史(跟太守同一级别),估计被气晕了。

苏峻本来不是大族,是个霸气十足的军阀,王敦之乱使得老百姓流离失所,苏峻就利用这个时机,集合了几千户流民,建立了地方武装,归顺朝廷之后,一心想着立功,在平定王敦的叛乱中有功于朝廷,威望逐渐提高。他拥有精兵一万人,武器装备也十分精良,于是朝廷把江北都托付给他,成为抵抗胡人的一道屏障。

司马衍上台后,苏峻显得有些骄傲,甚至滋生谋反的念头,一方面他私自招纳大量亡命之徒,一方面向朝廷催要粮食物质供养,运输船队连绵不断,稍有不如意,就怒骂朝廷。

苏峻绝对是本朝最大的威胁!庾亮是这么认为的,更让庾亮不爽的是,司马宗被杀后,有个部下叫卞阐,知道苏峻那里是安全的港湾,混乱中逃跑到历阳,在苏峻的庇护下躲了起来。庾亮得到消息后,命令苏峻交人,苏峻根本不理他。

庾亮决定向苏峻开刀,调他来京城做官,先夺了他的兵权再说。苏峻听到消息后,赶紧派人到建康去,说:"如果朝廷让我讨伐胡人,不论远近,我都义无反顾；如果让我到朝廷做官，我是不会答应的。"

庾亮不听，坚持让他上来。苏峻历来对庾亮有想法，怀疑庾亮要加害自己，因而他亲自给皇帝上了一道表，表明自己的心迹，说："过去明帝在世的时候，拉着臣的手，要臣在北面讨伐胡寇，现在中原没有平息，我怎么能考虑自己和家里的事呢？乞求皇上把青州这个荒凉的地方给我，让我展示一下作为鹰犬的作用。"苏峻显然以退为攻。

对苏峻的请求，庾亮怎么可能会答应。苏峻犹豫不决，参军任让对他说："乞求一个荒凉的地方都不答应，一定没有活路了。您还是应该守住军队以求自保。"苏峻听了任让的话，没有接受任命。朝廷派人来讥讽和说服苏峻，苏峻终于愤怒，失去了理智，对来使说："朝廷说我要反，那还有人的活路吗？天下没有安定，不是我不行。狡兔已经死了，猎犬当然要烹杀掉，不过对那些要害死我的人，我当以死相报！"

咸和二年（公元327年）一月，苏峻暗中串联同样对庾亮有意见的豫州刺史祖约，两人一拍即合，准备叛乱。

庾亮毕竟是白面书生，军事指挥能力跟苏峻根本不是一个档次，并且在战略上处处失误，导致苏峻偷袭姑苏，进攻慈湖，进占横江、陵口，一路战胜，势如破竹。

很快的，苏峻攻打到京城，他命令顺着风势放火，烈焰冲天，将所有宫庙、宫室、官署都化为灰烬。还纵兵抢掠，侵逼宫女，驱役百官，一时间京都内外哭声震天。军阀毕竟是军阀，官库所藏的金银布匹等物，都被苏峻洗劫一空。占领了建康城，苏峻自称为骠骑领军将军、录尚书事，又随意任命亲党，完全掌握了政权。

庾亮与弟弟等人抱头逃窜，置小皇帝于不顾，投奔寻阳的温峤去了。庾亮在逃跑前向侍中钟雅交代后事，钟雅说："今天这个局面是谁造成的？"庾亮此时才有些羞愧。

百官也见状纷纷随之逃散，只有王导、钟雅等少数几个人留在晋成帝身边。晋成帝则被软禁在一间仓库里，苏峻每天都到晋成帝面前飞扬跋扈恶语相向。但对王导，苏峻很敬重，不敢加害，仍让他官居原职处于自己位置之上。

当时苏峻部下路永等人都劝说苏峻，要他杀掉王导，尽诛朝中大臣，重新安置上自己的心腹，否则这些人迟早是隐患。苏峻不听他们的劝告，因此路永等人和苏峻产生了矛盾。

王导见机马上派人暗中诱劝路永等人，谋划让成帝潜逃出来投奔陶侃、温峤的义军。由于苏峻防守看护很严，事情未能成功。王导只好带着两个儿子随路永逃奔到白石。

同时，晋成帝的右卫将军刘超和侍中钟雅也在密谋护卫成帝出奔。不料事情泄漏，苏峻就派任让逮捕刘、钟二人。成帝当时抱住二人，不让士兵拉走，并悲泣着说："还我侍中、右卫。"但任让哪里会听从这位小皇帝的旨意？刘、钟二人最后惨遭杀害。钟雅是个很有骨气的人，苏峻还没攻陷建康时，有人劝钟雅说："看到情况允许就前进，知道困难就后退，这是古时候的常理。您性情耿直，一定不会为仇敌所容，为什么不采取权宜之计，却要坐着等死呢？"钟雅回答道："国家有战乱而不能拯救，君主有危难而不能救助，却各自逃避以求免祸，那我算什么呢！"钟雅拒绝逃跑，始终跟随保护着小皇帝。

咸和四年（公元329年）春，在征西大将军陶侃和江州刺史温峤等人联兵攻打下，苏峻、祖约之乱终被平定。

听说苏峻的参军任让被俘，有人为他求情，晋成帝怒不可遏："此人杀我侍中、右卫，罪大恶极，决不可赦。"

苏峻本非门阀士族，他虽然试图凭借际遇，起兵谋利，但螳螂在前，黄雀随后，最终被门阀士族联合击败。他不是捐躯在抗胡的路上，而且献身于东晋内部叛乱，可惜了。

从苏峻不杀王导，可以看出人性的怜悯。中国的封建王朝，只要有一点点的人情，就会败下阵来。在宫廷斗争中，权欲与人性时时交锋，往往是权力欲胜过人性欲。当我们捡起失败者的头颅审视的时候，也许可以发现一点点的人性，当我们仰视胜利者的微笑时，我们看到的是往往只有权欲。

也许是经历了惨痛失败，庾亮开始有所收敛。庾亮表示要谢罪，但小皇帝说，这是国家的劫难，并非舅舅的过错。没有任何处罚，还尽是安慰，这一笔轻描淡写，给后来的朝政又埋下了隐患。

从庾亮身上，我们仿佛看到了做人的一个轨迹。从见自己到见天地，是往上走，这个阶段的人的气场是张扬的，豪迈的，甚至霸道的，不可一世的。从见天地到见众生，是往下走，越来越卑微，身段越来越低下，低到泥土里。这个阶段的人的气场，是谦和、深邃、淡然的。

叛乱平息之后，京都建康几成废墟，民生凋敝，怨声载道。公元324年，王敦之乱被平定，仅仅过了三年，公元327年，东晋又发生苏峻叛乱，又花了三年，被平定。七百年之后，跟苏峻同姓的苏轼是这样描述的：苏峻之乱，晋几亡矣，宗庙宫室，尽为灭烬。

确实，对于脆弱的建康来说，曾经的伤痕还没有弥合，又撒上一把盐，那伤口的血还一滴滴往外流，这种痛还将延续多久？谁来拯救？

三十三、陶侃，千年不衰的家道

俭而不奢，家道恒兴；俭而不贪，居官清廉。

——曾国藩

苏峻叛乱被平定后，满朝文武弹冠相庆。

庆功宴会上，一位将军模样的人正举杯跟手下的人畅饮。他的酒量很不错，但他每次只喝三杯酒。有人向他敬第四杯酒时，将军说："对不起，我今天饮酒已经足量了，不能再饮了！"对方有些不高兴，说："将军，今天大家高兴，您应该开怀畅饮！我看得出您有海量！"想不到这时将军却哽咽着说："实在对不起！家母生前曾给我规定，每次饮酒，三杯为限。今天杯数已足，我不能违背先母的禁约！"

说这话的将军正是在平定这次叛乱中被各路勤王军队推举为盟主、立下汗马功劳的荆州刺史陶侃。东晋史上，绝大部分的人物给人印象模糊，哪怕稍有印象的也无非是傻傻的皇帝和精明的权臣。其实，还有很多的名臣名将都可圈可点值得一读，比如眼前这位陶侃，他为什么能功成名就而又全身而退呢？他为什么能被后人列为武成王庙六十四将之一呢，这一切，都来源他良好的家教和淳朴的家道。

陶侃的父亲很早就去世了，全靠母亲纺纱织布抚养长大。陶母对孩子要求很高，从小培养孩子要有远大抱负，经常资助他多出去结交有身份的人，后来陶侃到浔阳县城做了一名县吏。

有一次，浔阳县衙举行宴会，陶侃喝得酩酊大醉。酒醒后，母亲一边流泪，一边批评他说："饮酒无度，怎能指望你刻苦自励，为国家建功立业呢？"

陶侃羞愧难当。事后，母亲要求他保证：从此严于律己，饮酒不过三杯。

陶母对陶侃的教育不止于此，也是陶侃在浔阳县工作的时候。有一次，他将公家分的鱼托人带回家孝敬慈母。陶母纹丝未动，将原物封好退回，并写信责备陶侃，要他为官应廉洁自好，不允许公私不分。还告诫他说："你这样用公物想取悦于我，反而增加了我的忧虑。"

陶母对儿子很严格，但对客人却是异常热情。一次，鄱阳郡名士范逵途经陶侃家。那时正好大雪纷飞，仓促间陶侃没有准备，他母亲于是剪下自己的长发卖给别人，换得酒菜，客人畅饮极欢。范逵告别时问陶侃："你想到郡中去任职吗？"相当于把他从县里推荐到市里。陶侃毫不避讳地回答："想去，可苦于无人引荐。"范逵拜见庐江太守张夔，极力推荐陶侃。张夔很欣赏陶侃，封他为督邮，相当于市里专责监察的官职，陶侃干得不错，有声有色，充分显示出自己的才能，没多久升任主簿，相当于市委秘书长。

陶母教导对陶侃影响很大，他从县吏起家一直做到荆、江两州刺史，掌管其他六州军事，成为当时最有实力的人物之一。在他戎马生涯的四十余年中，一直保持着清廉、隐忍、大度和有为的作风。

陶侃出任荆州刺史时，很重视社会秩序的稳定和发展农业生产。那年荆州大饥，百姓多饿死。陶侃在秋熟收获之时常买米，等到饥荒时又减价卖出救济，使得官民欢悦，都依靠他救济得以生存。因此史书上记载，他"务勤稼穑，虽戎阵武士，皆劝励之。有奉馈者，皆问其所由，若力役所致，欢喜慰赐；若他所得，则呵辱还之。是以军民勤于农稼，家给人足"。在他治理下，"自南陵迄于白帝数千里中，路不拾遗"。

王敦掌握朝政后，对能力不错的陶侃很是嫉妒和排斥，便把他从荆州刺史降为广州刺史。当时广州是后方的二线城市，跟荆州这个军事经济重镇自然无法相比，地位悬殊明显，身份落差大，但陶侃没有怨言，欣然接受了新的职务，去广州上任。在任上他依然兢兢业业，韬光养晦。他在广州时有一件事很有名。他每天早上总是把一百块砖头搬到书房的外边，傍晚又把它们搬到书房里，每天如此。别人感到很奇怪，问他这样折腾为什么啊？他说："我的志向是收复中原大地，如果悠闲安逸的生活过惯了，就怕一旦遇到大事恐怕我就没有精力了啊。"

后来，晋明帝驾崩了，庾亮掌政，跟王敦一样，也嫉妒陶侃，所以没把他列入辅政大臣，他对此深感遗憾，并同时对庾亮产生了看法。后来庾亮的所作所为，激起了苏峻的叛乱。惊慌失措的庾亮委托温峤向陶侃求援，陶侃当然也有小脾气：我的职责是保卫驻地平安，出兵勤王不是我的事。但说归说，面对国家有难，朝廷有危，陶侃还是不计前嫌，把个人的恩怨放在一边，并在温峤强烈推荐下担任了联军的盟主，答应出兵攻打苏峻，而且那天是戎服登舟而行，昼夜兼程，连自己儿子陶瞻（被苏峻叛军所害）的丧礼也来不及参加，最终，在陶侃的及时援救下，于石头城大破苏峻，平定了这次叛乱。

知恩图报，对帮助过他的人一一予以回报。这也是陶侃传承家道的表现。领导张夔的老婆生病了，需要到几百里之外去接医生，当时大雪天寒，僚属们都感到为难，唯独陶侃说："侍君侍父是为臣为子之义，郡守夫人，就同我们的母亲一样，哪有父母有病而子女不尽心的。"于是主动要求前往。大家都佩服他的礼义。后来在封疆大吏的岗位上，陶侃又任命张夔之子张隐为参军，范逵之子范珧为湘东太守，以刘弘的曾孙刘安为掾属。凡是他微贱时受过别人的恩惠，哪怕是一餐饭他也必定报答。这就是陶侃的做人原则。

陶侃谦虚谨慎，勤于军政事务，发现手下的人员有聚赌取乐、饮酒误事的，即命令把酒器、赌具沉于江中。他常对人说："古代的大禹是圣人，尚且爱惜每一寸光阴，至于常人，更应该爱惜每一分光阴。"他在治理政事和军事中，职权以内的大小事务，无不亲自过问。远近给他的书信，都要亲自答复，从不积压。接见宾客，不问亲疏。在陶侃的言传身教下，他的手下多能廉洁奉公，政治清明。

陶侃到晚年时深感物极必反的道理，因此不参与朝政，多次想告老还乡，但被佐吏们苦苦相留。在那个年代，留恋迷恋权欲在官场成为常态，官员们主动辞职不干的例外。最后他还是选择了急流勇退，幸福地度过晚年生活。这对他个人来说，不失为一种明智的选择。在他看来，争，是一种精神，不争，是一种品德。关键是要懂得，该争的时候才争，不该争的时候要靠后。如果一味地争，那是不懂修身养德；如果一味地不争，那就是不懂生存之道了。

公元334年，七十六岁的陶侃去世了。就这样，陶侃在家道的熏陶下，一直走完他的人生。

陶侃的家道也深深影响了他的后代，他的曾孙就是世人皆知的陶渊明，陶渊明的清新脱俗性格以及不为五斗米折腰的骨气，就是陶家家风的表现。

对于家道，清朝的曾国藩有过一番精辟论述，他认为孝友之家最长久。"吾细思凡天下官宦之家，多只一代享用便尽。其子孙始而骄逸，继而浪荡，终而沟壑，能庆延一二代者鲜矣。商贾之家，勤俭者能延三四代。耕读之家，谨朴者能延五六代。孝友之家，则可以绵延十代八代。"在我看来，陶侃就是典型的孝友之家。

在晋朝，陶侃没像嵇康一样给后人留下巨大的精神财富，也没有像王导一样给国家做出丰功伟绩流传千百世。他就是一个世俗中的人，是一个秉承良好家道集世俗的名、利于一身的人，是一个可供效仿的集世俗的名、利于一身真实的人。

三十四、陵阳很美，但很传奇

玫瑰是美的，不过我们认为，使它更美的是它包含的香味。

——莎士比亚

在百度贴吧里有一个叫陵阳吧的，它的个性签名深深地吸引了我：静水幽潋，沧笙踏歌，繁花渐逝织女忘。这个签名跟东晋的美女皇后有关。

她就是东晋第三位皇帝成帝司马衍的皇后杜陵阳，但晋书上记载她的文字并不多，在我眼里，她不像一个政治女人，倒像一位飘逸、出尘的婉约女子，尽管她身居后宫母仪天下。

这位女子不简单，她的家族不是一般的显赫。曾祖父杜预，是西晋著名将领和学者，在平吴战争中立下赫赫战功，官至镇南将军；祖父官至左丞相，八王之乱、五胡乱华时，杜家追随晋室迁至江左，仍居高位；父亲杜乂，袭爵当阳侯，官至丹阳丞，是与卫玠齐名的美男子，王羲之见到他不禁赞美道："肤若凝脂，眼如点漆，此神仙人也。"桓彝亦赞道："卫玠神清，杜乂形清。"母亲裴氏是长水校尉王绰的孙女，太傅主簿裴遐之女，清谈名士、太尉王衍的外孙女。毋庸置疑，其家族"中表之美，高于当世"。

遗憾的是，美男子杜乂只有陵阳一个女儿，而且在陵阳出生不久就去世了。裴氏年轻守寡，独自养育女儿，却严守礼节，很有口碑。

显赫的家庭，优秀的父母，良好的教育，女儿自然也很出色，史称"少有姿色"，雪白的肤色，娇艳的姿态，加上知书达理。长大到十四岁时，上门求婚者络绎不绝，但是成年后的杜陵阳一直没长出牙齿来，人一般牙齿在两岁半的时候就乳牙长齐的，她却没有，导致求婚人往往是慕名而来，叹息而归。虽然她是远近闻名的大美人，可是因为这点，同宗的人并不觉得她是个很完美的女孩。

咸康二年（公元336年），十七岁的杜陵阳幸运的事从天而降，与她同岁的皇帝司马衍因为她"奕世名德"（就是积累世代的恩德）想娶之为皇后，嫁不出去的小姑娘转眼间成了母仪天下的皇后！个中原因，估计是司马衍冲着她的家族地位来的，否则怎么肯册立一个没牙的女人做皇后？

在东晋，世家大族为了表示自己族姓门第的优越性，不致混淆士族与庶族之间的等级界限，他们严格规定士庶之间不许通婚。他们选择婚姻对象，都特别看重门第的等级，要求门当户对。名门望族一定要和名门望族结亲，绝不允许与庶姓寒门结亲。东晋皇室与之结亲的，也多是世家大族，晋明帝娶颍川庾氏庾亮的妹妹庾文君为皇后，而明帝为太子时，庾亮"为太子布衣之好"。

事出凑巧，到了结婚那日，杜陵阳忽然在一夜之间长出了牙齿，很有"我为君生君为我活，你若精彩天自安排"的味道。这时的她已出落成一个亭亭玉立的少女，美得素静而不张扬，颇有晋人林下风致。那天，晋成帝登上太极前殿，群臣都来祝贺，白天过去，到该锁宫门时，百官才走。看来，杜陵阳之美，倾国倾城倾百官。

杜陵阳成为皇后之后，为避皇后名讳，宣城陵阳县改名为广阳县。婚后的生活到底怎么样，晋书上没有记载。但在我看来，因为她的美貌她的素养，力压群芳，得到皇帝的专宠是必然的。对于一个各方面都受过良好教育的美貌才女，哪个男人不动心呢？在历史学家蔡东藩笔下，晋成帝和杜陵阳婚后十分恩爱，是"乾坤合德，龙凤呈祥"，"恩爱缠绵"，杜陵阳到死的时候才"宫中要算周贵人最邀宠眷"，蔡东藩应该是觉得以杜陵阳的漂亮，又和晋成帝年龄相当，晋成帝没有不喜欢的道理。李安瑜主编的《中国历代皇后全书》也说杜陵阳和晋成帝婚后十分恩爱，还加了句杜陵阳去世晋成帝非常伤心，丧事从俭是遵照杜陵阳遗愿。

咸康七年（公元341年）的春天早早来临，一片花红柳绿之景。偏偏三吴（指吴郡、吴兴、会稽）之地的女子忽然流行起头簪白花，远远望去如素柰。晋成帝觉得很奇怪，就派人去民间问到底发生了什么事。得到的信息是天帝的织女去世了，凡间的女儿们都要为她戴孝。就在这个传说越传越广，沸沸扬扬之际，三月里，从宫中突然传来杜皇后薨逝的噩耗，原来她就是天上的织女，来人世游历一番后，飘然远去，了无牵挂。她去世时年仅二十一岁，正是女子最美好的年龄。杜阳陵共在皇后位六年，没有子女。

美丽而短暂的生命就这样早早逝去，使年轻的晋成帝非常伤心，他下诏按杜皇后生前的愿望治丧，一切从简，陵墓筑成后，只求打扫干净，不花钱财可以装饰；禁止远近州郡派遣使者进京吊丧。

晋成帝的这番做法，让后人有了不同的解读，从而推断出两人的感情并不怎么样。

有人说，司马衍不是个理想的丈夫，杜陵阳也不是完美的妻子。司马衍是个体弱多病、敏感易惊的早慧少年。他六岁登基，被母亲庾太后和舅舅庾冰牢牢控制在手中，成为庾家争权夺利的工具。聪明的司马衍曾经对舅舅的行径表示不满，却被轻视他的母亲用玉版打脑袋，丝毫没有得到皇帝应享有的尊重，长大后沉默寡言，孱弱而忧郁。当内心充满阴暗的他遇见沉静的她时，双方压抑的性格注定了夫妻间的冷淡与疏离。有点类似于清朝末代皇帝溥仪和婉容的关系。

也有人分析，皇帝和皇后之间微妙的感情给了后宫其他女子机会。一位来自民间的周氏浑身充溢着尘世的气息，脱颖而出，给气质冷郁的司马衍带来温暖，并受到宠爱，先后生下晋哀帝与海西公。

更有人推测，晋成帝是一直盼着杜陵阳生儿子的，几年了杜陵阳非但没喜讯还身体越来越差，周贵人才渐承恩宠。因一直没能给成帝生下子嗣，日渐被冷落，忧郁寡欢而终。在杜陵阳病重而死的时候宠周贵人连生二子，看来晋成帝对她的去世不怎么伤心。

对丧礼过于简单也有人分析，晋成帝正是因为不重视杜陵阳才执意要将她的丧事办得冷冷清清。但在我看来，其实，晋成帝本身就是个俭以养德之人，花四十金给自己盖个射箭练习室都不肯，不为杜陵阳破费也不见得是心里不装着杜陵阳，何况他诏书中写得明白，破费对死者也无益处。何况，晋成帝还是很重视，宫外百官每五天进一次灵堂，宫内官员一天进一次，一直到杜阳陵安葬完毕才终止。

可能是夫妻心有灵犀的缘故，就在杜陵阳去世的第二年，丈夫晋成帝司马衍也因病去世追随陵阳去了，并与她合葬在兴平陵。

在读史过程中，经常会遇到史料过少而无法知晓当时人的情感世界，历史到底如何，只能是不同的人有不同的解读、不同的答案。善良的人认为他们是和睦的幸福的，善于怀疑的人就会认为他们不和谐不美满，在这两者之间，我毅然选择前者。

命运捉弄人，一个是傀儡般的确很有智慧的年轻皇帝，一个是玫瑰般知书达理的美女皇后，在那个时代，那个岁月，很难说会有什么好的结局。如果他们不出生于皇宫不出生于士族，如果他们只是一对民间的普通夫妻，也许他们的命运会更好。愿身后不再生于帝王家，这何止是王子们的哀叹呢？

三十五、成功男人的版本：颜值高，价值更高

> 人的一生可能燃烧也可能腐朽，我不能腐朽，我愿意燃烧起来！
>
> ——奥斯特洛夫斯基

我在前文说过，东晋是个美女不如美男吃香的年代，但是，不要以为所有的美男子都只会搔首弄姿充当花瓶，也不要以为所有的美男子都是游手好闲风流成性。温峤就是一个例外。温峤吃香不仅仅在于他的颜值，更在于他胸怀天下的人生价值。

苏峻之乱被平叛后的一个月，建康传出惊人的消息：当朝权臣、中书令庾亮不辞而别，带着全家人出海了。晋成帝大惊，赶紧派人去追，又通知地方官员堵截，拦住舟船，终于把庾亮劝了回来。庾亮觉得苏峻之乱他负有很大的责任，在朝中已无脸面待下去了，坚决请求要外任。同时向朝廷建议：让温峤到中央来主持工作。

温峤？他是个怎么样的人？

温峤是个帅哥，帅得让人惊艳，史书形容他这个男性，偏向女性化，罕见地用了"凤仪"二字，就是凤凰的仪态，楚楚动人，艳丽无比。"性聪敏，有识量，博学能属文，少以孝悌称于邦族。风仪秀整，美于谈论，见者皆爱悦之。"十七岁时，这个来自山西的美少年正式在政坛低调登场。在西晋首都洛阳，他最先担任纪检职务，并很快崭露头角。后"五胡乱华"，温峤跟着他的姨丈、并州刺史刘琨，在北方抗击胡人，为西晋王朝坚守最后的阵地。

公元317年，二十九岁的温峤受姨丈之命来到建康，劝进司马睿登基。在建康皇宫，他深刻总结西晋灭亡的经验教训，详细分析东晋政权当前形势，

明确提出现阶段的工作重点。精彩的演讲，使朝堂成了他的讲堂，满朝为之瞩目。刚刚称晋王的司马睿也动了纳贤的念头，任命他做自己的机要秘书。温峤居然拒绝了，他的心思还在北方的阵地。眼见皇帝要下不来台了，十几位最高级官员联名，才勉强劝动他留下来。

　　温峤不仅是帅哥，更是个任性的帅哥。别看温峤在朝廷上慷慨陈词，激扬文字，指点江山，但平日里这张嘴就有点"臭"。史书称，温峤喜欢说些轻慢放肆、甚至粗俗不堪的话。经常有礼法之士看不惯温峤的做派，跟他吵架。更为任性的是，温峤刚到南方时，工作比较清闲，就经常找生意人赌博。赢了欢天喜地；输了不服，拉着人非要"再来"，结果越赌越输，越输越赌。等醒悟过来，已经被人拉着不让走了。这时只能请他的好朋友庾亮带钱赎人。温峤也不知道难为情，看见送钱的人来了，就远远地招呼："快来赎我回去！"史书记载，这种事还发生好几次。好一个真性情的男人。

　　在那个时候，他的好友庾亮还没有成气候，朝廷都是王敦说了算。王敦见太子司马绍果敢勇毅，深得拥戴，继位后会碍自己的手脚，欲以不孝之罪废黜太子。孝是晋朝倡导的道德规范，不孝当然成了严重的罪行。因此，那个时候要搞臭敌人，最简便的办法就是扣他一顶"不孝"的大帽子。王敦召集百官，声色俱厉地质问温峤："太子有何德行？"温峤正色回答："探讨高深的治国之道，使家长治久安，这不是见识短浅的人所能认识的。依照礼义看来，这就是孝。"一句话立马粉碎了王敦的阴谋。

　　同时也因为这句话，让王敦知道温峤有栋梁之材，害怕他为皇帝所用，就拉拢温峤，收为自己帐下的左司马。温峤假装恭顺，实则"卧底"，经常献计献策，慢慢地获得王敦的信任。在屡次劝谏无果的情况下，温峤知道王敦的野心越来越膨胀，就决意除掉这位旧交。

　　到了公元324年，温峤已经获得王敦的信任。为了监视建康，王敦派温峤担任镇江地方长官，但又派自己的心腹钱凤同行。温峤知道这是监视，因此临行前的宴会上，故意装醉，要跟钱凤敬酒。钱凤举杯慢了点，温峤马上翻脸，不由分说就是一顿拳打脚踢，嘴里还说着胡话。王敦以为他发酒疯，就一笑了之，没有怪罪。钱凤被打伤不能同去，就怀疑温峤此举动机并告诉王敦，没想反被责怪"协私诬告"。

温峤离开鄂州，没有去镇江，而是马上跑进了建康城，并把两年多来，在王敦阵营打听到的情报，悉数报告给皇帝。王敦得知上当再度发兵，他知道自己被温峤那张嘴坏了大事，扬言要亲手拔掉他的舌头。大军一口气打到内秦淮南岸，温峤下令烧掉朱雀桥，并调兵遣将开始布防对峙，并抓住机会亲自率军渡河奇袭，大败敌军。不久王敦病死在军营，危机化解。

对温峤人生更大的考验是苏峻之乱。苏峻攻占建康后，囚禁了皇帝，朝廷岌岌可危，百姓生灵涂炭。此时的温峤勇敢地承担起拯救国家的重任，与庾亮起兵讨伐苏峻。温峤的弟弟温充建议推举位重兵强的陶侃，温峤派亲信前往荆州游说陶侃共赴国难，陶侃非常犹豫。见此情况，温峤再次修书，痛陈利弊，终于说服陶侃起兵。温峤于是传檄天下，宣告苏峻罪状。驻守广陵的郗鉴向温峤派出使者，提出设立堡垒、坚壁清野、断绝苏峻军粮食来源的策略，温峤深表同意。

后来陶侃率部到达建康。有传言说他要诛杀庾亮以谢天下，庾亮甚为害怕，听从温峤的建议主动拜访陶侃谢罪，两人冰释前嫌。此时，讨伐叛军的联军有六万大军，旌旗联结七百余里，声势大振，兵锋直指石头城。苏峻见联军势大，面有惧色，对手下道："我早知道，温峤能得众心。"

两军对峙以来，联军败多胜少，而温峤军粮食尽，不得不向陶侃借粮。陶侃十分恼火，责备温峤准备不足而仓促兴兵，声称要返回荆州以等待时机。温峤首先预言苏峻骄兵必败，再分析形势已经骑虎难下，陶侃如果退兵，有"沮众败事"的危险。陶侃无言以对。在温峤的操刀下，终于平定了苏峻的叛乱，朝廷恢复了稳定。

在叛乱前，建康的政治核心是王导、庾亮、卞壶。叛乱结束后，卞壶战死沙场，庾亮是戴罪之身，王导先附贼又参与平叛，不赏不罚。朝政大权又归到王导手中，温峤知道个中厉害，执意要回地方，又因为建康百废待举，温峤把带来的大部分物资都留在了建康。

当他经过牛渚（今安徽采石矶）的时候，见水深不可测。当地的人告诉他，水里有很多怪物。温峤感到疑惑，点燃犀牛角，照在水面仔细瞧，发现水下灯火通明，有各种奇形怪状的动物，有乘马车的，有穿红衣服的。

温峤非常惊讶。就在当天晚上，温峤梦到一个人愤怒地对他说："我和你阴阳有别，互不相扰，你为什么要来照我们呢？"这是成语"燃犀温峤"的由来，比喻能敏锐地洞察事物。

没多久，温峤就患病去世了，年仅四十二岁。江州百姓听到消息后，如丧亲人，伤心痛哭。此时离平叛仅过了两个月。

有一种信念叫坚持，有一种精神叫奉献，有一种责任叫担当。关于人生价值蕴藏在哪里，温峤给了我明确的答案。毕淑敏说，人生本来是没有价值的，人生的价值在于你用终身的努力来为它定义，只有做自己能做的事才能真正实现价值。借她这句话，作为我对千年前温峤的评价。

三十六、用入世的精神去做出世的事

你也许不清楚自己是个什么样的人，但当你面对金钱、权力和人生是非的选择时，你会知道真正的自己是个什么样的人。

——朱德庸

公元342年六月初五，晋成帝司马衍明显感到身体不适，而且一天不如一天，北伐尚未成功，朝纲尚未振作，百姓尚未安生，很多事情让他心有余而力不足，诸多感慨一拥而上，他的眼角流出了几滴泪水。

想起两年前，他那雄心壮志的舅舅庾亮本想通过北伐挽回在苏峻叛乱中丢失的一些政治资本，结果没想到遭到后赵石虎大军的狙击，邾城失陷，惨败而归，导致庾亮忧闷成疾，含愤而死。这时的晋成帝才知道这是不可为的事情了，除非有力挽狂澜的人来接我的班，除非有诸葛孔明一般的大臣来真心实意辅助我，可是，这都是想想而已。

初六一大早，窗外凄风苦雨在敲打着大殿的门廊，雨潮湿了人们的心。晋成帝知道自己时日不多了，但他还要完成最后一件大事，于是把几位心腹大臣都请了过来。中书监庾冰等人匆匆赶来，一看，都明白了，估计皇帝要下遗诏了。

晋成帝说，我走后谁来接班？此时的晋成帝已有司马丕和司马奕两名皇子，但都还是一两岁的婴儿。

对继承皇位，龙榻前两种观点针锋相对。庾冰有想法，自以为庾氏兄弟掌权已久，晋成帝之子继位后自己会从舅舅变成舅公，怕由此与皇帝血缘变疏而被离间，失去权力。于是建议由晋成帝弟弟琅琊王司马岳继位，理由是北方鲜卑族的后代（今山西北）和北燕（今河北北）正在兴起，面临强敌，东晋必须立年长之人为君主，这理由表面上看也有道理。

中书令何充则顾虑到，庾氏家族的势力不断壮大，是要进行适当限制了，于是坚决反对，说嫡长子继承是历史传统，代之以兄终弟继必然引发动乱，所以应该让晋成帝的大儿子司马丕继位。"父子传位，是先王既定的法典，忽然妄加改变，恐怕不是利国的良策。所以武王不传位给有圣德的弟弟，是遵循大义。从前汉景帝也打算传位给其弟梁王，百官都以为毁乱典章制度，不能接受。如今琅琊王继位，年幼的太子怎么办！国家社稷，灾祸将至！"这番话也很有道理。

可是，没多少时间考虑了，晋成帝采纳了庾冰的话，答应由弟弟琅琊王司马岳继位。在病榻前，他留下了感人肺腑的遗诏，大意说：

"我从幼年时起继承洪业，未能开创和睦的政道，翦灭灾祸，日夜战战兢兢，来不及安居。现在遭遇疾病恐不能康复，因此内心十分惊悸悲痛。千岁遥远，不能忍受其艰难。司徒、琅琊王司马岳，按亲疏关系则是同母之弟，仁德长厚，有人君之风，盛享当时的声望。你们各位王公卿士，要辅佐他！以供奉祖宗明祀，协和朝廷内外，言行符合中正之道。唉！要恭敬啊！不要毁祸祖宗的美好命令。"

第三天，晋成帝在西堂驾崩，享年二十二岁，带着无限的遗憾，他离开了这个纷纷扰扰、恩恩怨怨的世界。

司马岳即位，是为晋康帝。他登上宝座时对庾冰与何充说，"我能登上皇位，是两位的功劳啊。"何充应声而答："陛下龙飞，是庾冰之功；如果照我说的办，你是坐不上这个位子的。"搞得皇帝满脸通红。此时，王导、庾亮等老一辈权臣已先后离开人世。新一代的中央权力核心是庾冰、何充等人。

庾冰深受皇帝的信任，任中书监、扬州刺史、都督扬豫兖三州军事、征虏将军、假节、左将军。晋康帝即位后，又晋升车骑将军。被任命为顾命大臣辅政的庾冰，马上排挤了何充，将其调离中央，到京口（今镇江）去"遥领"徐州刺史。

庾冰是个跟其兄庾亮一样很有政治头脑和欲望的人。庾冰受到朝野寄予的厚望，上任后亦不分日夜处理政事，而且提拔后进，敬重当朝贤士，时人都称他为贤相。还有，庾冰又整理户籍，查出万多名本无记录的人，充实人口，增加军资供应。庾冰还支持其弟弟庾翼攻灭胡虏、收复蜀地的计划，派使者向东与燕王慕容皝相约，向西与凉州牧张骏相约，完成北伐任务，但是遭到了群臣的反对，他们认为此事难以施行。

在时人看来，庾冰基本上控制了整个朝政，炙手可热，只手遮天。那时候老百姓只知道庾世家族，不知司马家族；文武百官只知道庾冰、庾翼，而不知皇帝。司马岳只当了两年的皇帝，基本上是在舅舅庾家的阴影下讨生活。两年后，晋康帝病重，庾冰、庾翼又想扶立会稽王司马昱为嗣君。

月盈则亏，庾冰很懂得这个道理，有一天，他突然因自己手中的权力大得可怕，感到惧怕，于是多次请求调离京城。

庾冰是个权臣，后人对权臣大多没有什么好感。但又很奇怪，他是个清廉的权臣。他没有被权力所沉迷，没有被金钱所诱惑，没有被美女所包围，很是难得。《晋书》对他的评价是："季坚清贞，毓德驰名。处泰逾约，居权戒盈。"

庾冰平时举止得体，很受士人们的尊重，同时在哥哥庾亮的眼里他是家族的骄傲。尽管庾冰权欲膨胀，但天性清廉谨慎，以俭约自居，一次儿子庾袭借了十四匹官绢，庾冰知道后大怒，打了他以后将绢布都送回官府。

俭约之风到庾冰临死前还照样坚持，他嘱咐长史江虨一定要葬礼从简。据史载，一代权臣庾冰死后，家无妾无侍女，也无物资产业，甚至死后连裹尸的绢布都拿不出来，得到当时人的赞许。

通常说，权欲跟贪欲一般是连在一起的，从张居正、严嵩、和珅等人身上可以明显感受到这点：有了权就有钱，有了钱就能买到权。钱和权就这样被扭曲而又紧密地来联系在一起。而且有了权就有了更多的物质欲望，有欲望便越要权的增长，随着权的增长，欲望也像加入酵母的面团，不断膨胀，进而导致腐败，成为钱与权的奴隶，成为钱与权的傀儡。

著名学者于光远曾一针见血地指出：腐败就是利用手中的权进行掠夺或交易，不受制约的权力必将导致腐败。

为什么庾冰不会这样，我觉得他身上体现出一种哲学：用出世的态度或精神，来做入世的事业。

人生在世，确实要很好地处理出世和入世的关系，要用辩证的观点看待这一问题，才能有正确的答案。入世，就是把现实生活中的恩怨、情欲、得失、利害、关系、成败、对错等作为行事待人的基本准则。一个人生在世上，如果只是一味地出世，一味地冷眼旁观，一味地看不惯，一味地封闭自己，一味地不食人间烟火，而不想去做一点实际的入世的事情，到头来肯定是一事无成。但是，一个人入世太深，久而久之，当局者迷，陷入烦琐的生活末节之中，把实际利益看得过重，注重现实，囿于成见，难以超脱出来冷静全面地看问题，也就难有什么大的作为。这时就需要有点出世的精神。出世，就是尊重生命、尊重客观规律，既要全力以赴，又要顺其自然，以平和的心态对人，以不苛求完美的心态对事。站得高一点，看得远一点，对有些东西看得淡一些。

为了深入这个世界，必须先走出这个世界，这大概就是庾冰能保持清廉的缘故吧。

三十七、男人一生最好的投资是有一个好女人

有好妻子和健康的身体，是男子的最大财富。

——富勒

东晋第四任皇帝晋康帝司马岳基本上属于毫无作为的那一类，除了爱好书法外，他这辈子唯一的收获就是做了一笔最好的投资，不是炒黄金也不是炒期货，而是娶到了一位好老婆。

他的老婆叫褚蒜子，这位出身河南阳翟名门望族的女性，天生丽质，聪明伶俐，加上家庭良好的文化修养，从小气质见识都不同于常人。她的祖父褚洽是武昌太守，父亲褚裒官拜卫将军、徐兖二州刺史。蒜子十多岁便被选为琅琊王司马岳的妃子。《晋书》记载："聪明有器识，少以名家入为琅琊王妃。"司马岳即位，立蒜子为皇后，并封蒜子的母亲谢氏为寻阳乡君。有官员奏请蒜子，既然封了谢夫人，褚裒的前妻荀、卞二夫人也应追赠封谥。蒜子不许，认为不符合礼仪。

建元元年（公元343年）九月，蒜子为晋康帝生下皇子司马聃。次年九月，晋康帝去世，年仅两岁的司马聃即位，是为晋穆帝，褚蒜子晋升为皇太后，当时晋穆帝年幼无法执掌国政。大臣何充和司徒蔡谟一起，请求蒜子临朝听政："当今社稷危急，百姓悬命，国家命运所期，天意所归，都在太后身上，不是冲淡谦让的时候。希望太后效法汉代和熹、顺烈二后，以及近世明帝庾皇后的做法，上顺祖宗之意，下念臣吏之愿。"大臣们对这位皇后的政治才能是有信心的，因为晋康帝在位时，她曾帮助处理不少军政大事，都很有分寸。

蒜子看后，觉得有些为难，因为她不是个权欲很强的人，思虑再三，蒜子下诏说，皇帝年幼，应赖公卿大臣同心辅政，现在大家既然恳切上词，应不辞众请，只是心头难免又悲又怕，自当勉力从事。

这样的批答，恰到好处。于是她抱着儿子开始了她的第一次垂帘听政。《晋书》记载："皇太后设白纱帷于太极殿，抱帝临轩。"这一年，蒜子二十二岁。

没多久，大臣何充又想拍蒜子马屁，上表推荐太后父亲褚裒入朝总揽朝政。蒜子不肯，其父褚裒同样坚决反对，认为外戚应该避嫌，不应重演前朝故事，坚持仍领兵在外。好一位深明大义的父亲。这位父亲以"皮里春秋"闻名江南，他表面上谨慎寡言，从不议论他人之好坏，而内心褒贬是非分明，因参与平定苏峻之乱而被封为都乡侯。

在蒜子的治理下，东晋逐渐出现一个全新的局面，军事实力也大大增强。期间，大将桓温灭掉西南的成汉政权，尽收蜀地，又领兵三次北伐，收复了洛阳一带，使东晋军威大振。

升平元年（公元357年）正月，晋穆帝已十五岁，蒜子为他举行了冠礼之后，便提出自己应该退位，归政给晋穆帝。她亲手写诏书给群臣说：皇帝虽已成年，但国家面临艰危，四海未统一，百姓仍困苦不堪，希望大臣们看得远一点，勠力同心，匡扶幼主，我这未亡人能回归别宫，了此残生，也就安心了。这份手诏写得委婉动人，满朝官员听了之后无不感动而泣。

东晋的皇帝大多不长寿。四年后的夏天，晋穆帝得暴病去世，时年十九岁。因晋穆帝死后无子，便迎立晋成帝的长子琅琊王司马丕，就是晋穆帝的堂兄，是为晋哀帝。谁知晋哀帝是个糊涂的皇帝，他对政事不感兴趣，却迷信方士，成天不吃饭，只吃金石药饵。因而年纪轻轻便病倒在床。拖了一年，仍不见好转。大臣们只好再次请出晋哀帝的婶婶蒜子临朝摄政。

不久，晋哀帝去世，因无子嗣，蒜子立晋哀帝之弟琅琊王司马奕为帝。司马奕也已成年，蒜子便还崇德宫，每天吃素拜佛，过着清静无为的日子。谁知，大将军桓温想篡位，大造司马奕的负面舆论，借故废掉司马奕自立为帝。咸安元年（公元371年）十一月，桓温亲自赶赴建康，桓温向褚蒜子提议废掉司马奕，改立丞相司马昱为帝。当时，蒜子正在佛屋烧香，侍臣报告说："外有紧急奏章。"蒜子才出来，靠住门把奏章看了几行，就说："我早就料到会有这种事发生。"蒜子迫于桓温淫威，又因司马奕却已威信扫地，权衡利弊，只得下诏废掉司马奕，诏中说：未亡人不幸遇上这类事，心如刀割，社稷大计，由公卿们做主罢了。《晋书》的原话是"未亡人不幸，罹此百忧，感念存没，心焉如割。社稷大计，义不获已。临纸悲塞，如何可言"，从这段话中，我们看出她以国家大计为念的崇高，也看出她不得已而为之的无奈。她内心不同意桓温的做法，因为司马奕是无辜的，不应废黜，但是，桓温的野心与为人，她是深知的，假如不同意废立，晋王朝将遭受另一番大难了。

简文帝司马昱只做了一年的皇帝就去世了，太子司马曜即位，是为晋孝武帝。孝武帝年幼，桓温又去世，大臣谢安怕桓温的弟弟桓冲兵权在握，重演桓温的故事，于是群臣便上奏请蒜子再度临朝听政。当时有人反对，说以前太后临朝，只因皇帝年幼，母子一体，而今皇帝将要成年，反令堂嫂训政，古来无此礼法。谢安没有理睬，坚持要请蒜子复出。

此时，已经五十岁的蒜子，为了平衡朝中的政治势力，使晋室有足够的力量对付北方的敌人，她欣然同意了："苟可安社稷，利天下，亦岂有所执，辄敬从所启。"义不容辞的责任感，让这个女人充满着正能量。

此次执政，久涉政坛已经让蒜子非常成熟，她一方面逐步消除了桓温的子嗣势力，控制了朝中局面，另一方面仁行天下，将国家治理得头头是道。她曾下诏抚恤受灾的百姓，"水旱并臻，百姓失业，夙夜惟忧，不能忘怀，宜时拯恤，救其雕困。三吴义兴、晋陵及会稽遭水之县尤甚者，全除一年租布，其次听除半年"。这些政令清明、与民生息的政治举措，也让社会经济得到长足发展。

几年后，因孝武帝已经成年，蒜子一点也不迷恋权位，便下诏还政于孝武帝，从此她深居内宫，不问朝政，垂帘听政的政治生涯正式结束。

身在后宫，心系天下。后来很让蒜子感到欣慰的是，公元383年，一代名相谢安运筹帷幄，指挥若定，以区区八万人马战胜了前秦苻坚的九十万军队，取得了淝水之战的重大胜利。在后宫，她听到这消息，不禁热泪盈眶。

就在沉浸在淝水之战的喜悦中，这位以母后、婶婶、堂嫂的名义扶立了六位皇帝，临朝称制总共约四十年的太后溘然长逝，享年六十一岁。紧跟着，过了一年，六十六岁的谢安也仙逝了。东晋失去了一代名后与名相，气数也就完了。

三次临朝听政，又三次退隐归政，不但与民为恤，还与权臣周旋，有着令人信服的胆识谋略，又有难能可贵的霁月胸怀。这在中国的历史上是绝无仅有的。

在我眼里，这么一位有生活阅历的知性女人，稳重有品位，真挚又豁达，平和不贪婪，贤淑且善解人意，真是东晋之福，天下之幸。晋康帝不济，但他的这笔投资却获得巨大的收益，司马皇家真的要好好感谢蒜子，尤其是司马睿，要感谢这位伟大的孙媳妇，正是她才维持了东晋不至于很快败亡的命运。

蒜子的家乡阳翟，就是今天的禹州市，地处伏牛山余脉与豫东平原的过渡地带，境内的滚滚颍河自西至东横贯而过，如同蒜子的精神，川流至今，千年不息。

三十八、世界这么大，我想赌一把

如果说我有什么功绩的话，那不是我有才能的结果，而是勤奋有毅力的结果。

——达尔文

你无法想象桓温的能力有多强，你也无法想象桓温的野心有多大。

他曾经躺在床上对亲信说："如果寂然无为，将会被汉文帝、汉景帝所嘲笑的。"众人听出他有野心，都不敢对答。他又坐起身说："虽不能流芳百世，亦当遗臭万年！"

这个从晋成帝一直伺候到晋孝武帝共七个皇帝的大臣，能说出这样的话，确实不简单。

跟很多晋人一样，桓温也是个美男子。他的美不是卫玠的那种阴柔秀气，而是阳刚的雄伟。他刚生下来的时候，父亲的好友温峤，就是前文说的颜值高、价值更高的那个成功男人，就认为他有奇骨，啼哭声也很好听，十分赏识他，便取自己的姓氏"温"给他起名叫"桓温"。成年后，桓温更是相貌魁伟，豪爽风采。后来一度为相的刘惔也曾赞叹桓温，说"孙仲谋、晋宣王之流亚也"。意思是当年的孙权和司马懿跟他比，都要略逊一筹。

我们的故事就从桓温复仇开始。桓温的少年时期，家境比较殷实，但没多久就遇上了苏峻之乱，当时任宣城郡太守的桓温之父桓彝正驻军泾县，发誓捍卫朝廷。在与叛军对峙一年多后，城池失守，桓彝在撤退途中遭奸细出卖，壮烈殉国。父亲死时，桓温才十五岁。

桓温得知父亲死讯后，异常悲痛，他含着泪指天发誓，一定要为父报仇，

惩办杀害父亲的恶人。"枕戈泣血，志在复仇"。经过多方调查，桓温得知，泾县县令江播就曾经参与了杀害桓彝的行动。可这个江播在平叛之后却得到了朝廷的赦免，没有得到应有的惩罚。桓温几次请求官府严惩江播，都无音讯。三年后，江播病死了，他的三个儿子正为其父居丧。君子报仇，三年不晚，桓温带上兵器，诈称前来吊丧，进入了江家灵堂，结果刺死了江播的大儿子江彪，又追杀了江彪的两个弟弟。

为复仇而杀人，在东晋时代，不但没有法律责任，反而会受到普遍称赞，何况桓温杀的还是逆贼之后，这更是值得嘉奖了。一夜之间，桓温一杀成名。

很快，这件事也传到了晋成帝的耳中，没多久，晋成帝亲自接见了他，见他容貌端庄，器宇轩昂，才学过人，大为喜爱，不仅允许他承袭其父的万宁男爵位，封为琅琊太守，还把姐姐南康长公主许配给他，招为皇室驸马。

从此，桓温开始走上仕途，由于他智勇双全，也经常自比刘琨。刘琨是晋朝出了名的英俊将领，文武双全，通诗文懂音律，是当时人们的楷模兼偶像。

有一次，桓温征战归来，从北方带回来一个老婢女，这个老婢女一看见桓温就开始哭，桓温很奇怪，便问她因何哭泣，这个老婢女就说："我年轻时曾是刘琨的歌女，我看到你长得很像刘琨，不觉想起往事，因而感伤。"桓温听完老妇人的话，按捺住狂喜激动的心情，马上到外面去把帽子衣服上上下下、认认真真重新整理了一番，又把这个婢女叫来，详细问道："你要诚实回答，我到底哪里像刘琨呢？"

老婢女仔细看了看他的眼耳鼻舌，答道："你的脸很像，可惜与刘琨比有些小家子气。你的眼睛也很像，可惜小了一点。胡子很像，可惜有点红。"接着，又将桓温体态仪止观察一番，说道："身形很像，可惜矮了些。声音很像，可惜嫩了点。"

桓温听完备受打击，他本想满足一下自己的虚荣心，没想到老妇人的话句句似针扎。桓温大失所望，难过地脱去衣帽，一头钻进居所，拒不见客，整日昏昏欲睡，闷闷不乐，暗自神伤。

桓温毕竟是桓温，善于打仗又工于谋略的他，很快从一般的官员中脱颖而出。不过，真正让他成为封疆大吏的则全靠大臣何充的推荐。

永和元年（公元345年），一代权臣庾翼病死，临终前要求让儿子庾爰之接掌荆州，但辅政的何充想趁机削弱庾氏家族的势力，则强烈推荐桓温，理由是：他"英略过人，有文武识度。"这时候，那位曾经赞美过桓温的刘惔却忧心忡忡，他向朝廷劝说："不但不可使桓温占有险要之地，还要时常抑制他的权势，方可保国家社稷安而不危。"朝廷不听，还是任命桓温为都督荆司雍益梁宁六州诸军事、安西将军、荆州刺史、领护南蛮校尉，代替庾氏镇守荆州。

在一般人看来，桓温有权有势有才有貌有家族荣耀又是皇亲国戚，已拥有多少人梦寐以求而不得的尊贵了，按理说该享受豪奢生活了。可桓温却不觉满足，在他看来，不求上进的贵族毫无价值。大丈夫就应该赌上一把，建勋立业，功载史册，传颂千古。

接下来的两件事更是让桓温拥有了更大的政治资本。一是远征成汉，二是主持土断。

先说远征成汉（都城在成都，十六国之一），此时，成汉国内政局不稳，皇帝李势荒淫无道，桓温决定征发蜀地。永和二年（公元346年）十一月，桓温上表朝廷，请求伐蜀。当时朝廷内部大都认为蜀地险要偏远而桓温兵少而深入蜀境，担心他伐蜀失败。还是那个刘惔，他预测说："桓温善于赌博，如果没有把握，他是不会下大赌注的。看来一定会灭蜀。但灭蜀之后，他就要专制朝廷了。"

次年三月，桓温兵至彭模（今四川彭山东南），自己亲率步兵直攻成都。同月，成汉将领李福袭击彭模，结果被桓温手下孙盛等人击退；随后，桓温三战三胜，一直逼近成都。李势于是在笮桥率所有兵力抵抗桓温，桓温虽初战不利，但是最终仍大败蜀军。李势毫无斗志，乘夜弃城逃至葭萌，在手下的劝说下决定投降。桓温接受了李势的投降，并将他送到建康。

桓温留驻成都一个月，在当地举任贤能，又以成汉旧臣王誓、常璩等人作为自己的参军，成功安抚当地人民。四月，隗文、邓定等人叛乱，桓温又领兵征讨，将叛军击破，然后领兵还镇江陵（今湖北江陵县）。永和四年（348年），桓温以平蜀之功升任征西大将军、开府仪同三司，封临贺郡公。

第二件事是桓温主持的"庚戌土断"。

前文讲过，东晋曾在其管辖地区内用北方地名设立郡县（即侨置郡县），安置北方士族，保持其封建特权。当时侨置郡县无一定的边界，不征租税徭役。这些士族广造田园，兼并激烈，影响朝廷财政收入。

桓温感觉这样下去会危及国家的财政，于是提出废除侨置郡县、使侨管土著编入所在郡县户籍的办法，也叫"土断法"，公元364年三月庚戌日（初一）正式推行，严厉清查户口，对隐匿户口的贵族地主也予以惩处。土断之后，尽管得罪了部分的北方南下的士族，但是国家控制的户口大量增加，赋税收入也增多了。

世界这么大，确实让桓温赌了一把，主要是他不甘庸碌、好强的个性决定的。性格决定命运，桓温的性格，可以使他成为东晋的英雄兼权臣。

不过，权臣是一把双刃剑，既能制造东晋，也能毁灭东晋。因为，桓温的欲望远不止这些。

三十九、桓温的北伐之梦

> 这里面有你玩不来的游戏规则，玩得来的人也都挺累的。
>
> ——摘自网络

桓温最近很着急，眼看着洛阳沦陷西晋灭亡快过去40年了，随着时间的推移，第一代北方南下士族（简称"北一代"）如王导、庾亮们相继去世，北二代、北三代相继主政，他们对北方的印象越来越模糊，那时候不像现在通讯发达，很多北三代对洛阳是个什么概念都不清楚了，大部分人除了寄情山水、清谈阔论、优游处世外，谁还能提起精神来去收复故土？

就在这时，北方传来一个利好消息，那里大乱了，后赵国主石虎病死后，内部发生政变，后赵大将冉闵称帝，建立了魏国，鲜卑族贵族慕容儁建立的前燕又灭了冉魏。氐族贵族苻健也乘机占领了关中，建立了前秦。

北方乱糟糟的情况给了东晋一个很好的机会，此时不伐更待何时？桓温就上书晋穆帝请求出征。

要不要北伐，要不要派桓温北伐，这是个问题。对桓温的请求，朝廷出于两个顾虑，没答应他。一是祖逖、庾亮他们都北伐过，最后都不了了之，他们不想再折腾了，小朝廷就小朝廷吧，好歹也是个安乐窝。二是担心桓温功勋日盛，难保别生异心，北伐只能更加增加他的军事资本和政治资本，这一点不得不防。

朝廷总体上是不支持北伐的。那个王导的侄儿、书法家王羲之，就是极力反对北伐的官员之一。他反对的理由主要是：一是北伐当求万全，以占得实地，获得人口等实际利益为主，你桓温直捣河洛的主张没多少意义；二是运输困难，十万之兵，通常须三倍人力的物资后勤，以吴越两州，难以支持长久的补给线；三是东晋的本土兵力不如北方，其将官多为士族袭承，战斗力孱弱，难以取胜。

不过这次机会难得，最后，朝廷来个折中，答应北伐，但不是派你桓温，而是派一直与桓温明争暗斗的殷浩领军北上，晋穆帝妄想殷浩凯旋，以封大功，既从北伐中收复一片故土，又好制衡和削弱桓温的势力。

遗憾的是，殷浩是个只有虚名、没有军事才能的文人。他出兵到洛阳，被羌族人打得落花流水，死伤了一万多人马，连粮草武器也丢光了。朝野上下，对殷浩的质疑与不满因此陡然增多。桓温趁热打铁上了道奏章，要求朝廷把殷浩撤职办罪。晋穆帝没办法，只好把殷浩撤了职，同意桓温带兵北伐。于是，本是打击桓温的一场阴谋，反而打击了晋穆帝自己。

祖逖北伐是受到后方牵制没成功，庾亮北伐因为对方太强大没成功，殷浩北伐是因为不懂军事没成功，那么桓温呢？能不能成功？在大家的一片质疑声中，桓温开始了他的三次北伐之旅。

第一次北伐是在公元354年，桓温统率四万晋军，从江陵出发，攻打前秦。前秦的开国君主苻健也派出五万雄兵奋力抵抗，结果被桓温的雄师打得只剩六千老弱。苻健只得退守长安，一面挖沟筑壕，严防死守，一面转移人口物资，抢收麦田。晋军乘胜追击，进驻霸上，见到晋军，关中民众前往劳军，许多老人更是失声痛哭："没想过今天还能看到官军！"桓温本已将长安团团围住，只需假以时日便可成功，无奈军粮不济，只得抱恨而归。桓温被迫徙关中三千多户百姓一同撤返江陵。

这里有个小插曲，桓温驻军灞上时，王猛（后来成为前秦宰相）听到这个消息，身穿麻布短衣，径投桓温大营求见。桓温请王猛谈谈对时局的看法，王猛在大庭广众之下，一面捉掐虱子，一面纵谈天下大事，滔滔不绝，旁若无人。桓温见此情景，心中暗暗称奇，脱口问道："我奉天子之命，统率十万精兵仗义讨伐逆贼，为百姓除害，而关中豪杰却无人到我这里来效劳，这是什么缘故呢？"王猛直言不讳地回答："您不远千里深入寇境，长安城近在咫尺，而您却不渡过灞水去把它拿下，大家摸不透您的心思，所以不来。"桓温确实有私心：自己恢复关中，只能得个虚名，而地盘却要落于朝廷；与其消耗实力，失去与朝廷较量的优势，为他人作嫁衣裳，不如留敌自重。一语触及了桓温的心病，过了好半天，桓温才抬起头来慢慢说道："江东没有一个人能比得上您的才干！"临行前，他赐给王猛华车良马，又授予高级官职都护，请王猛一起南下。王猛心想在士族盘踞的东晋朝廷里，自己很难有所作为，于是拒绝了。

两年后，桓温第二次北伐，当时羌族首领姚襄入据许昌，随后又进攻洛阳。桓温出师征讨姚襄。当途径金城时，桓温看到当年他任琅琊太守时栽种的柳树已经长大，无限感慨地说："木犹如此，人何以堪！"并攀抚着柳枝，潸然泪下。桓温真是个军事天才，几战下来，大败姚襄，并收复了洛阳及其周围大片地区。桓温进驻洛阳，经过草草修缮，便上表皇帝，他劝晋穆帝还都洛阳，可朝廷一方面偏安久居，贪图安逸，另一方面担心桓温"挟天子以令诸侯"，就没有同意。桓温上书十几次，晋穆帝始终没有答应。最后，桓温只得挥师还晋，光复之地及洛阳重又落入北方胡族之手。

桓温两次北伐都功亏一篑，他心犹不甘，便在公元369年第三次北伐，率五万晋军讨伐前燕政权，一路打到枋头（今河南浚县西南），因前燕慕容垂切断晋军军粮，桓温不得不撤退，中途被慕容垂八千铁骑打败，晋军损失三万余人。桓温再次含恨而回，深感耻辱。

桓温之败，固然有其军事指挥方面的失误以及军需供给不足的问题，但东晋朝廷执政的士族大家不予支持，对北伐成败甚至幸灾乐祸的态度，不能不说是失败的重要因素。

事不过三，桓温彻底放弃了北伐的梦想，让后人再来完成这个使命吧。历史总是惊人的相似，后来的南宋也一样，北伐成了一代人的梦想。

桓温是个历史上颇受争议的人物。后人指责桓温的北伐主要是搞政绩、提高自己的声威，并无真心实意北伐。对于这种说法，我不这么看，北伐取得一定的成效这是不争的事实，促进了民族的融合，激发了一代人的光荣梦想，为什么非得人家是大公无私的才是理想的状态？为什么非得给利己利人利国家的行为披上一件有色的外衣？岳飞北伐，难道就没有个人的成分？实现抱负不也是私欲吗？难道因为桓温后来的行为才去否定他先前的做法？如果这样，那绝对是不客观也不公正的。

不管如何，北伐一直是东晋人的梦想，桓温大胆去做了，值得赞一个。到这里为止，桓温还是个正面人物，但历史总会出现拐点。

北伐的赫赫战功，使桓温成为享誉四海的英雄人物，但桓温认为自己才能过人，大权在握，却未能光复中原、成就万世功名，实足以抱憾终身。随着权力不断增加，桓温的野心也就越来越大，于是逐渐有了篡位自立的想法。

东晋政治是典型的士族门阀政治，各种矛盾错综复杂，但如果桓温不谋篡，各种士族势力还能维护一种相对的平衡，政局也会因此处于相对稳定状态。但是桓温为了实现自己的野心，则必然会打破这种平衡，引起混乱。

四十、不流芳百世，就让我遗臭万年

野心就是一切虚伪和谎话的根源。

——恩格斯

桓温是个好面子的人。

桓温的第三次北伐遭遇了枋头之败，他的参军孙盛编著了一部现代史《晋阳秋》，书中如实记录了桓温枋头之败的过程，孙盛后来做到了秘书监，该书小范围传阅时获得好评，唯独桓温大为恼火，威胁孙盛的儿子说："枋头之败固然是我方失利，但绝不像你父亲所写的那样。如果这部书照原样流传，将关系到你孙家的存亡。"孙盛之子连忙谢罪，说一定请父亲删改。可是孙盛是个耿直的人，不屈服于权贵。不管儿子怎么劝，甚至叩头哀求他为一家性命着想，做些修改，可孙盛就是不同意，还大发脾气。儿子见劝说无效，就瞒着父亲自己动手删改。

一场灭门大祸避免了，付出的代价是一部有价值的史书被阉割。好在孙盛有先见之明，早在事件发生之前就将《晋阳秋》抄写了两部寄到了前燕，后来晋孝武帝从前燕属地得到了这部未经删改的原本。

桓温自负才能过人，又心怀异志，本想发动北伐希望先建立功勋，然后回朝受九锡以图篡位，却因第三次北伐失败，声名和实力大减，图谋不成。

这时候，他的亲信郗超给他出了个主意，你北伐失败，不干一件惊天动地的大事，你是难以挽回影响的，只有废立皇帝，才可以重振雄威。

好啊，此计正合我意。第一、二次北伐的晋穆帝司马聃和桓温主持土断时的晋哀帝司马丕先后驾崩，现在是晋废帝司马奕。但是一下子找不到现任皇帝的毛病，贸然废掉他肯定人心不服。那怎么办？

办法总比困难多。当年王敦想通过不孝的名义废掉司马绍太子的地位，孝不孝不是你说了算，而是由他的父母长辈说了算，所以王敦没废成。

桓温比王敦要高明，他为了达到目的，便广布谣言，说司马奕其实是个丧失了性能力的废人，连朝廷顶级太医也无能为力。这招也够损的。因为没人敢去验证皇帝的隐私，即使皇帝自己出来辩白，也估计没多少人会相信，因为性无能的人自己是不会承认的。桓温还说司马奕的三个皇子，都是他的三个男宠生的，"嬖人相龙、计好、朱灵宝等参侍内寝，而二美人田氏、孟氏生三男，长欲封树，时人惑之"，更加佐证了皇帝的无能。谣言真是可怕，弄得当时人们都搞不懂真假了。

其实，作为皇帝性功能好不好并不影响他掌管天下，儿子是他生还是男宠生，也不影响。估计桓温把你皇帝名声搞臭就达到目的。这似乎是个惯例，有位史学家说过，阴谋家总是既想达到自己的目的，又想做得不留痕迹，所以凡事之前，往往必先造势。确实如此，一个新皇帝的诞生总跟谣言有关，或者借助政治谣言搞臭前任，或者借助民间谣言预示新皇诞生。

事情很顺利，谣言一起，桓温马上报告给褚太后。没多久就废司马奕为东海王，改立司马昱，即简文帝，自己以大司马之职专擅大权，期间又耍弄权势除去了不少政敌。他忌惮太宰、武陵王司马晞的军事才干，于是弹劾司马晞"聚纳轻剽，苞藏亡命"，将其免官。又逼迫新蔡王司马晃诬称自己与司马晞、司马综、著作郎殷涓、太宰长史庾倩、太宰掾曹秀等人谋反，将他们收付廷尉。最终，司马晞被废为庶人，殷涓等人都被诛族。

东晋瓯窑青瓷点彩牛形灯

桓温是个不甘寂寞的人，伴随着屡立军功而来的权力扩大和声望提高，他的权势欲也不断膨胀。

司马昱是桓温的好友，更是他的傀儡，桓温甚至理都不理他。

咸安元年（公元371年）十一月，朝廷进封桓温为宰相，留其在京师辅政。桓温推辞不接受，并返回姑孰。次年三月，朝廷遣侍中王坦之征召桓温入朝辅政，并增其食邑万户，桓温再一次推辞。

同年七月，简文帝病重，急召桓温回朝，并在一昼夜内连发四道诏书，桓温仍推辞不肯入京。

司马昱皇帝当得没尊严不算，还整日担惊受怕，在位仅八个月便一命归西。桓温本以为司马昱会禅位于自己，或者授为周公摄政，哪知司马昱窝囊了一辈子，死前却做了件自己做主的事，也算是斗胆和桓温较了把劲。在王坦之和谢安的帮助下，他遗诏自己十一岁的儿子司马曜继任，没有遵循桓温的意愿禅让帝位给他。

桓温没有得逞，大失所望，十分怨愤，就带兵进入京都建康。由于桓温来势汹汹，目的不明，所以许多朝廷官员都心惊胆寒，以为桓温要诛灭旧臣，发动兵变。好在谢安等人处变不惊，从容应对。

入京之后，桓温没有像董卓那样四处杀戮，反而客气地请王坦之、谢安到官邸见面，谢安用手指了指围得像铁桶一样的士兵，说："有句话说，诸侯有道，守在四邻，你今天入朝，召见大臣，布置这么多的士兵是什么意思？"桓温反被镇定哥谢安给镇住了，他是个爱面子的人，反觉不好意思，惭愧地说道："我也是不得不防范着点。"于是赶紧撤去原先藏在帐后准备行刺的兵士们，与王坦之、谢安二人把酒畅谈一番才散。

不过，此后的桓温威势更盛，连谢安见他也是遥拜，更以君臣称作二人关系。桓温感觉很好，也很爽。当然，谢安肯定另有打算，留到下文写谢安的时候再慢慢交代。

孝武帝司马曜即位后，再次派遣谢安征桓温入朝辅政，并加桓温前部羽葆鼓吹，武贲六十人，桓温仍然辞让。宁康元年（公元373年）二月，桓温入朝拜谒皇陵，朝廷命谢安及王坦之到新亭迎接，百官拜于道侧。桓温好几次想篡位，但是看到京都士族中的反对势力还不小，就没有轻易动手，最终也没有正式反叛。

到了三月份，返回姑孰后的桓温忽然生起病来，而且越来越重，他暗示朝廷给他加九锡，什么叫加九锡？是天子赐给诸侯、大臣有殊勋者的九种器用之物，是最高礼遇的表示，如王莽、曹操、司马昭等人都享受过这种待遇，并屡次派人来催促。大臣袁宏起草了加九锡的诏文，草稿送给谢安审签，送一次，谢安改一次，拖了十几天，还没定稿。袁宏不解，有人告诉他，谢安这是拖延之计。这样一直拖到七月，桓温等不了了，去世了，享年六十二岁。

桓温为什么能从"天使"变成"恶魔"，纯粹出于权力。权力之所以让那么多的天使中毒变质，甚至变成面目狰狞的恶魔，是因为这些天使的体内潜藏着一种邪恶之气——权势欲，这些人一旦大权在握，权力就会与肌体内的权势欲迅速结合，从而发生质变。

有人撰文为桓温辩解，认为他是被误读千年的一心为国忠心耿耿的真英雄，我觉得没必要这么去粉饰他，有野心就是有野心，想篡位就是想篡位，没必要遮遮掩掩，在那个时代，在那种情形下，炙手可热的他不想篡位都难，何况即使桓温不这么干，难保张温李温不这么干。桓温想篡位不是桓温的错，而是体制的错，是司马王朝的错。

桓温，作为侍奉七个皇帝的驸马，他既没有流芳百世，也没有遗臭万年，而是在悲剧和争议中被人淡忘。桓温死了，但桓氏家族的皇帝梦并没有因此而停止。

四十一、晋哀帝司马丕何以走上不归路

> 我国的悲剧不能给人由崇高而引起的激情，相反的，使人心中萦绕着个人灾祸的折磨，心情动荡以至自我蒙蔽。
>
> ——钱钟书

公元361年，南方的五月已经进入梅雨时节，都说好雨知时节，司马丕的心头却异常郁闷。

这个五月，他的命运迎来了不知是福还是祸的转折。他刚刚接到消息，堂哥晋穆帝司马聃死了，褚太后准备立他为新一任皇帝。他又喜又忧，喜的是尽管由于命运的捉弄，他登上皇位整整迟了二十年，但总算马上要实现了，忧的是，此前连续几任皇帝都是傀儡，都是窝囊物，成为权臣的摆设，我该怎么办。

早在咸康八年（公元342年），司马丕受封为琅琊王。同年，晋成帝去世，作为长子本应司马丕登基，但中书令庾冰因害怕其登基后失去权势遂以司马丕年幼为理由反对，于是司马丕堂兄司马聃登基，改元建元。

这次，晋穆帝病死，无子嗣，司马丕已经二十一岁，属成年人，加之他又是以"中兴正统，明德懋亲"的身份入继大统的，理应当国。

但很快晋哀帝司马丕发现自己的命运会这么糟糕，帝国实权却被权臣桓温所操控，司马丕身为皇帝，形同傀儡。不过，在桓温的掌控下，司马丕也不是一点事情没做。

隆和元年（公元362年）八月，司马丕令袁真运送五万斛米到洛阳，赏赐大米给贫穷的人，每人五斛。十二月初一日，出现日食，司马丕下诏表示要减轻严峻烦琐的赋税，周详地商议法令，全部遵循减损之要，减轻田税，一亩只收二升。

兴宁元年（公元363年）三月，司马丕亲自下田劳动以发展农业。这样以民为本的皇帝还真是少见。

但对于更多的军国大事，司马丕是根本没话语权的，年轻的司马丕看在眼里，窝囊在心头。比如，司马丕先是任命桓温为扬州刺史，后又派人让其入朝为宰相，结果都遭到桓温拒绝。

权臣掣肘，皇权旁落，政治失意，意志消沉，这时候，原本就"雅好黄老"的司马丕渐渐迷上了佛法和道教学说。在佛学方面，"哀帝好重佛法，频遣两使殷勤征请，潜以诏旨之重，暂游宫阙，即于御筵开讲《大品》，上及朝士，并游善焉"，崇佛的皇帝历史上也不少，膜拜顶礼也不是不可以。但是，在道教方面，司马丕则听信方士之言，服用丹药，希望能长生不老，羽化成仙，这就铸成了祸根。

东晋是金丹炼制的疯狂时期，金丹道教始祖葛洪就生活在此时。所谓丹药，不过是由石钟乳、白石英、石硫黄等矿物质外加雄黄、雌黄等炼制而成，有很大的毒性，一旦吃过量，很容易中毒而丧命。受葛洪《抱朴子金丹》中"其转数少，其药力不足，故服之用日多，得仙迟也。其转数多，药力盛，故服之用日少，而得仙速也"等言论的蛊惑，司马丕按照道士传授的长生法服丹药，侍中高崧谏道："这不是好事情啊，陛下不应如此。"司马丕根本不听大臣的肺腑劝谏，一意孤行。

一有丹药炼成，他都迫不及待地按方服食，就像吸食鸦片一样，司马丕渐渐上了瘾，对丹药有了依赖。这种丹药是当年流行的五石散的升级版，更有杀伤力，服了五石散后，顿觉神明开朗，体力增强，不过许多长期服食者也会中毒而丧命。

司马丕之所以迷恋和服食丹药，除个人原因外，应该也受其家族人员早逝的影响。司马丕的祖父晋明帝活了二十七岁，父亲晋成帝活了二十二岁，叔叔晋康帝活了二十三岁，堂兄晋穆帝活了十九岁，均属英年早逝，给司马丕心理上造成很大阴影。司马丕是个傀儡，政治上难有大的作为，便希望能活得时间长一点。再者，司马丕比权臣桓温小二十九岁，只要能熬得过桓温，不愁将来无出头之日。

为了长生不老，司马丕坚持服用丹药，甚至一度"断谷，饵药以求长生"，不吃饭，只服用丹药，在幻觉中期待升仙。兴宁二年（公元364年）三月，司马丕一次性服食了过量丹药，身体出现中毒反应，"服食过多，遂中毒"。由于药物毒性发作，司马丕身体机能严重受损，不能临殿听政，做皇帝这几年，司马丕虽是个傀儡，手无实权，但毕竟是王朝最高首脑的象征，尚能像模像样地坐在龙椅上接受朝拜；如今病倒，连这点可怜的资格也被剥夺了。褚太后只好出面临朝摄政，"帝以药发，不能亲万机，褚太后复临朝摄政"。

服食丹药中毒，身体每况愈下，不过司马丕并未因此而警醒自爱，悬崖勒马，相反，他依然我行我素，甚至鼓动皇后和他一起服用丹药，结果兴宁三年（公元365年）正月，皇后王氏崩。一个月后，司马丕也撒手人寰，走完了短暂人生之路，时年二十五岁。

司马丕死后，没有留下子嗣，褚太后下诏另立司马丕同母之弟司马奕承大统。其实，司马丕原本是有皇子的，"兴宁元年……九月……癸亥，以皇子生，大赦"，可惜这个皇子没能活下来，应该是为司马丕累年服药所致。司马丕，字千龄，意味千年、千岁，足见其祈寿之心，可惜他竟异想天开，吞食丹药，自戕身体，短命而亡。

另外顺便提一下，司马丕还是位书法家，晋朝偏安一隅，多文墨之气，我国最早的一部汇集各家书法墨迹的法帖《淳化阁帖》，其中就收录了哀帝司马丕的书法真迹《中书贴》，此作品现收藏在上海博物馆。

真是可悲！人，总希望自己长生不老，或者活得更长久一些，贩夫走卒如此，王侯将相如此，皇帝更甚。

无独有偶，历史上另外一位著名帝王唐太宗也是因吸食毒药而病逝。

唐太宗纯粹是老糊涂了才吸食丹药的，因为在唐太宗当政之初，他对于神仙长生术的态度是相当理智而清醒的。贞观元年，他在同大臣谈话时，曾嘲笑秦皇、汉武求仙的荒唐，并直言"神仙事本虚妄，空有其名"。即便是贞观十一年时，他还在诏书中明言："生有七尺之形，寿以百龄为限……虽复回天转日之力，尽妙穷神之智，生必有终，皆不能免。"他认为生老病死是自然规律，人不可能免于死亡。后来年龄大了，思维乱了，也居然吸食了丹药。

可见，没有一个帝王不想活到万岁千秋，这就给方士进各种丹药以邀宠开了方便之门。据王明清《挥尘余话》卷二记载，宋朝有个叫王定观的人，很有才学，政和末年，在朝中做官。一日，他忽然被召进宫内，宋徽宗赵佶说："朕近来找到一位异人，能制丹砂，花了一年工夫，炼成一粒长生不老丹，色如紫金，你先吃下去，试试药性如何。"可怜王定观蒙在鼓里，以为皇帝如此信任自己，是莫大的恩宠，于是欢天喜地，立即取药吞下。不料才下咽，便觉得"胸间烦躁之甚"，顷刻间竟"烟从口出"，"急扶归，已不救"，一命呜呼。

真是笑话！

四十二、见过倒霉的，没见过像他这么倒霉的

> 每个人都有为世人所不知的隐忧，而我们常把那些仅仅是忧伤的人误解成冷漠的人。
>
> ——朗费罗

我在写桓温时，提到了一个人，那就是晋废帝司马奕。见过倒霉的皇帝，没见过像他这么倒霉的。别以为晋废帝是什么谥号，司马奕死的时候是海西县公的身份，所以死只能叫薨，不能叫崩，史书上的正式称呼也只是海西公，晋废帝只是方便称呼而已，不是谥号。

公元365年二月，司马奕的哥哥晋哀帝司马丕毒发身亡。在此前一个月，他的皇后王氏已经先他而去。这小两口没有留下后代，司马丕的其他女人们也不曾生育。东晋王朝再度出现皇帝绝后的情形。这让当了两届二十一年皇太后的褚蒜子心痛不已，当年她的儿子、穆帝司马聃去世时，年仅十九岁；现在侄子司马丕也走了，只有二十五岁。让褚太后伤心烦心且大感不解的是，这两个皇帝，正值大好青春之时，却都没有留下自己的骨肉。

不解归不解，国不可一日无君，司马丕一母同胞的弟弟司马奕顺理成章地继承了皇位。司马奕名中的"奕"是"盛大"的意思。这个皇帝既不"盛"，也不"大"，反而是一个任人摆布的小角色。他的字叫延龄，延龄是做到了，司马奕比父兄寿命都长，但人生充满着无助和屈辱。

登基时，司马奕年方二十五，正是意气风华，朝气蓬勃的时候。他不想像哥哥司马丕在位那样受权臣桓温的摆布，很想有一番作为。然而，在权臣主宰的东晋，怎么可能会有机会，哪怕是一丝机会。东晋的皇帝，要么是在

傀儡的位置上，要么是在去做傀儡的路上。

此时桓温把持东晋朝政已经十余年了，身兼大司马、侍中、都督中外诸军事、录尚书事等要职，手握重兵，党羽满朝，不仅仅是功高震主，而且是欺主，甚至压主。

太和四年（公元369年），桓温的第三次北伐遭遇了大败，将士垂头丧气，百姓怨声载道，皇帝司马奕倒没有责怪桓温的意思，因为他不敢。为了找个替罪羊，桓温把战败的责任一股脑推到豫州刺史袁真头上，说他没能保住水路的通畅，所以失败，要求司马奕追究袁真责任，免为庶人。袁真不服，上书朝廷为自己辩护。司马奕看了袁真的报告，不敢搭理，因为袁真的实力根本没法跟桓温比，于是对袁真的报告未加批复。袁真见奏文如泥牛入海，无声无息，被迫在寿春（今安徽寿县）叛降前燕。

司马奕也不当回事，继续做他的傀儡皇帝，但是树欲静而风不止。很快的，京城流传一条让人惊讶的新闻。街头巷尾、茶馆酒肆、秦楼楚馆，乃至深宅大院、朝堂后宫，无论寻常百姓、贩夫走卒，还是王公贵族、宫女太监，无不交头接耳、叽叽喳喳，传播有关司马奕的惊天新闻。

新闻的大概内容有三点：其一，司马奕"早有痿疾"，就是没有男子的正常功能，很不中用；其二，他名下的三个儿子，是他的三个男宠与两个美人淫乱的结果，是跳蚤，不是龙种；更可怕的是其三，如果他的儿子中的一个以后当了皇帝，天下就不姓司马了。

这个新闻很有卖点，因为无论是古时还是现代，拿一个男人或女人的下半身来说事，肯定会勾起健康或不健康的人们的兴趣，其结果必然是下半身有"问题"的人身败名裂，包括皇帝在内。一传十，十传百，几天的工夫，满城风雨，把个硬邦邦的皇帝，愣是说成了不男不女的太监，不忠不孝的逆子，背弃祖业的无能之君。

这真叫司马奕无语了，拿句现在流行的话就是：你说我阳痿，但是我自己也不知道啊。这本来对一个男人来说，是最忌讳的事。别人说自己什么不行都可以，就是不能说性无能（哪怕自己真的就无能）。因为在男人眼里，雄代表男人尊严，代表传宗接代，尤其是皇帝，更是代表雄风四起、国祚延年。

但出乎意料的是，司马奕竟然默默地承认自己有阳痿，没有作任何辩解，更没有动用公权予以辟谣，尽管他此前生有三个儿子，这之后又有孩子出生，但他明白，谣言是手段，叫他退位是真正目的。司马奕如果当面对桓温说，声明退位可以，但我没有阳痿，这样做，他除了人头落地，几乎没有其他的可能了。就这样，司马奕主动地"配合"桓温，老老实实地因阳痿症而"病退"了。

古往今来，一个政治人物突然患上什么病，并不需要本人身体上出什么"故障"，而往往是出于某种政治需要，由权力主宰者来指定，说你有病你就得有病，指定你"患"上什么病症你就得"患"上什么病症，你既不能表白，也不能争辩，更不能否定。哪怕你"雄风"万丈，但一旦指定你"患"有阳痿，那你就得要"患"有阳痿，而且要像真有阳痿一样。

果然不出所料，没多久，一纸代拟好的诏书送到褚太后那里签发，上面写着：晋穆帝、晋哀帝不幸短寿，又无后嗣，故以琅琊王入继大位，没想到竟如此昏愦，违背礼法，有此三孽，不知谁人之子，人伦丧尽，丑声远扬，还有何颜面为皇帝？

一切舆论和程序到位后，桓温召集百官，以褚太后的名义宣布废黜司马奕，立会稽王司马昱为皇帝。桓温还派散骑侍郎刘亨进宫收缴了国玺，逼司马奕即刻离宫。时值仲秋，天气还比较暖和，原本高高在上端坐御座的前皇帝司马奕，默默地站了起来，摘掉皇冠，脱去黄袍，换上白帽单衣，踉踉跄跄走下西堂，坐上低规格牛车，直出神武门，在五百士兵的押送下，回到六年前他曾住过的东海王府。在他身后，群臣黑压压地跪成一片，只见声音唏嘘，不见泪水流下。司马奕刚刚离开他们的视线，文武百官立即从地上跳起，跟随桓温去朝贺新君司马昱。一朝天子一朝臣，他们还得为自己的将来打算。

司马奕回到东海王府，没过几天就传来了晴天霹雳，他的三个儿子以及他们的生母田氏、孟氏都被杀害！他心如刀绞，脸上却看不出表情，更不敢掉一滴眼泪。

半个月后，桓温上书褚太后，说司马奕是个放逐之人，应该把他打发得远远的，不能让他与百姓有所接触，建议将他废为庶人，流放吴县。褚太后于心不忍，央求桓温保留司马奕的王爵。桓温卖了一个面子给太后，封司马奕为海西县侯。司马奕失去了皇位，又丢掉了王爵，不知这个县侯能挨到几时？

京城不让待了，司马奕被押往吴县西柴里，过上了囚徒般的生活。好在有饭吃，有酒喝，还有女人相伴，小日子过得还不错，就是不自由。心情苦闷的他，终日酣饮，醉眼猩红，就像怕自己不死似的。

继位的司马昱做了八个多月的皇帝后突然死亡，终年五十三岁。

司马昱一死，有人又打起了司马奕的主意。彭城（今徐州）有个邪教教主卢悚，自称大道祭酒，手下有信徒八百余家，觉得羽翼丰满，天下无敌，准备起事。他认为司马奕是个金字招牌，还能号令天下，就于咸安二年（公元372年）十一月间的一个清晨，派人赶到吴县西柴里，找到司马奕，谎称奉褚太后密诏，前来迎接他重登帝位。这个消息具有极大的诱惑力，一下子冲垮了他思想上审慎的堤坝，司马奕信以为真，刚要应允，被家中的一个保姆拦下，苦苦相劝，这才醒悟过来，没敢答应。来人道："大事就要成了，干吗要听娘们的话！"但司马奕不为所动，坦然地说："我得罪于此，幸蒙朝廷宽宥，怎敢妄动。假如太后有诏使我复位，应有宫使来，怎么只有你一人无凭无据来此，定是你们想作乱。"言罢，喝令左右上去擒拿。来人见势不妙，落荒而走。

从此以后，司马奕更是"深虑横祸，乃杜塞聪明，无思无虑"，继续整日饮酒作乐。如有宫人生下孩子，随即派人将孩子淹死，以证实自己是真正的阳痿。

后来卢悚作乱失败。这让司马奕心惊肉跳了好几日，幸亏自己慧眼识破骗局，否则小命难保。京城中不管事的新帝司马曜和管事的大司马桓温，并没有把司马奕怎么样，因为他们深知，司马奕安于屈辱，不足为虑，就让他自生自灭吧。公元386年十月十六日，司马奕走完了自己的一生，终年四十五岁。

有句话不少皇帝和太子说过，我想司马奕也肯定想过：愿来生不再生于帝王家！

四十三、如果有天我悄然离去,请把我埋在春天里

> 你永远不要有企图改变别人的念头。你能够做的就是像太阳一样,只管发出你的光你的热。
>
> ——荣格

东晋先知先觉的占卜大师郭璞很多卦都很灵验,唯独这一次他算错了。眼前的年轻人,举止文雅、风度翩翩、聪明颖慧,郭璞给他算了一卦,很肯定地对旁人说:"兴晋祚者,必此人也。"

这个年轻人就是司马昱,自幼被父亲司马睿欣赏,在昏弱的东晋皇室中他算是鹤立鸡群,仕途顺利。两岁的堂孙司马聃即位后,他更是成了司马家的中流砥柱,而且一直高居辅政要职,地位仅次于桓温。

他跟桓温的关系不错,因为桓温很早就留意观察东晋宗室人物,尤其欣赏这个既有文人谦虚睿智,又有政治家素养的他。司马昱在任抚军将军时,曾和桓温一起上朝,两个人争相谦让,请对方先走,桓温不得已先行,于是说道:"我拿起兵器,为王征战。"司马昱说道:"您在前面走,我们都跟着您前进。"显得很谦虚。

还有一次,桓温和司马昱、司马晞同乘一辆车。桓温暗地里让人在车子前后击鼓喊叫,仪仗受到惊吓,骚乱起来。司马晞惊慌失措,要求下车;回头再看看司马昱,神色安详,恬淡闲适。桓温对人说:"朝廷中还是有这样的高人的。"

有了这层关系,公元371年,晋废帝司马奕被废后,司马昱被桓温扶上了皇帝宝座,改元咸安,史称晋简文帝。在前文我说过,东晋是权臣的天下,傀儡皇帝在路上前赴后继。司马昱同样没能摆脱这个命运。

凭着气宇轩昂的外表，遐迩闻名的声望，司马昱登上帝位后，只是挂了个皇帝的空名，国政实权则掌握在大将军桓温手中。如果司马昱是个浑浑噩噩、只图安逸享受的人倒也罢了，偏偏他又企图复兴王室，削弱权臣，做一个名副其实的皇帝。他很想拉拢亲皇派来打击异己势力，然而却缺少经国济世的谋略，显得力不从心。

即位当天，司马昱召见桓温，没等桓温开口，司马昱竟然泣下数十行，把桓温惊得一呆一呆的。桓温原本打算大吹自己废一帝立一帝的能耐和功劳，想让皇帝记住"没有桓温，就没有新皇帝"的道理。现在望着新皇帝一把鼻涕一把眼泪的模样，一时不知道说什么才好，只得怏怏退出。

为了在新皇帝面前树立绝对权威，在司马昱登基的第七天，桓温打了个报告，要求罢了武陵王司马晞的官。

司马晞是司马昱的四哥，是司马昱五兄弟中唯一在世的，时任太宰，自幼好武。桓温怕他闹事，对自己不利，就诬陷司马晞勾结叛军，暗养死士，居心叵测，要求司马昱撤他的职。摄于桓温的淫威，司马昱只得批准了桓温的请求。

但事情并没完。桓温又怕司马晞死灰复燃，更怕司马晞与司马昱君臣同心、兄弟联手对付他，必欲斩草除根，置司马晞于死地。不久，桓温让自己的弟弟桓秘逼迫新蔡王司马晃，到司马昱面前自首，说与司马晞等人组成了一个小集团，意图谋反，请求诛杀司马晞。

司马昱当然不信，死活不同意诛杀。桓温见状，不得不亲自出马，写了一篇言辞强硬的奏书，立逼司马昱照准。

司马昱实在忍无可忍，就亲笔写诏书给桓温，说："如果晋朝尚可延续，请你便奉行前诏。如果天命已改，晋朝大运已去，我请求退位，以避贤路。"

桓温读完诏书，大吃一惊，汗流浃背。他是想篡位，但觉得时机不到，暂时还要利用司马昱过渡一个时期。

司马昱也怕把桓温逼急了，把自己这个皇帝也搭进去，就下了道诏书，废司马晞父子为庶民，流放外地，至于那个所谓谋反小集团的成员，就顾不了他们的性命了，统统斩首。

司马昱很看重天体运行，尤其很忌讳火星进入太微区域这种自然现象。前面因为出现了这现象，晋废帝司马奕被废了。谁知他做了皇帝，火星又进入太微。这时郗超任中书侍郎，轮到值班。这是桓温的亲信，前文已经提到该人，以后还将会提到。司马昱招呼他进里面，说："国家寿命的长短，本来就不是我所能考虑的。只是不会重复最近发生的事吧？"郗超说："大司马正要对外巩固边疆，对内安定国家，一定不会有这样的打算。"司马昱这才稍显心安。

后来郗超请假回会稽看望父亲，司马昱对他说："向你父转达我的问候之意，王室和国家的事情，竟到了这个地步！全由我无力回天所致，我深感羞愧啊！"说完便哭得泪满衣襟，接着又朗诵庾阐的诗句："志士痛朝危，忠臣哀主辱。"声音非常凄厉。

皇帝这个岗位让司马昱身累心更累。一次，司马昱进华林园游玩，回头对左右说："让人心领神会的地方不一定很远，林木蔽空，山水掩映，就自然会产生濠水、濮水上那些悠然自得的想法，觉得鸟兽禽鱼自己会来亲近人。"如果他不是厌倦了尘世的纷争，是不会产生这些联想的。

估计是压力过大，没当皇帝之前，司马昱没病没灾，身体硬朗；登基以后，他突然觉得不行了，有劲使不上，心有余而力不足。提心吊胆地工作着，生活着，登基不过半年多，他那本来星星点点的白发，却已迅速扩展，连成了一片，他的身体也日渐虚弱。

公元372年七月，司马昱终于一病不起，临终之前仍对桓温心怀恐惧。一日一夜连发四道诏书，请桓温来安排后事，桓温却一再托词不来。皇帝的后事主要有二，一是谁来接班，二是谁来辅政。司马昱在接班人的问题上挺住了，下诏立他十岁的儿子司马曜为太子，口授遗诏：请大司马桓温按周公之例，居摄执掌政权。并仿照刘备白帝城托孤于诸葛亮的做法，在遗诏里添上一句：少子可辅者辅之；如不可，君自取之。意思是说，我儿子如果是当皇帝的料，你桓温就好生辅佐他；如果不是，你就自取天下。

司马昱的遗诏遭到了几位大臣的反对。侍中王坦之，见了诏书，气得当场撕毁。撕毁诏书，灭门之罪。司马昱不以为怪，反以为喜，他知道王坦之的忠心，知道此公是为司马王朝的千秋基业着想。他有气无力地说："天意不保佑我大晋，又有什么办法，我也是不得已而为之，你何必想不开？"王坦之痛心地说："天下，是祖宗的天下，你没权力这么做！"司马昱一震，眼中放出最后的光芒："那就这么说，家国之事，都要尊重大司马桓温的意见，就像诸葛亮、王导辅政那样。"当天，司马昱去世，终年五十三岁。

在《世说新语》里面，我们发现不少关于司马昱的妙语逸事，这原本是一个风流倜傥的清谈家，一个谦虚好学的哲学家。比如一次司马昱看见田里的稻子，不认识，问是什么草，近侍回答是稻子。司马昱回到宫里，觉得很羞愧，三天没有出门，很自责地说："哪里有依靠它的末梢活命，而不识其根本的呢！"

司马昱清虚寡欲，尤善玄言，做文人挺好，做权臣勉强，做皇帝，实在是委屈了他。"虽神识恬畅而无济世大略"的他，在谢安眼里跟晋惠帝差不多，只是清谈略胜一筹。谢灵运也说他跟汉献帝没啥区别。

"在清晨，在夜晚，在风中，唱着那无人问津的歌谣。也许有一天，我老无所依，请把我留在那时光里。如果有一天，我悄然离去，请把我埋在这春天里。"汪峰的这首《春天里》如果放在千年前，肯定让这个伤感的天子听得泪流满面、嘘唏不已。

四十四、她不在江湖，江湖却有她的传说

当一个人做出决定，心也就慢慢平静了，只需去做，然后等待结果。

——果果

李陵容，她的出场纯属意外，她的名字是晋朝两位皇后的综合，尽管她没有羊献容那般显赫的家庭背景，也没有杜陵阳的凝脂般绝世佳颜，但是她的命运绝对比这两人幸运。

司马昱还在当王爷的时候，有一件事让他很焦虑，《晋书》记载，司马昱起初育有五子：司马道生、司马俞生、司马朱生、司马郁、司马天流。司马道生母亲王简姬因失宠，连同儿子司马道生一起被幽禁而死。司马俞生、司马朱生、司马郁、司马天流皆早殇。诸王姬又连续十年生不出儿子，所以，司马昱迫切地需要生个儿子，他觉得皇室已经如此不堪了，王室一定要兴旺，兴旺的标志就是人丁。

这时的司马昱已年近不惑，身体各项功能逐渐在减弱，但古人没有现在的不孕不育医院，所以没办法检查原因，于是司马昱找到擅长占卜的扈谦算了一卦，称：后房中有一女，当育二贵男，其一终盛晋室。当时，徐贵人刚刚生下一个女儿，司马昱认为扈谦说的就是她，于是倍加宠幸。但是，一年后，徐贵人始终没有怀孕的迹象。不久，司马昱请道士许迈占算，许迈让其从扈谦之言，继续努力，但又数年无子，司马昱终于沉不住气了。

升平五年（公元361年），四十二岁的司马昱于又请来一位相士，看看诸王姬谁能生儿子，好锁定目标，有的放矢。相士看遍了王宫爱妾，毫无结果。无奈之下，司马昱只好扩大范围，索性把王宫所有的宫女、奴婢都喊了出来，当相士看到做纺织的李陵容时，惊奇地说："此其人也。"也就是说，就是她了。

相士的话，让所有人都目瞪口呆。尤其是司马昱，一看到李陵容的容貌，便傻眼了。为什么？王府里有年长的佣仆偷偷地告诉相士："此女是昆仑奴。"

这个李陵容，关于她的体貌特征，《晋书·后妃传》称她"形长而色黑"，《资治通鉴·晋纪》称她"黑而长"，《续晋阳秋》称她"形长色黑"。三种记载虽然略有差别，但她身材高大、皮肤黝黑，应该是毋庸置疑的。李陵容相貌如何？史书中没有记载，估计不会太漂亮。

都说晋朝的哲学思辨和审美情趣，有着鲜明的时代气息，是个出尽帅哥出尽美女的年代。男人们，喜欢擦粉、薰香，崇尚形瘦、肤白，比较倾向于女性化。王羲之称赞杜皇后的父亲，就用了"肤若凝脂，眼如点漆，此神仙人也"的比喻。女人们，皮肤洁白滑泽，是晋朝美女的第一标准。司马炎为太子选妃时，就非常看中"美而长白"的卫氏；显然，李陵容的身材虽然修长，但"色黑"却让她大打折扣。所以，"本出微贱"的她，只能在王府的纺织车间默默无闻地工作。

那么，什么是昆仑奴呢？昆仑不是指现在的我国西北的昆仑山，而是指印尼和马来西亚一带，昆仑奴主要是从那里来的仆役，其中大多数是东南亚一带的土著人，虽然皮肤比中国人黑，但仍然是黄种人。

电视剧《大明宫词》里有一段情节说的就是昆仑奴：太平公主与韦氏浏览于街头，一个叫卖"昆仑奴面具"的商贩吸引着她们，太平公主问："这是什么面具？黑如锅底，鼻子这么宽……"摊主回答："这叫昆仑奴面具，大海盗王世杰刚刚从海那边贩回来一批昆仑奴，个个体壮如牛，却性情温良，踏实肯干，一到长安就被贵族豪门瓜分殆尽。如今，上街能带两个昆仑奴保镖，是世家少爷们最时兴的玩意儿！小姐何不趁过节也买两个面具，赶赶时髦？"

原来唐朝人所称呼的昆仑奴就是黑人奴仆。

眼前的李陵容再怎么难看，但为了传承大事，为了后继有人，司马昱也只能"委屈"从事。

在司马昱跟李陵容同房之后不久,他被任命为东晋王朝的宰相,日理万机,差点儿把自己跟李陵容的事儿给忘了。但李陵容的肚子很争气,居然怀孕,肚子也一天天地大了起来。

因为李陵容昆仑奴的身份,王府里谁都没有把李陵容怀孕当回事儿。十月怀胎,一朝临盆,李陵容生孩子时,正值东方黎明之际,李陵容随口就给孩子起了一小名:昌明。

那天司马昱正在上朝,消息很快就传到他耳朵里,听到自己终于有后的消息,特别高兴!但听到李陵容给儿子取名为"昌明",他心里猛然一惊。此前朝臣之间流传的一个谶言:晋祚尽昌明!就是说晋朝亡于昌明,但是谁也不知道昌明是什么意思,人物名字?政治用语?天气气候?司马昱情不自禁做了联想,难道天意如此?不禁默然落泪。

许多时候,许多谶言,在实现之前,与谣言没有什么区别。但谣言是石头,而谶言则是隐匿在谣言中的黄金。

谶言归谶言,日子还总得过。几年的工夫,李陵容便为司马昱生下了司马昌明、司马道子和鄱阳公主。说来也奇,李陵容多次梦见"两龙枕膝,日月入怀",后来,司马昌明(即司马曜)成了皇帝,司马道子也成为权倾一时的辅政王。

需要说明的是,由于司马昱为王简姬的被幽禁而逝感到后悔,在登基时,追封她为顺皇后,而不再册立皇后,这样一来,司马昱始终没有给李陵容一个名分。李陵容没有为了身份一哭二闹三上吊。

直到亲生儿子司马曜被立为皇太子,李陵容依然是卑贱的"宫人"。李陵容好像也很知足,身体健康,吃得好,睡得香,毕竟和司马昱结婚后,生活待遇要比在织纺车间里好多了。她对自个儿能嫁给王爷这样的贵人太满足了!加上若干年的奴仆生活,让她早就习惯了沉默。

咸安二年(公元372年)七月底,简文帝司马昱病死,司马曜即位,是为孝武帝。按理说，皇帝封生母为皇太后，不为过。但魏晋时期的门阀观念，以及司马曜政府的初期动荡，这就决定了李陵容的晋封，是不可能一步到位的。司马曜即位的当年，只尊其生母为"淑妃"。太元三年（公元378年），进为"贵人"。九年（公元384年），进为"夫人"。十二年（公元387年），封为"皇太妃，仪服一同太后"。成为"准皇太后"之后，李陵容从未插手政治，而是积极化解两个儿子之间的矛盾。司马曜、司马道子关系一直不错，二人经常喝酒聊天。后来，司马道子恃宠乘酒，对皇兄不够礼敬，致使兄弟失和。司马曜几次想废黜司马道子，而李陵容每每和解之，使兄弟二人和好如初，避免了兄弟反目，手足相残。

太元十九年（公元394年）八月，孝武帝正式晋封李陵容为"皇太后"，移居崇训宫。二十一年（公元396年），孝武帝去世，他的儿子司马德宗即位，司马道子辅政，加尊李陵容为"太皇太后"。隆安四年（公元400年），李陵容寿终正寝于含章殿。

这个李陵容，生年不详，籍贯不详，人不在江湖，江湖却有她的传说。

在那个烽火四起、时局动荡、人生飘摇、心情骚动的历史时期，李陵容无欲无求，没有卷入步步惊心的后宫纷争，更没有卷进你死我活的政治斗争，从奴仆做起，先后被封为淑妃、贵人、夫人、皇太妃、皇太后和太皇太后。如此安详地度过这一辈子，真让人称羡！

四十五、惹谁也不要惹怒你身边的女人

无论什么人都可以得罪，却千万不要得罪女人。女人的心事最难猜。

——古龙

这个史料跟司马曜有关。说起这个人，你可能不知道。但说起淝水之战，你一定会知道。这个司马曜就是淝水之战时的皇帝，东晋倒数第三位皇帝。

司马曜四岁时被封为会稽王，他父亲司马昱病逝，是否由他来继位，大臣们意见有分歧，本来皇帝驾崩太子继位顺理成章，但是，那时候的权臣桓温掌握着朝政大权，他不在京城而是驻扎在姑孰遥控指挥，事事得他点头才行，否则你即使当上了皇帝，也给你拉下来。

要不要请示桓温，然后再让司马曜继皇帝位。有人主张，应该由大司马来处置比较妥当。有的则认为请示也可以，不请示也没问题。最后有一种观点压倒了其他：皇帝驾崩，皇太子应该继位，没有请示臣下的道理。这样，11岁的司马曜才顺顺利利当上了皇帝。

这人是个怪人，又是个聪明人，同时还是个糊涂人。用一句话概括就是：生于怪异，兴于睿智，死于糊涂。

先说他的怪吧。

他的父皇司马昱去世时，作为皇太子的司马曜在他父亲灵柩前居然一滴眼泪也不掉，左右人提醒他，应该按常理大哭一场表示悲痛。他却回答，伤心到了一定程度，肯定会哭，这跟常理什么关系？

做了皇帝之后，司马曜又有异常的表现，寒冷的冬天，他白天只穿着几件单衣，夜间却厚厚地盖上好几床被子。谢安劝说他，保养身子应遵循常规，陛下白天过冷，晚上太热，有违养生之道。他简练地予以回答："昼动夜静。"当时，全国上下盛行着清谈玄理之风，司马曜的这话其实蛮玄理的。

再看他的聪明之处。

执政伊始，他采取的几项措施还是不错的。进行税赋改革，改革了收税的方法，放弃以田地多少来收税的方法，改为王公以下每人收米三斛，在役的人不交税。这点连谢安都觉得他的聪明精明不亚于其父。

司马曜还努力加强皇帝的权力和地位。司马曜重用谢安，治理国家，颁发诏书，广招贤才，被称为东晋末年的复兴；抵御外敌入侵，383年前秦进攻晋，试图灭晋，晋朝全国上下君臣同心，终于在淝水之战中取得大胜。

还有一个例子，很能说明司马曜的聪明。有一天中午，司马曜在延寿堂宴请群臣。酒喝得有点儿高了，他站起身来，高举酒杯说："诸位爱卿，你们说说，朕的治国才能如何呀？"群臣中一些马屁高手争先恐后地抢答道："吾主治国才能高过泰山，盖过五岳。"司马曜听了很是受用，但似乎不太满意，就又笑眯眯地问："朕可与古时哪位帝王媲美呀？"古代优秀的帝王挺多的，一时不知和谁相比比较合皇上的口味，所以竟没有人立刻回答，热闹的宴会有些冷场。好在青州刺史机灵，瞄准时机，像弹簧一样从座位上站起来，高声回答："陛下文韬武略，盖世超群，前无古人，后无来者。光武帝刘秀只配当你的徒弟，汉高祖刘邦只能望着你的脑勺叹气。"司马曜一听，眉开眼笑，当即宣布：赐青州刺史良田千亩，锦帛千匹。群臣一听，大吃一惊，谁能想到一句马屁话竟然得到这么多赏赐啊。青州刺史听了皇上的话，也惊得傻了，他做梦也没想到皇上出手这么大方，赶忙双膝跪地，磕头如捣蒜："谢主隆恩，谢主隆恩！"不料，司马曜见状，一阵哈哈大笑："爱卿不用谢了，朕刚才戏言也。朕虽饮酒过量，可心明如镜。今天群臣集会图个高兴，爱卿用假话捧朕，故而朕也用假话赏赐爱卿，这叫礼尚往来，朕与爱卿们寻个开心。"

最后说说他的糊涂。

司马曜是个享乐主义者，早年尚称有为之君，但后来因重臣谢安逝世，

司马道子当权，于是沉溺于酒色中，很少有清醒的时候，外人也很难见到他。史书上说他常为彻夜之饮，在华林园里甚至对着划空而过的太白金星，举酒祝之曰："长星，劝汝一杯酒，自古何有万岁天子邪！"

酒多了自然就糊涂了。酒色中，与司马曜混得最熟的是一个张贵人，级别虽然不高，但凭长相、身材和酒量，后宫是没有人敢惹她的。可不幸的是，偏偏司马曜就惹怒了她。

公元396年九月庚申日，司马曜在宫内清暑殿中与张贵人一起饮酒，还要张贵人陪他对饮。张贵人不胜酒力，极力辞谢，司马曜面露愠色，开玩笑地说："你今天如敢违抗君命，拒不陪饮，我可要定你的罪！"张贵人一时火起，起身顶撞说："妾偏偏不饮，看陛下定我什么罪！"司马曜醉眼蒙眬，起身冷笑一声说："你当年是因为美貌才被封为贵人，如今你年近三十，美色大不如前，白占着一个贵人的名位，明天我就废了你，另选新人。"说到这里，又大口呕吐，喷得张贵人满身都是。随后，张贵人慌忙地将司马曜扶入卧室，让他上床睡去。

其实司马曜只是酒喝高了一些，本能地说了一句玩笑话，没想到竟遭杀身之祸。司马曜的一通酒话对张贵人来说，却无异于晴天霹雳。张贵人自从得宠以来，恃宠生娇，从来没有受过如此训斥、羞辱；她又嫉妒成性，俗语说的"酒后吐真言"，何况司马曜好色，她对皇帝的这席话自然是宁可信其有，不会信其无。想到自己多年来小心翼翼地服侍，却将要换来打入冷宫，甚至被赐死的下场，顿时起了杀心。

于是她招来心腹宫女，趁司马曜熟睡之际，搬了几床大被子，想捂死他，司马曜拼命挣扎起来，两个宫女又搬来一个大石头，砸了一下，司马曜就晕了，然后又用石头压住，就这样把酒醉中的皇帝给活活捂死了。史料上对这个细节却是一笔带过。《晋书·卷十一》载"为张贵人所弑"。《晋书·卷九》载"时张贵人有宠，年几散失，帝戏之曰：'汝以年当废矣。'贵人潜怒，向夕，帝醉，遂暴崩，终年三十五岁"。

事后，张贵人重金贿赂左右侍从，说司马曜"因魇暴崩"，意思是说做梦做死掉了。居然还有这种死法，呵呵。由于当时的太子司马德宗愚昧软弱，权臣会稽王司马道子又相当昏庸，于是无人追究此事。而张贵人在这件事后，带着金银细软逃走了，不知所踪。

惹谁也不要惹怒身边的女人。无独有偶，史上还出现一次后宫弑杀皇帝的案件，明世宗时宫女杨金英等人企图谋杀嘉靖帝。因不满明世宗暴行而趁其睡觉时，杨金英等人用绳子套在皇帝的颈部欲将其勒死，但因打绳结时，在匆忙中打了个死结未能将皇帝当场勒死，被及时赶来的皇后将皇帝救活。

可怜无辜的司马曜，只因酒后开了个小小的玩笑，丢掉了几辈子才修来的一条性命，成为千古笑谈。这完全是司马曜低估了后宫女人的能力，也高估了后宫女人的胸襟。这个本来可以有更多作为，能力挽狂澜的帝王，却不幸成为东晋亡国之前的征兆人物，东晋政局再度陷入混乱，这岂是"造化弄人"几个字所能概括的？一声叹息！

四十六、谢安的做官与不做官

做官都是苦事,为官原是苦人。官职高一步,责任便大一步,忧勤便增一步。

——吕坤

谢安

东晋名臣谢安出来做官很有戏剧性。

那天,谢安刚跟一帮士族子弟们游山玩水回来,还没来得及跟夫人分享游玩以及清谈的乐趣,就被夫人止住了,叫他看看对门谢安的堂兄谢尚,谢安抬头一看,只见谢尚的宅院门口车水马龙,门庭若市,前来拜访的客人络绎不绝。谢夫人跟丈夫调侃说:"大丈夫难道不应该这样吗?你自己跟人家比比看。"谢安一听,淡淡地说:"恐怕我也不免要这样。"此时,谢安已经四十多岁了。

都说学而优则仕,读书而不做官只是士,做官而不读书只是大夫,只有既读书又做官的才是士大夫。读书人又几乎都与官和官场有联系、有瓜葛。所以,在传统社会,士大夫的地位要比读书人高。一个村野穷儒、乡间学究,只要当真读了些书,马马虎虎也可以称为读书人,但要被称为士大夫,却非得有些"政治资本"不可。

说到这儿,不是谢安没文化,没当官的门路,也不是他没有政治资本,而是这位满腹经纶的读书人根本不愿意当官。

看看他的家族，谢安出身于名门世家，其父谢裒，官至太常。青少年时代的谢安就已在上层社会中享有较高的声誉。看看他自身条件，谢安四岁时，名士桓彝见到他，大为赞赏，说："这孩子风采神态清秀明达，将来不会比王承（即东晋名士）差。"他在童年时，便神态沉着，思维敏捷，风度条畅，工于行书。少年时曾拜访名士王濛，与王濛清谈多时，他离去后，王濛之子王修问："刚才谈话的客人是什么样的大人物？"王濛说："这位客人勤勉不倦，日后定将咄咄逼人。"

果然不出所料，东晋的三位重要权臣王导、庾冰和桓温都看好他，多次邀请他出来做官，都被他一一拒绝了，真拒绝不了就敷衍一下马上挂冠而去。因为，谢安并不想凭借出身、名望去猎取高官厚禄。

谢安的做法激怒了有关部门，有人上疏认为谢安被朝廷征召，历年不应，应该禁锢终身。这下倒好，谢安他索性隐居到会稽郡的东山，与王羲之、许询、支道林等名士名僧频繁交游，出门便捕鱼打猎，回屋就吟诗作文，就是不愿当官。

尽管如此，当时辅政的司马昱听说谢安出游时常带歌女，就判断他会出山："既然谢安能与人同乐，也必能与人同忧。再征召他，他肯定会应召。"因为司马昱对谢安熟悉，所以得出了这个性格上的判断，即凡事与人同的特质，通过这个特质，推导出谢安必定出山。

"能与人同乐，也必能与人同忧。"这句话有点意思，在我看来，比范仲淹的"先天下之忧而忧，后天下之乐而乐"更加实际。

其实，谢安隐居东山，挟妓享受，但他时时没有忘记政局，关心的是国家大事，说是"触事崩踊，寻绎荼毒，岂可为心"。

终于有一天，谢安的弟弟谢万北伐前燕失败，被朝廷免为庶人。此事使谢氏的权势受到了很大威胁，谢安觉得自己应该出山了，两重原因：一是为了国家，二是为了家族。

公元360年，谢安应征西大将军桓温之邀，担任他帐下的司马。但次年，桓温即将北征时，谢万病逝，谢安乘机投书请求奔丧，离开了桓温。不久，被任命为吴兴太守，后又担任侍中，紧接着又升任吏部尚书、中护军。后来，在跟权臣桓温斗争中，谢安显示出自信、镇定、抱负、博学的人格魅力，为他的辅政奠定了良好的基础。

官位在谢安眼里只是浮云，做官只是为了做事。

为了缓和矛盾、稳定政局，谢安实行了着眼于长远、以和谐安定为重的执政方针。当时另一权臣桓冲也深明大义，认为自己的德望不及谢安，心甘情愿地配合谢安工作。谢安也用桓冲都督徐、豫、兖、青、扬五州诸军事和徐州刺史，镇守京口，后又转任都督七州诸军事，兼任荆州刺史。他对桓冲虽有猜忌，但总体还是达到了"荆扬相衡，则天下平"的目的，共同对付北方的前秦政权。

谢安心存仁义，辅助朝廷，劝导百官，即使是会稽王司马道子也依赖于谢安的辅助调和。当时前秦侵犯边境，告急文书频频传来，梁、益等州先后失陷。他面对危机，镇定自若，作长久打算，以宽仁安定内外。广行德政，百官同心同德，不计小过，专心国事，恩威流布广远，当时人赞扬谢安，将他比作王导，认为他在顾及国家利益方面则更胜一筹。

最能说明做官只是为了做事的典型例子是淝水之战。公元383年，前秦苻坚率领着号称百万的大军南下，志在吞灭东晋，统一天下。当时军情危急，建康一片震恐，可是谢安依旧镇定自若，以征讨大都督的身份负责军事，并派谢石、谢玄、谢琰和桓伊等率兵八万前去抵御。结果大获全胜，创造以少胜多的历史佳话。

尽心的做事开始让晋孝武帝有了猜嫌之意，加上会稽王司马道子专权，奸谄小人开始乘机煽风点火，捏造罪名陷害忠良。在这种情形下，谢安主动交出手上权力，自请出镇广陵的步丘，建筑新城来避祸。

隐则遁迹江湖游山玩水，仕则处变不惊指点江山，顺则深明大义左右协调，逆则相忘江湖淡泊明志。这才是真英雄，做到能进能退，丝毫不为名利所羁绊。

公元385年八月的一天，谢安病了，他对所亲近的人怅然地说："从前桓温执政时，我常常担心不能保全自身。忽然有一天梦见自己乘坐桓温的车驾走了十六里地，看见一只白鸡后停了下来。乘坐桓温的车驾，预兆将代替他执掌朝政。十六里，从我执政到今天刚好十六年了。白鸡属酉，如今太岁星在酉，是凶兆，我这一病大概再也起不来了！"

几天后，谢安病逝于建康，享年六十六岁，孝武帝在朝堂里哭吊三天。东晋最后一根顶梁柱倒塌了，风流总被雨打风吹去，从此世间无王谢。

读了谢安的这段历史，真是感慨万分。有的人把做官看得很重，认为官位越高，人生价值就越大。殊不知，那些精于做官之人，在历史上往往没留下什么痕迹，倒是那些专心做事的人，大多浩浩青史留美名，正所谓"事如芳草春长在，人似浮云影不留"。谢安就是这样。

谢安的故事大多发生在今天的南京，他的故居就位于秦淮河畔乌衣巷9号。这是一条幽静狭小的巷子，谢安曾在此居住，因其家丁常穿黑衣出入巷口，故谓之乌衣巷。唐代诗人刘禹锡一首"朱雀桥边野草花，乌衣巷口夕阳斜。旧时王谢堂前燕，飞入寻常百姓家"，更令这条小巷家喻户晓。

四十七、你又没问我仇人是谁

一心可以丧邦，一心可以兴邦，只在公私之间尔。

——朱熹

人是个复杂的动物，今天读这个历史人物有今天的心情，明天去读又有明天的想法。历史人物也一样，有些行为实在让人感到不齿，而恰恰你在讨厌他的时候，冷不丁给你一个意外，做了那么几件颇为感动的事。

郗超，这个人在东晋历史上名声不太好。他是权臣桓温的人，说好听点是亲信，难听点就是狗头军师，为桓温的篡位出了不少点子，包括捏造司马奕是个阳痿兼同性恋的皇帝。

郗超绝对是个人才，如果走的是正道，说不定撑起东晋王朝一片天的是他，而不是谢安。史载，他年轻时卓越超群，放荡不羁，有旷世之才，在士林中交游广泛。他善于清谈，见解义理精妙入微，连谢安都认为他比自己的子侄出色。345年，那年他才九岁，就被会稽王司马昱征辟为府掾，就是司马昱府里的一名辅助性的官员，从此走上仕途。

后来他被桓温看上了，桓温为人英气高迈，少有被他看得上眼的人物，然而在与郗超交谈之后，桓温却对其极为推崇，倾意礼待，先任参军，后召为征西大将军府掾，为其谋主。郗超的爷爷是东晋名臣郗鉴，父亲是郗愔，其父祖都忠于王室，唯独他忠于权臣。某次谢安和王坦之见桓温时，郗超卧在帐中窃听他们的谈话。恰巧这时来一阵风把帐幕吹开，谢安嘲笑道："郗生可谓入幕之宾矣。"

但是他做了两件事让后人对他的评价多少挽回些好感。

当时前秦苻坚正是势力强盛之际,多次侵扰东晋边境。朝廷于是下令征召能够抵御外患的良将。谢安任人不避亲,推荐了谢玄。当时不少大臣持不同意见,一是谢安举荐的是亲人,有没有公权私用的嫌疑?二是对谢玄能否具有抵御前秦的能力把握不准。

谢玄是什么人?他是谢安的亲侄子,也是东晋历史上的一位能人,但在淝水之战前他并不是那么突出。年轻时朝廷几次征召,他都推辞不受。后来被桓温辟为掾属,跟郗超成了同事,受到了桓温的礼遇和器重。但不知什么原因,两人关系很差,以至于双方之间有怨恨。估计桓温看到两人的关系不利于工作开展,就将谢玄改任征西将军桓豁的司马、领南郡相、监北征诸军事。

见朝廷意见不一时,郗超却力挺谢玄:"谢安敢于冒触犯众怒的危险举荐亲侄子,确实是英明的;谢玄一定不辜负他叔叔的推荐,因为他确实是难得的人才。"

此话一出,却让很多人大吃一惊,郗超莫非脑子进水了,怎么会支持谢玄?晋朝高层都知道郗超和谢玄之间结怨很深,具体什么怨恨不清楚,但一定会是刻骨铭心的。吃惊之余,许多人都不赞同郗超的看法,还是坚持认为谢玄不是苻坚的对手。郗超却说:"我曾经与谢玄共同在桓温将军幕府做事,亲眼见他用人能各尽其才,即使是一些细小事务,安排人也非常恰当。所以知道他一定能成功。"

后来,朝廷采纳了郗超的意见,让谢玄担纲御敌先锋。淝水之战胜利后,时人都赞叹郗超有先见之明,而且对他不因个人爱憎而隐匿别人的才能的做法表示敬重。

这个故事跟春秋的祁奚推荐仇人解狐如出一辙。晋悼公问谁可代中军尉一职,祁奚举荐解狐。晋悼公不解:"解狐可是你的杀父仇人啊。"祁奚道:"您问的是谁可以担任这个职务,又不是问我的仇人是谁。"祁奚外举不避仇成了推荐干部使用干部的一个经典。

谢安和郗超联袂演出了一幕任人不避亲，举贤不避仇的精彩剧目。谢安不因谢玄是自己的侄子，就怕人讲闲话，不推荐他。他推荐人，完全是拿才能做标准。郗超不因他是自己的冤家，心存偏见，便不赞同他。拿孔子的话来讲，像他们这样的人，才够得上说大公无私。

但问题来了，一向为人阴险的郗超为什么会这样做？对郗超赞同谢玄的这段历史，《晋书》只用了一句话带过，语焉不详。

在我看来，这里涉及一个公私边界问题。东晋皇帝让人推荐的是御敌将军的人选，这是国家用人大事，并非个人家事。郗超公私分明，对谢玄的怨恨并不影响郗超对谢玄能力的认可，冤家未必皆饭桶，亲人未必皆干才。

我们要承认，官员也是人，也有七情六欲，喜怒哀乐，当一个人走进官场，他的私人身份和官方身份是几近重叠的。官员犯罪，特别是贪污罪，往往是因为当事官员没有分清公利与私欲的边界，把官场当成菜市场，摆摊做买卖，批零兼营，公器私用，大肥腰包。郗超很好地把握住了公利与私欲的边界标尺，郗超是晋朝公族，从这个角度讲，晋朝的安危也事关郗超本人的利益。所以他赞同并力推谢玄，只是站在晋朝的利益立场上看问题，和私人仇怨毫无关系。古往今来，在官场上捞饭吃的官员常见，但真正能做到郗超这样举贤不避仇的并不多。面对官场中的仇人，挖坑埋雷、落井下石的不可计数。人品稍好些的，也不过冷眼旁观，海坛山上看翻船。

郗超更为难得的一点，是他明知道他推荐谢玄后，谢家的势力将会更加如日中天，有可能利用新获得的权力对他进行压制，郗超依然没有改变自己的选择，因为他只在乎公器的利益，他相信谢玄的能力可以让国家有所裨益。

其实，谢安跟郗超也是欢喜冤家。

桓温死后，郗超改任司徒左长史，但因母丧离职。他认为父亲郗愔是名公之子，职位和待遇应在谢安之上，但一直处于闲职，而谢安却能掌握朝政，对此愤恨不平。谢安对满腹牢骚的郗超也是深恨不已。

没多久，42岁的郗超因病去世，谢安和谢玄等人清谈，关于圣人与常人的距离到底远不远的命题，谢玄等人都没办法理解，谢安只能叹息说，如果郗超没有死，就可以理解了。可以想象，谢安说这话的时候是何等寂寥，子侄辈无法理解，可惜谢安权倾天下了，反倒没有能在精神上高度交流的人了。在那个年代，清谈是衡量名士的重要标准，无疑郗超的水平在当时属于上上流。

不管是郗超对谢玄，还是谢安对郗超，都有一种英雄相惜、互为欣赏的味道。

现在看来，在充满竞争的社会里，要学会欣赏对手很重要。这些对手可能是你的同事、你的朋友、你的敌人，采用什么样的态度来对待你的对手，看起来好像是一件小事，但是可以决定一个人的成败。很多人在与对手竞争时，都陷入了一种观念上的误区，那就是把对手视为敌人，不择手段地打击对手，以达到取胜目的。面临日趋激烈的竞争，与对手竞争时，要抱着欣赏对手，向对手学习的心态，以对手的长处来弥补自己的短处，学习对手的长处，这样就可以提高自己，最后战胜你的竞争对手，走上成功之路。

再回到郗超身上，还有一件事值得后人赞许。就是他临终时做的事。郗超担心他父亲会因为他的去世而伤心不已，于是在临死时交给他的门人一个箱子，叮嘱说："我父年纪已老，要是其为我的死悲伤到影响健康，你们就把箱子交给他；如不然，就把箱子烧了。"结果他死后父亲郗愔果然哀伤成疾，门人根据吩咐递上箱子，郗愔一看，里面都是郗超跟桓温往来信件，内容多是两人密谋废立谋篡之事，顿时气得大骂："这混蛋死得太晚了。"

从此，郗愔不再悲伤。

四十八、谢安的官场黄金裙带圈

别说人势利,先问问自己实力。别对人势力,别以为自己实力。

——周立波

在东晋这个贵族时代,有两个词经常被提及,即门阀制度和裙带关系。在没有实行科举制度之前,有没有门阀基础,有没有裙带关系将直接决定你的仕途和命运。即使是有才有识、有智慧有能力的谢安也不能免俗。

谢安进入官场,主要得益于三重黄金裙带圈。

一重关系是祖父辈的关系,这重关系主要靠家族成员自身在政治德业方面的积累和成就。谢安的祖父谢衡,系西晋中央党校的校长,擅长研究传统儒学,但与当时社会流行的玄学格格不入,所以在官场上,他虽没有被朝廷所重用,但为士流所倾心。谢衡的大儿子谢鲲,也就是谢安的大伯,他是个聪明人,虽然自幼饱读儒家经典,但在他毅然转型,改学玄学,融会贯通,仕途腾达,官至豫章太守。父亲谢裒是东晋元帝的吏部尚书,相当于现在的中央组织部部长,辅助皇帝建立东晋功勋显著。大哥谢奕曾为桓温幕府司马,官至安西将军、豫州刺史。四弟谢万、五弟谢石、六弟谢铁也分别为豫州刺史、尚书令和永嘉太守,或位居要害,或封疆一方。

如此显赫的家族背景,谢安想不从政都很难,尽管如此,但谢安的出山,不是按常规的直接进军中央政府机关,而是走了一条从基层做起很阳光的道路。

二重关系是皇亲国戚的关系。谢安的堂兄谢尚的外甥女就是褚蒜子,作为晋康帝的皇后,她曾数次临朝主持朝政,由于她的关系,谢尚在政治上屡次被提擢重用，从闲职黄散一直做到封疆大吏豫州刺史。东晋前期，控制中央的是琅琊王氏，当时有"王与马，共天下"的说法，也就是琅琊王氏和司马皇室共同统治天下，所以琅琊王氏是头号贵族。当时可以与琅琊王氏抗衡的是盘踞建康上游的荆、江二州的颖川庾氏。谢家跟王、庾二族都是姻亲：谢安侄女谢道韫是琅琊王氏的媳妇，谢尚女儿是颖川庾氏的儿媳妇。王、庾为了江州争斗不休，鹬蚌相争，渔翁得利，朝廷就希望起用谢氏以平衡王、庾二族。所以谢尚才趁此机会得到豫州。

褚蒜子也是谢尚的保护伞：穆帝永和四年（公元348年），谢尚受命北伐寿春，结果大败，本来要予以严查的，结果褚蒜子最后只是特令给谢尚降个职称的处分，朝廷就不再追究责任。褚蒜子一辈子替四个皇帝主持过朝政，最后一回是替孝武帝的，也就是在这期间，谢安的政治生涯得到飞跃性进展。谢安先是在桓温府上当司马，后来感觉桓温的野心日渐膨胀，他有了另外的想法。尽管桓温对他很器重很欣赏，尽管他有很强大的裙带关系，但是正确的站队才是他的明智选择，于是在桓温军府里韬晦了两年之后，谢安选择离开。随后短短几年时间，他从吴兴太守，升任侍中、吏部尚书、中护军，孝武帝开始亲政，又升任谢安为中书监、骠骑将军、录尚书事、司徒。这一路，与皇族攀亲的裙带关系发挥巨大作用不无关系。

三重关系是夫人家的关系。谢安的伯父谢鲲娶了中山刘氏女。中山刘氏是魏晋时期的名门大族，其发迹史要远远早于谢氏。中山刘氏的裙带关系错综复杂，往往能将自己的权力触角伸展得无处不在。刘氏的通婚对象有太原郭氏、范阳卢氏、清河崔氏、河内司马氏等，而其中的郭氏又与太原王氏、河东裴氏、襄陵贾氏、琅琊王氏等联姻。

谢安的夫人刘氏的家族也不简单。妻舅刘惔不是一般的人，既是汉朝皇室后人，同时也是晋明帝女婿，跟桓温是连襟，论门户、资望，刘惔高于桓温，刘惔与桓温交往甚密，后来察觉到桓温不臣之心，永和元年（公元345年），朝廷准备让桓温当荆州刺史，但是担任丹阳尹的刘惔不顾政治伦理，挺身而出，认为不应该让桓温官居高位、镇守如此险要的地方，建议由辅政的司马昱接管荆州，自己愿意为幕僚辅佐，但是司马昱不同意。刘惔又建议自己去做荆州刺史，这个主意更加异想天开，与桓温私交很深的司马昱当然更无法接受。

在东晋，婚姻一定要讲门当户对，士族跟寒族有一道不可逾越的鸿沟，士族只能跟士族结婚，越是政治德业相当的家族，相互通婚的可能性越高。谢安和谢安的家族同这些名门大族共同结成了一个封闭的政治婚姻圈，同时也结成了一个风雨不透的权力圈。魏晋以来士族间的通婚，存在有两种情况：一是所谓的"世婚"，即累世都有姻亲关系。这种婚姻既包含有伦常交好的因素，同时又不排除某种政治目的性。二是借助于婚姻"伊我相顾"的彼此提携与利用，所谓"斗筲小人，依凭世戚，附托权贵"。

"旧时王谢堂前燕，飞入寻常百姓家。"中国历史上士族文化鼎盛时期最杰出的体现，就是这位乌衣巷内最后的豪门——陈郡谢氏。在东晋到南朝的二百多年中，谢安及其后辈见于史传的人数就有十二代、一百余人。他们通过强大的黄金裙带圈大多进入仕途，遍布政界和军界，发号施令，高居人上，有时还能摆布皇帝，成为远比皇族还高贵的士族领袖。

这种裙带关系还深深影响了后来灭掉东晋建立南朝宋的刘裕，刘裕在谢玄组建北府兵时还只是一名应招而来的兵丁，因为出身底层，刘宋建立政权后当务之急就是要提高社会地位，缩短与名宗大族之间的距离，他采取了最有效的办法，就是联姻高门，来提升自己的威望。

今天读这段历史，我发现东晋是因裙带关系而做官最多的朝代之一，东晋的官场史，几乎是一部裙带史，也几乎每个年轻皇帝在位时，都有"裙带官"在朝堂上耀武扬威，不可一世。也几乎每个官员的上台或者荣升，背后都存在不同程度的裙带关系。桓氏家族、庾氏家族、王氏家族等等，只要不是白痴和疯子，都有官做，而且都是有油水的官。

但今天写这个，丝毫没有批判谢安的意思，相反，他是历史上屈指可数的优秀的"裙带官"。他性情娴雅温和,处事公允明断,不专权树私,不居功自傲,作为高门士族的他,由能顾全大局,以谢氏家族利益服从于晋室利益为根本出发点,在淝水之战中赢足了点赞票。

　　有人认为,在皇权社会,一个时代的权力系统扯出来的裙带关系越多,权力私有化的成分就会越重。盘根错节的裙带关系就是要把官家的权力机构变成家族部门,把正式权力资源当做自己的私有财产。这也是为什么在封建官家制度中,官与民在对权力的认识上会产生激烈冲突的根本原因。但,这是皇权时代的制度必然。

四十九、一代名将的凄凉身后事

要想做一个真正的英雄是没有选择余地的，往往是要么成功要么成仁。

——希契科克

公元383年秋天，安徽寿阳古城。淝水之上，八公山之下。

一场史上著名的以少胜多战例正狂风骤雨般拉开大幕，前秦苻坚携密密麻麻共九十万大军日夜兼程来势凶猛直扑南下，如狼似虎般欲吞噬整个东晋王朝。一路上，苻坚不停叫嚣着："区区长江天险算什么？我拥有百万大军，只要我一声令下，叫士兵们把皮鞭投入长江，足可截断流水！"

东晋这边，在强敌压境，面临生死存亡的危急关头，以宰相谢安为首的主战派决意奋起抵御。前线主帅谢玄马上率领训练七年有较强战斗力的八万北府兵沿淮河西上，迎击秦军主力。同时派大将胡彬率领水军五千增援战略要地寿阳。

其实，四年前，谢玄跟苻坚已有过较量。公元379年，苻坚派部将彭超围攻彭城，秦晋淮南之战爆发。谢安在建康布防，令谢玄率五万北府兵，自广陵起兵，结果谢玄4战4胜，全歼敌军。谢安也因此封建昌县公，谢玄封东兴县侯。

苻坚为什么这次会如此迫不及待？他在公元357年夺得帝位，重用汉人王猛之后，国力强大，在相当短的时间之内东灭前燕，南取梁、益二州，北并吞鲜卑拓拔氏之后代，西方兼并前凉，远征西域，一统北方。在他眼里东晋也无非是强弩之末，想趁热打铁一统中国。王猛死后，苻坚认为时机成熟，扬起铁骑，决定进攻东晋。

前秦军队大军压境，苻坚之弟苻融率秦前锋部队攻占了寿阳，俘虏晋军守将徐元喜。苻坚一到寿阳，立即派东晋降将、原襄阳守将朱序到晋军大营去劝降。军事上有个惯例，喜欢派降将去对方阵营劝降，一来属于老同事说话好说，二来可以感化对方，比如说些我在这边享受的待遇还是不错什么的。但这次，苻坚错了，他实在不该派朱序。当年的襄阳之战，朱序苦守多年最后才不得已投降，其实他还是身在秦营心在晋。

朱序到晋营后，不但没有劝降，反而向谢玄、谢石透露了秦军的情况。他说："秦军虽有百万之众，但还在进军中，如果兵力集中起来，晋军将难以抵御。现在情况不同，应趁秦军没能全部抵达的时机，迅速发动进攻，只要能击败其前锋部队，挫其锐气，就能击破秦百万大军。"谢玄、谢石听了朱序的话后，认为很有道理，马上改变了原先只守不攻等敌方疲惫后再攻的作战方针，决定转守为攻，主动出击。

11月，谢玄派勇将刘牢之率精兵五千奔袭洛涧，秦将梁成率部五万在洛涧边上列阵迎击。刘牢之分兵一部迂回到秦军阵后，断其归路；自己率兵强渡洛水，猛攻秦军。秦军惊慌失措，勉强抵挡一阵，就土崩瓦解，主将梁成和其弟梁云战死，官兵争先恐后渡过淮河逃命，一万五千余人丧生。洛涧大捷，极大地鼓舞了晋军的士气。

由于秦军紧逼淝水西岸布阵，晋军无法渡河，只能隔岸对峙。谢玄就派使者去见苻融，用激将法对他说："君悬军深入，而置阵逼水，此乃持久之计，非欲速战者也。若移阵少却，使晋兵得渡，以决胜负，不亦善乎？"秦军诸将都表示反对，但年轻气却不盛的苻坚认为可以将计就计，让军队稍向后退，待晋军半渡过河时，再以骑兵冲杀，这样就可以取得胜利。苻融对苻坚的计划也表示赞同，于是就答应了谢玄的要求，指挥秦军后撤。但秦兵士气低落，结果一后撤就失去控制，阵势大乱。谢玄率领八千多骑兵，趁势抢渡淝水，向秦军猛攻。这时候，朱序又发挥了巨大作用，在秦军阵后的他大叫："秦兵败了！秦兵败了！"秦兵信以为真，于是转身竞相奔逃。苻融眼见大事不妙，急忙骑马前去阻止，以图稳住阵脚，不料战马被乱兵冲倒，被晋军追兵杀死。失去主将的秦兵越发混乱，彻底崩溃。前锋的溃败，引起后续部队的惊恐，也随之溃逃，形成连锁反应，结果全军向北败退。苻坚本人也中箭负伤，逃回至洛阳时仅剩10余万。

淝水一战干得非常漂亮，战场上谢安、谢玄他们驰骋疆场得心应手，但是战后的士族之争、皇族之争让谢家他们心力交瘁。

晋孝武帝是个有个性有想法的皇帝，就是上文所说的被贵妃用被子捂死的那个皇帝，他想改变以往权臣天下的局面，集中皇权，所以就在谢安他们全力部署应敌之际，重用了皇弟司马道子，参录机衡。由于谢氏、桓氏集团的相对配合，暂时没有遇到来自士族的反抗，皇权在相当的程度上加强了。直到孝武帝末年，孝武对权臣防范还很严密。

司马道子后来对孝武帝说："晋自中兴以来，号令威权多出强臣。中宗、肃宗敛衽于王敦，先皇受屈于桓氏。今主上亲览万机，明公光赞百揆，政出王室，人无异望。"

由于孝武帝的这种心态，淝水之战以后，谢安谢玄不仅功高不赏，反而让孝武帝产生权臣功高会不会震主的忧虑。此时，附于司马道子的太原王氏王国宝发挥了很大的作用，这是个典型的小人，我下文还要详细说说，王国宝以"谗谀之计"行于孝武帝与谢安之间，故意制造矛盾，以至于孝武帝的疑心病日趋严重，最后谢安为了避难于安居建康，不得不出镇广陵以避祸灾。

但另一方面，孝武帝对士族权臣有复杂心态：既不得不依靠士族权臣，又不得不防其僭越。一次，孝武帝召桓伊宴，谢安侍坐，桓伊抚筝而歌怨诗，词曰："为君既不易，为臣良独难，忠信事不显，乃有见疑患……"谢安听后，不禁泪流满面。淝水之战后的第三年，谢安去世了，司马道子于是得以骠骑将军假节都督中外诸军事，原来谢安卫将军府文武，也悉数归入骠骑府了。

在这个背景下，谢玄的角色就比较尴尬了，一方面朝廷还要用他，另一方面却时时提防着他。

在淝水战役后，谢玄接替司马恬担任了东线的指挥，向彭城方向攻打，晋军攻占彭城后，前锋渡过黄河，前秦的苻丕也归附求援，与晋军联合对抗慕容垂，北伐形势有利于晋朝，包括三魏地区在内的河北大片领土也被收复。

前景一片光明，前途一片大好，就在此时，朝廷经过讨论，突然要求谢玄退兵，退驻淮阴，让朱序退驻寿阳。因为朝廷内部对北伐的支持有异议，尤其是与谢氏有矛盾的政治势力不愿让谢玄北伐成功。史书记载，桓氏集团对北伐反对得最积极，朝廷让桓石虔担任豫州刺史驻防马头（安徽怀远），但是桓石虔请求留驻历阳，在桓冲去世后，桓氏与谢氏的矛盾没有因为谢安把三镇划归桓氏而缓解，桓氏集团其他成员并没有像桓冲那样忠于朝廷，积极支持北伐。

不料谢玄回到淮阴后，患上疾病，他上疏请求解除职务，诏令不许。因为晋孝武帝打心底是支持北伐的，他不顾朝议，在谢玄称病辞职时，依然要求他留任，只是对朝议部分妥协，下诏让谢玄驻防淮阴，而让朱序镇守彭城，否决了朝议让朱序退驻寿阳，完全放弃北伐的意见。

宁可把自己的椅子坐斜了，也不可坐别人的椅子，这个规矩，谢玄很懂。谢玄见皇帝不批准，又自陈述，说既然不能履行职责，恐怕会荒废军务。朝廷又下诏让他移镇东阳城。谢玄便奉命上路，以病重恳求解职。朝廷为谢玄派了一名医术高明的医士，并让他好自调养休息，又让他回京口治病。

谢玄奉诏到了京口，病却长期不见好转，于是又很伤感地上疏道："臣兄弟七人，都先后凋谢陨灭，唯有臣一人，孑然独存。经历的艰难困苦，谁可与臣相比！臣之所以含悲忍痛，希求继续苟活人世，是因为满怀无穷忠心，欲上报朝廷恩德，或许能恢复康健，便可以完成此志。况且臣家中遗孤甚多，想起他们，心中就不胜悲伤，为此求生之心，不能即刻付与尘土。臣一片勤恳之情，实可哀怜。恳求陛下怜悯臣的忠诉，霈然降恩，不使臣含恨九泉。"如此戚戚的哀求也打动不了朝廷，所上奏的奏疏被扣住不予答复。谢玄前后上了十余道奏疏，很久之后，朝廷才改任谢玄为散骑常侍、左将军、会稽内史。谢玄抱病登车去会稽郡任职。

太元十三年（公元388年），谢玄在会稽去世，英年早逝，年仅四十六岁，一代战神陨落了。在弥留之际，他做梦也没想到，三十二年后，他的手下、一名很不起眼的士兵，居然笑到了最后，成了东晋王朝的掘墓人。

五十、数年的放纵，换来的将是一生的沉沦

> 你给他一个善的契机，他就表现为善；你给他一个恶的契机，他就表现为恶。
>
> ——摘自网络

这段时间坊间流行这么一句话，我想把这句话放在东晋晚期摄政王司马道子身上，那是再贴切不过："大善大恶的人，毕竟是少数。大多数人既有小善，也有小恶。你给他一个善的契机，他就表现为善；你给他一个恶的契机，他就表现为恶。"

司马道子与孝武帝司马曜为同母兄弟，都是简文帝司马昱与李陵容所生。哥哥十岁继承皇位，弟弟也是在十岁被封为琅琊王。兄弟俩，哥哥性格怪异，弟弟却很有人缘，少年的司马道子风流倜傥、温文尔雅，连谢安也比较看好他。年龄稍长，被拜骠骑将军。由于表现出色，又是皇上至亲，大臣们都说司马道子的亲近贤能是没有人可比的，奏请将他立为司徒，但是司马道子显得很谦虚，死活不肯接受。后来升任"使隶尚书六条事，寻加开府，领司徒"，他才逐渐担当起朝廷政务。

孝武帝给了他一个善的契机，他就表现为善。这期间他的所作所为中规中矩，很讲政治也很讲纪律。谢安逝世后，经朝议，孝武帝下诏称司马道子"体道自然，神识颖远"，可以像古时周公旦、召公奭那样负社稷之重，任命他一系列文武之职，他再次"让不受"。再后来，司马道子担任了太子太傅，大臣们又奏请将他进位为宰相。

自从司马道子接掌了谢安的辅政大权，孝武帝司马曜就益发变成了一

个酒鬼，他把朝政大事都甩给了司马道子，给了他一个恶的契机，他就表现为恶。

真是一母同胞，这司马道子跟他哥司马曜一个德行，一样都爱好喝酒，日夜狂饮高歌，作为人生唯一的重要任务。作为皇帝每天沉湎酒色不理朝政，作为辅政大臣每日酗酒昏昏沉沉，这都是寻死的节奏。醉眼蒙眬中，东晋江山社稷也就变得轻了。

当时正是佛教自东汉传入中国以来的一个快速发展时期，司马道子一方面酒肉穿肠过，一方面崇拜六根清净的佛教，亲近的人都是善男信女、和尚尼姑。司马道子借佛教之名大搞奢侈浪费，他将宫中搞得香烟缭绕、酒气冲天的同时，也巧妙地达到了一手遮天的目的。

司马道子整天所接触的尽是一群奸佞小人，因为沉浸酒色，他把很多的朝政大事甩给了身边的这些人。自他辅政以来，已是权势倾天下，从中央到地方，不仅任用了王国宝、茹千秋一类奸佞之臣为其股肱，各地郡守长吏也多为司马道子所封任。司马道子近小人，远君子，"凡所幸接，皆出自小竖"。

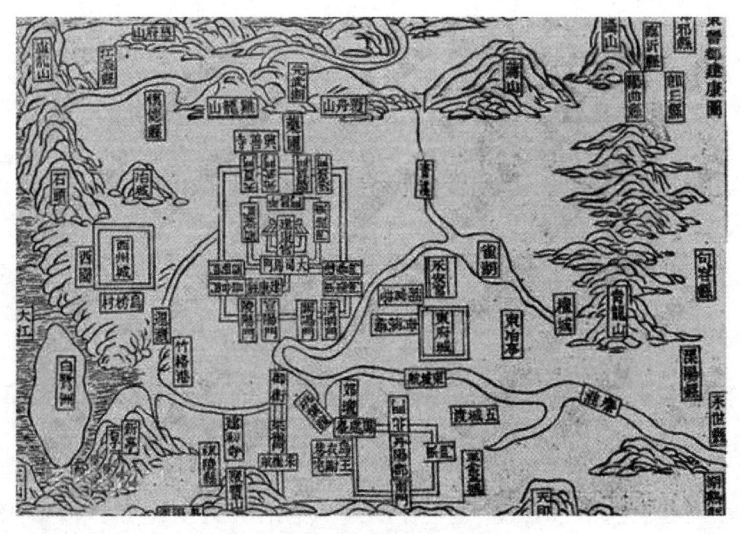

东晋皇都台城的建筑布局

有个名叫赵牙的人是唱戏的，赵牙曾在建康用公款为司马道子新建一所大宅院，"筑山穿池，列树竹木，功用巨万"。孝武帝曾"御临"过兄弟这座新府邸，见室宇宏丽，面积广大，规劝说："府内有山，可得瞻视，确实不错。但修饰太过，不是向天下人树立俭素的好榜样啊。"司马道子闻言，只能点头惟惟。孝武帝一走，司马道子忙对哈腰跟在自己身后的赵牙讲："刚才真危险，如果皇帝知道府内这些山都是人工堆垒的，你肯定要被杀死啊。"赵牙拍马屁地说："您在，我怎么敢死！"这个马屁拍得司马道子舒服极了，于是委任赵牙为魏郡太守。从唱戏的到地方长官，一般人是做不到的。

茹千秋，本是一名捕贼的小吏，同样"因赂谄进"，由一个小警员一跃而为骠骑谘议参军。官既是买来的，得到的权力自然也可以再卖，他卖官贩爵，聚敛了过亿钱财。小人得志，终于给司马道子惹了麻烦。吴兴县令闻人奭上疏，揭发司马道子幕僚茹千秋"炫卖天官"以及纵子贪赃等罪状，顺便将当时各地官场腐败、民不聊生的种种现实一并疏陈于上。

左卫领营将军许荣也上疏警告说，如今中央政府的一些属吏，值卫的武官以及奴仆官婢儿子随母亲的姓为姓的，本来都是一些奴婢、刑徒，没有乡籍府第，都当了郡守、县令，或者得了官职却不去赴任而仍在京城，把政务委派给小吏去办；和尚、尼姑、奶妈，争着引进自己的亲朋党属，又接受贿赂，常常以官员身份率领士兵。

司马道子"恃宠乘酒，时失礼敬"，不知不觉犯了君臣之讳。孝武帝酒醉间歇也觉得司马道子做得有点过分，于是做出人事安排，将王珣、王雅等放在朝廷要位，目的是"以张王室，而潜制道子"。同时又将王恭、殷仲堪分别派往兖州、荆州两处军事要地，以他们作为外援抗衡司马道子的势力。结果这一调整就调出问题来了，王恭、殷仲堪两人分别叛乱，这是后话。司马道子也不甘示弱，任用心腹，集结势力。比如，他重用王国宝及其堂兄弟王绪。由此，司马道子和孝武帝之间的兄弟友爱的情谊不复存在了。尽管皇太妃李陵容在他们兄弟之间尽力调解，但是司马道子不愿改善关系。

没多久，孝武帝因为酒后的一句戏言被妃子捂死，死后，弱智的司马德宗继位，司马道子自然也就成了事实上的摄政王。

全面掌管朝廷的司马道子更是沉迷酒色，对朝政事务任由手下的人去打理。结果，导致随意派人当官，随意对人赏赐；司法黑暗，监狱里满是被诬陷的囚犯。尚书令陆纳，望着皇宫，叹息说："这么好的一个家，难道真的要把它砸烂？"

司马道子的所作所为引起了不少朝中大臣的不满，王恭是其中一个，他非常看不惯司马道子任用王国宝等奸佞小人胡作非为。

这个王恭也是个厉害的角色，是皇帝司马德宗的舅舅。"少有美誉，清操过人"，加上世为高门，为人清正不阿。他入朝拜孝武帝坟陵之余，王恭常向司马道子正色直言，劝他不要昵近小人。司马道子想对王恭用心结交，希望消除旧日的矛盾。可王恭谈到当时朝政，总是声色俱厉。俩人谁也说服不了谁。既然司马道子与王恭各念一本经，那他们之间就只有通过火并的方式来解决争端了。

不久，发生了王恭等方镇势力进京讨逆事件，司马道子的实力和威信都因此一落千丈。这是后话。

这时司马道子的儿子司马元显已经长大，司马道子便索性日饮醇酒，而委事于元显，当了甩手掌柜。当时人以司马道子为东录；司马元显为西录。司马元显的西府有很多人拜访，而东府则门可罗雀。谁料这个儿子能力不强，野心够大，竟然非要让老爸彻底靠边站，就在他一次大醉后，司马元显操纵智障傀儡晋安帝下诏，生夺了司马道子的朝政大权。结果，在司马道子酒醒的时候，才知自己的一切职务都没有了，于是大发雷霆，但是也无可奈何。

《水浒传》第四十五回里有句话：酒乱性，色迷人。对司马道子来说，酒乱了朝政，差点葬了王朝。难怪历史学家蔡东藩感叹说："司马道子，贪利嗜酒，实是一个糊涂虫。假使朝右有人，自足制驭道子。可惜朝中没人。"

东晋，这艘已快要沉没的大船，很可惜，破船偏偏又赶上个破船长，数年的放纵，换来的将是一生的沉沦。

五十一、人面狗心的典型小人标本

宁可终岁不读书,不可一日近小人。

——刘元城

公元397年5月29日,东晋小人王国宝在司马道子一声赐死令下,在漆黑的监狱里自尽身亡,为他的投机取巧、拍马钻营一生画上了可耻的句号。王国宝在被杀前,肯定不会想起这么一句老话:天作孽犹可恕,自作孽不可活。

说起这个王国宝,还真不是一般的人物,出身完全是名门望族,他父亲就是跟谢安并肩辅政为东晋呕心沥血的王坦之,曾任中书令兼丹阳尹,这个位置相当于中央办公厅主任兼北京市委书记。他的老丈人是大名鼎鼎的谢安,同时还是会稽王司马道子的小舅子。

当时可能是为了政治联盟,才跟好友兼同事王坦之结下姻亲的,谢安并不看好这个女婿,因为这个女婿品行实在很差,"少无士操,不修廉隅",所以谢安只是给他做很普通的公务员,始终没有提拔他。

但这并没有阻碍王国宝的仕途,他不仅善于察言观色、谗谄面谀、极会钻营,而且爱财贪货。正好司马道子是个喜欢别人拍马奉迎的人,王国宝把自己拍得心里很受用。于是,司马道子对王国宝恩宠有加,视为心腹,不仅提拔王国宝做了大臣,还给他许多赏赐。

王国宝对坚持用人原则的岳父很是痛恨,在依附司马道子后,经常谤毁谢安,离间司马道子和谢安的关系,并经司马道子传至晋孝武帝那里,令孝武帝亦对谢安有所顾忌,最后逼得谢安在淝水之战后出镇回避。

有了司马道子的撑腰,王国宝变得傲慢不已且不遵法道,更在皇家宫殿清暑殿旁建屋，犯了大忌，这令孝武帝十分厌恶。加上后来孝武帝因司马道子大权独揽，对其起了疑心，想要废掉他，王国宝得知后，奉行其君子不立危墙之下的原则，便逐渐疏远司马道子，开始有事没事地往宫里跑，向孝武帝表忠心尽孝心，我们不得不佩服王国宝的拍马溜须的功夫，时间不长便得到了孝武帝的宠信，成了孝武帝身边的红人，孝武帝还打算让儿子司马德文娶王国宝的女儿做老婆。

一夜，孝武帝与他一起宴会，孝武帝微有酒意之下下令召王珣前来。但王珣快来到时，王国宝自知才能知识都在王珣之下，担忧被其比下去，令孝武帝对其的宠信减少，于是借故说："王珣是当今名流，不可以醉着见他。"孝武帝同意，于是不见王珣。

而一时在政治上受到打压，暂时失势的司马道子对王国宝的这种做法非常愤怒。在一次朝会上，他当着满朝大臣的面训斥王国宝，甚至还拔出佩剑刺向王国宝，幸亏王国宝躲得快，才逃过一劫。

发生这事之后，按理说，王国宝跟司马道子之间的交情算是完了，这梁子算是结下了，但如果真是那样，王国宝也就不是王国宝了。

好景不长，孝武帝暴崩了，胆大的王国宝得知消息后，打算连夜入宫撰写遗诏，让自己当个顾命大臣、摄政大臣什么的。但因被侍中王爽阻止而不能成功。

新皇帝晋安帝司马德宗即位，因为小皇帝年幼，朝中大权再度落到了身为辅政的皇叔司马道子手中。

按正常人的思维来看，司马道子见到王国宝是极其厌恶的，王国宝也是极其羞愧的。但王国宝毕竟是王国宝，极识时务，并且其脸皮相当之厚，他拉着自己同样很奸邪的从弟王绪，带着各种礼物，又开始重新向司马道子发起了公关攻势，没用多久，司马道子便跟王国宝又勾搭在一起，而且双方的关系甚至比以前还要好。

王国宝再度成了司马道子身边的红人。

如果说司马道子是晚晋这艘破船上的破船长,那么王国宝就是超烂的大副。整天喝得昏昏沉沉的司马道子,经常让王国宝代其处理政务军务,时间一长大权便落到了王国宝手里。王国宝也成了红极一时的得道权臣,耀武扬威,不知天高地厚。利用权力买官卖官,贪赃枉法,在他那儿是家常便饭,而且其私生活相当堕落,甚至其生活待遇经常参照皇帝标准执行。

然而,这个只会揣摩主子意图的小人,必然会得罪同僚,在东晋中央一级的官员中几乎没有一个不对其不满的。自作孽的下一句,我不说大家也明白。

大臣苟朗曾经这样形容王忱及其哥哥王国宝:"非一狗面人心,又一人面狗心是邪?"意思是说王忱貌丑而有才,王国宝有美貌而心狠。就说了这么一句真话,结果苟朗被王国宝找个理由杀掉了。

青兖二州刺史王恭是厌恶王国宝乱政的一个代表,他有意起兵诛除王国宝,也曾劝司马道子要远离王国宝,这令王国宝十分恐惧。王绪见王恭如此讨厌,便劝说他哥王国宝,让其趁王恭上朝之时,让司马道子设下伏兵把王恭做掉,但王国宝担心兖青二州发生兵变,没有听从。

那怎么办?削藩是个好办法。王国宝、王绪便卖力地劝司马道子尽快出台相关政策,削弱方镇兵权,以加强中央对地方的控制。消息传出,内外骚动。

王恭得知此消息自然是心知肚明,他是不会坐以待毙的,马上下令手下部队进入战备状态,并联合荆州刺史殷仲堪向朝廷上表列数王国宝的罪状,要求将其处斩。

王恭的奏章送到都城,给东晋朝廷上下造成了极大恐慌,司马道子下令京城内外戒严。王国宝因为恐惧而慌乱,不知该做什么,王绪于是劝王国宝杀死大臣王珣及车胤,诛除他们的声望,并挟制晋安帝讨伐王恭。但当王国宝见二人后就转而向二人问计,而二人皆劝王国宝放弃抵抗,以令王恭罢兵。

没过多久，王恭和殷仲堪联合起兵的消息也传到京城。并于公元397年四月，以清君侧为名，在京口（今镇江）起兵，镇江离南京多远就不用多说了。

王国宝对此非常恐惧，不知如何是好，只好再向王珣询问计策。

王珣说："王恭、殷仲堪与你其实并没有什么深仇大恨，所要争的不过是权势利益罢了。"

王国宝说："难道他们把我当成曹爽了。"

王珣说："你这是什么话？你哪有曹爽那样的罪过，王恭又哪能与司马懿相比？"王珣摆明态度，你王国宝还是赶快辞职吧，你不是干大事的料。

王国宝一听，当即心便凉了，认为自己大势已去，于是上表请求解除自己的一切官职，并到宫门口去等候发落。但王国宝这人改主意的速度是相当快的，辞职信刚送出去，就后悔了，于是又谎称安帝已经下诏不准他辞职。但这个谎话是只能用来安慰他自己的。

这时的司马道子只求尽快息事宁人，当他的太平王爷，他决定放弃王国宝，满足王恭等人的要求，于是就把一切罪过都推到王国宝身上，派人把王国宝抓了起来，并按法律程序交到廷尉府问罪。

很快，晋安帝便下达诏书，命令王国宝在狱中自尽，王绪在京城街市上斩首，并马上派使者去见王恭，以晋安帝的名义向王恭表示在用人上的失误而道歉，并对王恭等人极力褒奖了一番。王恭等人这才罢兵了事。

真是大快人心，王国宝以投机取巧发家，又以投机取巧败身。那些爱耍小聪明的人，殷鉴不远，别机关算尽太聪明，反误了卿卿性命！

五十二、白痴皇帝的哀叹：我的命运任人做主

命运指引我们走向生命，命运也嘲弄我们走向死亡。

——伏尔泰

自晋安帝司马德宗开始，东晋开始大乱，皇室奄奄一息，军阀如日中天，君不像君，臣不像臣。原因只有一个，就是有好多人想当皇帝，而且谁也不服谁。

东晋这艘破船，先是遇上司马道子这个破船长，再是遇上司马德宗这个所谓的指挥长，导致破船的指挥系统完全失灵。天要绝晋，那真是挡也挡不住的。

晋孝武帝司马曜死后，由他的太子司马德宗继位，是为晋安帝，这个皇帝在历史上记载是："帝不惠，自少及长，口不能言，虽寒暑之变，无以辨也。凡所动止，皆非己出"。意思是说，从小到大，从生到死，晋安帝不会说话，不知饥饱，不辨寒暑，吃喝拉撒一概不能自理，大小事务全靠别人照料，是真正意义上的"白痴皇帝"。

孝武帝明知司马德宗是个白痴，将来不能担当国家重任，但为了维护"立长"的传统皇位继承制，仍将他立为太子。这个司马德宗比他的曾祖伯父晋惠帝司马衷更严重。司马衷虽然"不慧"，有昏庸的一面，但他口齿伶俐，思维敏捷，对外界事物较敏感，情感比较丰富，生育能力也不错，并且生有聪慧的太子司马遹。

那么问题来了，这样的人当皇帝，怎么可能控制住朝政大局，怎么可能让百年东晋延续国祚？

事情发展没有任何悬念。司马德宗即位后，先是受制于司马道子父子。太傅司马道子以亲叔叔的身份辅政，掌握了东晋大权。在人们眼里，司马德宗只是一个符号，一个象征，一个名义上的最高统治者，而他本人充其量是一个只会吃饭的傀儡。即便如此，但他头上那顶皇帝的帽子却惹人垂涎，受人利用，所以，在很多人眼里，即位后的司马德宗随即成为权臣把持朝政的挡箭牌和争权夺利的护身符。

司马道子嗜酒昏聩，全无主见，凡事听从舅子王国宝（就是上文提到的小人）和儿子司马元显的摆布。在二人的策动下司马道子准备削减地方藩镇的权力，引得兖州青州刺史王恭、荆州刺史殷仲堪、江州刺史桓玄等两次举兵向京。

第一次战乱的结果是司马道子以替罪羊的身份杀了王国宝，以求息事宁人；第二次战乱的结果是王恭为部将所杀，殷仲堪为桓玄乘机偷袭，丧了性命，丢了地盘。桓玄势力剧增，占有了东晋三分之二的国土，顿生篡逆之心。

桓玄是权臣桓温的儿子，是一个比他老爸还有野心的人，后文还会专门提到他。他向来藐视皇权，觊觎皇位，实力大增后变得更加桀骜不驯。司马元显继司马道子辅政后，自然不能容忍桓玄做大做强，积极谋划除掉对手桓玄。这时候，司马德宗被派上了用场。元兴元年（公元402年）正月，司马元显以司马德宗的名义下诏书，公布桓玄种种罪状，自任大都督，调兵遣将，征讨桓玄。桓玄怎肯甘愿受谴责，几乎在同一时间，桓玄也发出檄文，言辞凿凿罗列了司马元显的一大堆不是，兵锋直逼国都建康，矛头直指司马元显。司马元显毕竟年轻，因惧怕桓玄威名而迟迟不敢出兵。司马元显这时想起自己的老爹或许还有主意，于是奔入相府"问计于道子"。司马道子见大势已去，唯有"对之泣"。

二月，大臣们特意为司马德宗换了身军装，扶着他到西池为司马元显践行，以示重视，"帝戎服饯元显于西池"。皇帝都出面了，司马元显只好硬着头皮出征，结果不战而败。桓玄控制朝政后，司马元显被送付廷尉治罪，"并其六子皆害之"。桓玄又以"司马道子酗纵不孝，当弃市"为名，通过朝廷下诏将他流徙到安成郡（今江西新余以西），其后他又被人暗中以毒酒鸩杀，时年三十九岁。

摆脱了司马道子父子，司马德宗旋即落入了桓玄之手。桓玄占据建康后，历任太尉、楚王，统领百官，大权独揽。同时也加紧了篡位的步伐。元兴二年（公元403年）十一月，桓玄命卞范之扶着司马德宗的手写下禅位诏书，又命王谧解下了司马德宗的玺绂，司马德宗糊里糊涂地下了台。不过桓玄没有杀掉司马德宗，而是将他安置到浔阳，封平固王。桓玄称帝后，朝令夕改，纪纲不整，广建宫室，大兴土木，政局变得动荡不安，地方将领蠢蠢欲动。

时任彭城内史的刘裕对桓玄篡位极为不满，暗中联络了部分中下级军官，于兴元三年（公元404年）二月，率兵讨伐桓玄。桓玄大败，逃亡浔阳，挟持司马德宗，窜入江陵。不久，刘裕的追兵赶到，桓玄撇下司马德宗，只身逃命，为人所杀，他只当了五个月的大楚皇帝。逃亡期间，桓玄"经日不得食，左右进以粗粥，咽不能下"，连他自己都吃不上，喝不上，哪里顾得上司马德宗。"白痴皇帝"司马德宗沦落到如此境地，让人可怜。司马德宗虎口脱险，于是在江陵城中静候刘裕。

元兴四年（公元405年）三月，司马德宗被迎回建康，在遭废黜一年零四个月后重登皇位。

逃离了狼窝，又掉进了虎口，在刘裕的控制下，"白痴皇帝"司马德宗只能再次沦落为傀儡。此后，刘裕历任相国、宋公、宋王，都督中外诸军事，掌握东晋的军政大权，等待时机取而代之。到了义熙十四年（公元418年），刘裕的势力和声望如日中天，改朝换代易如反掌，刘裕读过一本流传数百年的谶书，就是预言。书中有一句话：昌明之后尚有二帝。刘裕反复琢磨，明白"昌明"是司马德宗的父亲孝武帝司马曜的字，认为司马德宗之后应该还有一位东晋皇帝，便寻找机会害死司马德宗。

东晋气数未尽，还能出两个皇帝。刘裕为凑数，也为了加快篡位的步伐，遂于义熙十四年（公元418年）十二月，派人暗中用"散衣"（即用衣服拧成的绳索）勒死了司马德宗。时年三十七岁，这个当了二十三年皇帝的人在不知冷热的感觉里走完了人生旅途。

文章的末尾，有两点还需要说明一下。

关于晋安帝的生理状态。晋安帝的先天性白痴，完全是他的父亲晋孝武帝司马曜长期酗酒造成的。现代医学证明，酒精能影响精子活动，降低精子质量，造成精子畸形，对生殖细胞和胚胎发育破坏力也极大，严重的还会生出畸形怪胎。司马曜喝起酒来不管不顾，"溺于酒色，殆为长夜之饮，……醒日既少"，往往"肆一醉于崇朝，飞千觞于长夜"，在酒精长年累月地侵蚀毒害下，司马曜生育能力下降得很严重，不仅生子寥寥无几，而且生出了超级智障的白痴儿子司马德宗。

关于晋安帝的死因。虽史书上的说法略有不同，但都是刘裕命王韶之所杀。《晋书》记载，刘裕为了能篡夺东晋政权，于是命王韶之勒死晋安帝而立司马德文为帝。《南史》中称刘裕命王韶之与晋安帝左右将他毒死。《资治通鉴》也称，刘裕因为谶语说"昌明之后尚有二帝"，所以指使中书侍郎王韶之与晋安帝左右密谋毒死晋安帝，而立晋安帝的弟弟琅琊王司马德文。

历史上傀儡皇帝不少，但像司马德宗这样智障的人当皇帝实在找不出第二个。读完这段历史，我在思考一个问题：司马德宗治国，东晋大厦将倾，究竟是谁的痛苦？谁的不幸？

五十三、始于政治谣言终于政治作秀

> 无限的权力会毁掉它的占有者。
>
> ——威·皮特

都说龙生龙凤生凤、老鼠生个孩子会打洞。有篡位之心的权臣桓温因病而亡未能实现他的梦想,没有他老爸那样有能力却一样有野心的儿子桓玄不甘心,几经折腾,几乎把东晋末期翻了个底朝天,并且制造一出跨世纪的篡位闹剧。

桓玄,相貌奇伟,神态爽朗,博通艺术,也擅长写文章,在那个年代绝对是个有才有貌的美男子。在演艺界估计很快会走红,在文艺圈也大概很快会成名。但不幸的是,他生活在政治圈,他对自己的才能和门第颇为自负,总认为自己是英雄豪杰,然而由于其父的原因,朝廷一直对他深怀戒心而不敢任用。直至太元十六年(公元391年),二十三岁的桓玄才被任命为太子洗马,主要是教太子政事和文理,是个边缘化的官员。几年后出京任义兴(今江苏宜兴)太守,但还是颇觉不得志,曾感叹:"父为九州伯,儿为五湖长!"于是就弃官回到其封国湖北江陵。

这段时间,是他养精蓄锐的时候。江陵荆州的治所地,荆州刺史殷仲堪对他十分敬惮,而桓玄因着父叔辈长年治理荆州的威望而专横荆州,士民畏惧他更过于殷仲堪。殷仲堪因而与其深交,而桓玄打算借助其军力,也取悦他。

后来,桓玄成功利用了王恭和殷仲堪仇恨朝廷弄权小人的机会,并被推举为盟主,凭借门第贵显以及父亲名望,最终在东晋的混乱政局中节节胜出,一步步清灭了殷仲堪、杨佺期、刘牢之、司马道子父子,掌握了东晋朝廷的最高权力。

桓玄掌权后,"剑履上殿,入朝不趋,赞奏不名",已大有权臣跋扈的风范。同时,他大加封赏桓氏族人:以其兄桓伟为安西将军、荆州刺史;以堂兄桓谦为左仆射,加中军将军;以堂兄桓石生为前将军、江州刺史;以堂兄桓修为右将军、徐兖二州刺史。整个家族几乎占据了朝廷所有重要的岗位。

不久,桓玄相继诛杀了高素、竺谦之、刘袭等晋廷有功之臣,为自己的下步篡位打下基础。他的左右亲信卞范之、殷仲文等人也都暗劝他早受晋禅,私下已经把九锡文和册命准备妥当。元兴二年(公元403年)十月,朝廷以桓玄为相国,总百揆,封十郡,为楚王,加九锡,这是篡位的前奏。

为了增强信心,他又派桓谦私下问来京城述职的彭城内史刘裕:"楚王(桓玄)功高德重,朝廷上下均认为将有禅让之事发生,卿以为如何?"刘裕马上表示:"楚王,桓宣公(温)之子,勋德盖世,晋室衰微,民望已移,乘运禅代,有何不可!"桓谦大喜,你说可以就可以。其实,谁也没料到,同样是枭雄的刘裕最期待的,就是桓玄的篡位事成的那一天。

接下来就是一连串的政治谣言了,桓玄一下子谎称一向淤塞的钱塘平湖忽然自行开通,乃是天下太平之兆。一下子又说江州降下了甘露,让百官庆贺,作为即将受命于天的符瑞。

又因前世禅让都有隐士出山,唯独自己没有,于是找来西晋隐士皇甫谧的后人皇甫希之,给他一笔钱,让他"归隐"山林,再征他出来做官,又令他辞官不做,然后下诏旌表,称他为高士。好一个蹩脚的策划!当时人讽刺为"充隐",是冒充隐士的意思。

元兴二年(公元403年)十二月,桓玄成功篡位,改国号为"楚"。下诏封晋安帝为平固王,迁于浔阳软禁。此举还算厚道,桓玄对司马宗室及晋安帝兄弟均未加屠害。

有意思的是,那天桓玄临登御座,大龙椅子忽然散垮,朝臣们皆仓皇错愕。幸亏殷仲文才思敏捷,忙在一边说:"皇帝您圣德无限,连地都载不动。"

这马屁拍得有板有眼，恰到好处。

继位之后，当然要改元。桓玄喜欢吉利文字，就改元"建始"，右丞王悠之忙进言说"建始"是"八王之乱"中赵王司马伦篡位用过的年号，桓玄马上下令更改，改为"永始"，但这个年号又是当年大奸王莽当权时的西汉不祥年号。冥冥之中，似乎已经预示桓玄政权的崩溃结局。

当了皇帝以后，桓玄就开始作秀了，他学前任的样子，亲临讼庭审理案子，却不分罪行轻重，一律释放。出行时，碰到拦路的人，时常给点衣食，以示恩惠。他对奏事的官员特别苛刻，如果发现奏章里有一个不合字体或者语词错误，必加严惩。有官员将诏书中"春蒐"字误写为"春菟"，结果经办人员连同他的上级全被免职或降级。小事如此细致，大事却一点也不抓，也不知道该如何处理，致使很多重要的奏章堆积如山。好不容易想实施点新政，又打算废铜钱而用谷帛（是不是想恢复到奴隶社会），如此等等，变化无常，结果越搞越乱。

不仅如此，桓玄还骄奢荒侈，游猎无道，游乐从夜至昼。即使是其兄桓伟下葬的日子，桓玄在白天哭丧但夜晚就已去游玩了，有时甚至一日之间多次出游。又兴修宫殿、建造可容纳三十人的大乘舆。这等情况，百姓更因而疲惫困苦，民心怎能不思变？

终于在三个月后，刘裕、何无忌等北府军旧将在京口起兵反抗桓玄，桓玄被杀，刘裕开始成为东晋举足轻重的人物。其中有个细节让你哭笑不得，桓玄因刘裕讨伐而败走江陵时，擅长写作的他一路起草《起居注》，内容都是他抵抗刘裕义军的事，自称自己指挥各军，有谋有略，只因诸将违反其节度才兵败，是非战之罪。由于桓玄专心写《起居注》，所以都没时间和手下商议战事对策。

读完这段历史或者这个被后人笑话为闹剧的史实，我们不妨来分析下桓玄失败的原因。

有人说，他的大战略出了问题，太急于称帝。在这一问题上，他与他老爹是两个极端。但是桓玄确实当时不具备称帝的条件。要稳定的实现篡位，需满足最基本的条件：第一需要篡位者对中央权力机构和地方政权具有强大的统治力；第二篡位者需有足以服众的功绩。如果篡位者没有突出的能力，没有突出的才干，往往会身败名裂。桓玄就是这样。

也有人说，桓玄错失了对付刘裕的时机。即使桓玄迫不及待地称帝，他的胜算也完全胜过刘裕。桓玄听完刘迈关于刘裕起义的告密后，几乎没有采取任何措施，而是傻傻地等着刘裕来进攻。在这种情形下，呆守建康，无疑在给外界示弱，将自己对刘裕的恐惧写在了脸上。

但在我看来，桓玄之败，败在了失去民心。东晋百姓经过连年战乱，只希望能过上几天安生日子，并不在乎究竟谁当皇帝。但是，桓玄很快就令他们失望了。这样一个连书画、服饰和玩物都要每天随身携带的皇帝，注定不会把百姓的疾苦放在心上。果然，三吴大地发生大饥荒时，很多人饿死在道旁，桓玄也失去了人们的信任和支持。

权者，把柄也。有了把柄固然有操纵之便利，但要被操纵者顺从，就要为人们着想，克制一己之私欲。所以，得民心者，其权自生；失民心者，有权不保。

五十四、你不能用一只手去遮天下人的眼

> 如果你是聪明的话，你会了解自己的无知；如果你不认识这一点，就是愚昧。
>
> ——卢梭

上回写到东晋美男子桓玄的政治谣言和政治作秀，感觉似乎意犹未尽，于是今天再对这公子哥写一回。

在东晋所有的权臣中最著名的有王敦、桓温、桓玄和刘裕等，这些人都有一个共同的特点，那就是自认为国家建立了大功勋，在朝廷可以颐指气使，独断专行，唯我独尊，而且大多结局不好，尤其是桓玄，因为在他一时辉煌的背后，还隐藏了一个可怜、可笑、可气、可憎和可悲的命运。

不听妻子的劝谏，可怜！桓玄的夫人是尚书令刘耽的女儿，小时候读书破万卷，很有才思。平时喜欢鉴赏人，常在帷帐后窥视桓玄手下的大臣，见一个个都不如桓玄，知道桓玄可能江山稳固，心中大喜。可是一看到刘裕仪表堂堂，相貌不俗，桓妻大惊失色，知道此人必不久居于人下，于是对桓玄说："老公，刘裕他龙行虎步，气度不凡，妾身以为在朝诸公，没有一个能超过他的。这样的人，胸有城府，腹有良谋，岂能为我所用，恐怕有后患。"

桓玄一见夫人如此说，感慨道："你说得对，只是目前用人之际，我一定让如此优秀的刘裕在我门下，让他为我所用。"桓妻连忙制止，说："刘裕心胸远大，智谋高深，不是老公你能压制住的，不如趁早杀死他。"桓玄又道："我正想凭借这个人的力量，扫荡四海，削平群雄呢。"桓妻叹道："等到你削平了群雄，刘裕早已成了气候。桓玄不听。"桓妻痛苦地说："看来我等死无葬身之处。"可怜桓玄，自以为阅人无数，能够看清楚自己周围这些人，又错误地以为某些人是钱财可以收买的。

面对大兵压境的策略，可笑！当得知刘裕他们在距离京城不到一百公里的京口起兵，大臣们请求迅速派兵攻打刘裕，这时候的桓玄却说，刘裕的兵势，锐不可当，因为他们知道命运是九死一生，所以势将力战。而我们大军万一意外失误，他们的气势就成，我们的大势就去。不如把大军集结在建康城东北，严阵以待，他们一路向前，空跑二百华里，什么也没碰到，锐气已经挫折，而忽然发现大军挡路，一定大为惊骇，我们也继续按兵不动，不跟他们交锋，他们求战不得，最后必定一哄而散。

最后，桓玄还自我总结：这是上等策略。真是异想天开。就是在这等策略下，刘裕以一千七百人的兵力，轻松夺得了建康城，逼迫桓玄数万大军向西逃离。

战败后的求神，可气！得知自己的两位猛将跟刘裕交战被斩，桓玄大惊，魂不附体，便召集一些会道术的人推算术数以为厌胜之法，并用法术镇压刘

《洛神赋图》（局部）

裕军队，还询问文武百官说："我真的会失败吗？"吏部郎曹靖之回答说："神人共怒，我实在害怕之极。"桓玄说："人怨还有由可说，神怒从何怒起？"回答说："迁移晋室宗庙，使其祖宗漂泊失所，像大楚的祭祀，祭父不祭祖先（桓玄认为祖先身份卑微，于是不设祭祀），这就是神怒的缘由。"桓玄说："卿为何不劝谏？"曹靖之回答说："历代帝王都以为自己所治是尧舜盛世，臣哪里敢说一字？"

逃亡路上的自欺欺人，可憎！称帝后的桓玄被刘裕一路追赶到荆州，荆州各郡的长官听到这个消息，纷纷上书，祝福他这个皇帝起居平安，谁知桓玄一概不接受，说自己不是逃离，而是迁都，于是命令他们重新递交奏章，要他们恭贺迁移新都。民间有句谚语，难用一个人的手，掩住所有天下人的眼睛。桓玄认为他有这个本领。历史上这种人多如牛毛，总认为别人都傻，天下只有他一个人聪明。

战败前临死的样子，可悲！桓玄逃到江陵城西的枚回洲，遭到刘裕部下的围追堵截，向桓玄开弓放箭，矢如雨下，几个臣子急忙用身子挡住，都被射死，桓玄受了轻伤。益州都护冯迁抽刀砍来，桓玄从头上拔下一枚玉导送给他，心惊肉跳地质问："你是什么人？敢杀天子！"冯迁回答说："我只是杀天子的贼罢了！"说完，手起刀落，人头坠地。

其实，群众的眼睛是雪亮的。

当初，晋朝将领袁虔之为了逃避桓玄的迫害，投奔后秦。后秦主姚兴问他："桓玄才能比他老爸桓温怎么样？能不能成功？"袁虔之回答："桓玄利用政府衰弱混乱的时机，盗取宰相高位，猜忌成性，而又刻薄残忍，刑罚赏赐都不公平。依我看，他跟他老爸差很远。而且，桓玄已经掌握大权，大势所趋，非篡夺政权不可，那可是替别人开道，替别人扫除路上障碍。"

后来，桓玄篡位后，弘农郡太守王元德对人说，自古以来，革命的人不止一个，然而，今天革命的这位，恐怕难以承担这件大事。

不过，这个公子哥也不是一个完全的糊涂蛋，他唯一有自知之明的地方是，在得知刘裕和刘毅、何无忌等人起兵反抗他的时候，身边的臣子着急劝解说："刘裕他们是一帮乌合之众，怎么能成大事，你大可不必忧虑。"桓玄的脑袋摇得像拨浪鼓似的说："你们只知其一不知其二，这三人联合对付我，我命休矣。刘裕是当代公认的英雄就不说了，刘毅这家伙曾经家里穷得连锅都揭不开，但在赌博的时候一出手就是百万，胆子简直太大了。何无忌这小子，活像他舅舅刘牢之，英勇无敌。这仨人联合起来搞我，我还有好日子的？"

但是，为时已晚。桓楚这个短命政权终于被刘裕推翻。桓玄从称帝到兵败出逃，共经80天。不知是巧合，还是有人有意编造的。据说，元兴年间衡阳有母鸡变成雄鸡，80日后鸡冠却萎缩了。

桓楚从称帝到被杀，前后不到半年，死时三十六岁。不知道死前的桓玄还会不会想起当年跟慧远大师的一番交谈，慧远是东晋净土宗高僧。

当年桓玄征伐殷仲堪时，行军经过庐山，要慧远大师到军营一见，慧远大师说身体不舒服不能出来。桓玄只得自己入山。桓玄傲气十足，不肯向慧远敬礼，并且嘲笑他："不敢毁伤，何以剪削？"意思是"身体发肤，受之父母，不敢毁伤"，借《孝经》中质问慧远剃发为僧的行为，想置他于"不孝"的地位。没想到慧远淡淡回答："立身行道。"这答语也出自《孝经》："立身行道，扬名于后世，以显父母，孝之终也"。意思是：人在世上，遵循仁义道德，有所建树，显扬名声于后世，从而使父母显赫荣耀，这是孝的终极目标。

这个"立身行道"明显是说给桓玄听的。

桓玄死后，堂兄桓谦、桓石绥等人仍坚持抗争达五六年之久，直至晋安帝义熙六年（公元410年）才宣告全部失败，桓氏家族彻底覆灭。这是后话。

桓玄篡晋，是东晋门阀政治的尾声，更是东晋王朝的丧钟。

五十五、谁破坏游戏规则谁就得付出代价

一个社会是有规则的，不是随性而为，不是暴力、滥交、背叛！

——柴静

东晋末期有一支赫赫有名的军队，叫北府兵，这是王朝最有实力也最精锐的部队，最早是由谢玄负责组建的。这篇想说的是这部队里后期的一位名将，叫刘牢之。

中国有句古话叫，"靡不有初，鲜克有终"。从"靡不有初"讲，他人生的起点不错。刘牢之是彭城（今徐州）人，出身尚武家庭，长得面色紫赤，胡须与双目生得奇异，让人感到惊奇，而且性格深沉刚毅，为人足智多谋。

当年他曾是谢玄手下的参军，常领精锐为前锋，在淝水之战中，刘牢之率领的北府兵起了关键的作用。史称："（苻）坚将梁成又以二万人屯洛涧，（谢）玄遣牢之以精兵五千拒之，去贼十里，成阻涧列阵。牢之率参军刘袭、诸葛求等直进渡水，临阵斩成及其弟云，又分兵断其归津。贼步骑崩溃，争赴淮水，杀获万余人，尽收其器械。"然后两军决战于淮水之南，谢玄与谢琰率晋军进击，苻坚军又败，"坚中流矢，临阵斩苻融。坚众奔溃，自相蹈藉投水死者不可胜计，淝为之不流。余众弃甲宵遁，闻风声鹤唳，皆以为王师已至。"可见在这场淝水之战中，刘牢之的形象还是非常光辉的。

本来说，按照这样发展下去，刘牢之的人生轨迹达到封侯拜相也不是没有可能。但是，此后的刘牢之在东晋王朝内部的纷争中，却彻底失败了，原因只有一个：就是他的反复背叛，破坏游戏规则。

第一次叛变。

原来刘牢之是青兖二州刺史王恭的部下。隆安元年（公元397年），王恭起兵讨伐王国宝时，起用刘牢之为司马，兼任南彭城内史，加拜辅国将军。当讨伐王国宝的檄文传至京都，朝廷诛杀王国宝、王绪后，王恭自负门第高贵，才能超拔，因而傲物凌人，自以为功德威望大显天下，虽然依仗刘牢之的力量打败了王国宝，但不过只把他当做一个行阵打仗的武夫而已，很轻待刘牢之。而刘牢之也比较自负有才，心中怨恨。

这里插一句，王恭做得实在太差劲，不懂得笼络人心。当年的谢万跟他如出一辙，监管青、豫、冀、并四州军事的他自高自大，不懂得善待部将。其兄谢安虽然多次劝说，他仍不听忠告，终于在一次战斗中因为手下不听指挥而兵败，最后遭到废黜。

隆安二年（公元398年），王恭第二次起兵时，司马元显派庐江太守高素游说刘牢之倒戈，答应事成后，许他代替王恭的官职封号，刘牢之权衡利弊，加上对王恭有意见，很快就答应了。当王恭大军行至竹里，刘牢之便背叛王恭，归顺朝廷。

没有主力队伍刘牢之的支持，王恭怎么能战胜朝廷大军？没多久兵败被处死，刘牢之如愿以偿代替王恭接管兖、青、冀、幽、并、徐、扬七州及晋陵的军务。

刘牢之本是低级将领，一下子占据了王恭的显赫职位，众人都无法心悦诚服，刘牢之便重用心腹徐谦之等人以加强自己的势力。当时，杨佺期、桓玄率部威逼京师，上表为王恭申辩，请求朝廷诛杀刘牢之。刘牢之率北府兵急速行军奔赴京师，驻扎在新亭一带。桓玄等人接受诏令从京师退兵，而刘牢之则回兵镇守京口。

第二次叛变。

元兴元年（公元402年），朝廷打算讨伐拥兵叛乱的桓玄，任命刘牢之为前锋都督、征西将军，兼任江州刺史。司马元显派遣使者同刘牢之商议讨伐桓玄的有关事宜。刘牢之因为桓玄从小享有英名，如今又凭仗江南之众，担心制伏不了他，又考虑到消灭桓玄之后功高震主，司马元显一定不会容忍自己，于是犹豫不决，不得已才率北府文武将士进驻洌洲。

桓玄得到消息后，马上派属下何穆劝阻刘牢之，说："从古至今，战乱时代，君臣之间彼此相互信任的只有燕昭王与乐毅、刘玄德与诸葛亮，但都是功业未成而明君早逝，假如功成名就，恐怕难保大祸不临头。常言道：'高鸟尽，良弓藏；狡兔死，猎狗烹；敌国破，谋臣亡。'所以勾践杀文种，嬴则除白起，汉高祖斩韩信。他们都是英雄霸王之主，尚且不相信手下的功臣大将，更何况那些凶残愚昧、平庸无能之辈呢！如今足下与桓公为敌，战败了将会遭到灭族之灾，战胜了同样会遭到灭族之灾，出路在哪里呢？与其头足异地，身败名裂，为天下俗人所耻笑，不如调转戈矛，保住自己的富贵，这样就可以使自身高位固若金石，英雄美名如天长地久。何去何从，请足下三思。"

刘牢之自以为手握重兵，才能智谋足以统辖江南大地。加上谯王司马尚之已被桓玄打败，使得士气低落，军心沮丧，于是刘牢之欣然接受何穆的劝说，派遣使者与桓玄联络。刘牢之的外甥何无忌与部将刘裕极力劝阻刘牢之，连刘牢之的儿子刘敬宣都说："现在国家衰弱，天下治乱的关键在于你和桓玄，桓玄凭借父辈留下的权位声望，帝国的三分之二土地被他占据。一旦放纵他凌辱中央，他的声望会更高，到时候对他再也无可奈何。董卓事件，将在今天重演。"

刘牢之不听，大怒道："你懂个屁，关键是平定桓玄之后，教我如何对付司马元显？"不久，刘牢之令儿子刘敬宣投降桓玄。

第三次叛变。

果然，有了刘牢之强大力量的支持，桓玄很快战胜了司马元显。没多久，桓玄任命刘牢之为征东将军、会稽太守，目的是将其调离京口。须知，京口是北府军的大本营所在。

刘牢之长叹道："才刚刚开始而已，便削夺我的兵权，不久以后，大祸将会降临了！"当时，桓玄住在丞相府，刘敬宣劝刘牢之袭击桓玄，刘牢之犹豫不决，移兵驻扎班渎，打算向北投靠广陵相高雅之，占据长江以北广大地区来对抗桓玄，召集众将领商议决策。议事会上，刘牢之的参军刘袭说："这世界上，最不该做的就是背叛，您几年前背叛王恭，几日前才背叛司马元显，现在又要背叛桓玄，您这样的人怎么自立于世呢。"说完，刘袭就转身出帐，留给刘牢之一个潇洒的背影。其他部将一看，也跟着跑了很多。

刘牢之一看，人心散了队伍不好带，赶紧叫儿子刘敬宣去京口接家人，准备再做打算。结果期限到了，刘敬宣没回来。刘牢之以为事情已经泄露，儿子也被桓玄杀了。便急忙向北逃跑，跑到新洲，刘牢之惊惧之下，直接上吊自杀了。

后来尸首被桓玄所获，桓玄作为一个自诩豪杰的高等士族，最瞧不起刘牢之这样的叛将，直接将棺材打开，砍掉了刘牢之尸体的脑袋，将尸体暴露在街市上示众。

刘牢之之败，完全是败给了自己，他不懂"君子要像爱惜羽毛一样爱惜自己的名声"这句古话。反复背叛连他手下都看不起他，换一句话说：你这个人不可信也。《论语》载："子曰：'人而无信，不知其可也'。"对于不守信用的人，是难以共处的啊！

在刘牢之身上，我们也看到了历来官场的争权夺利，就是一场游戏，而且还是一场无规则无诚信的游戏。西方人非常重视游戏规则，重视道德诚信，把规则看成是一切活动的根本，若无规则，他们就觉得无价值无意义。

古时之人肩负着沉重的道德包袱，但在规则方面却思想解放得很，尤其是上层社会，就更无规则可言，如果非要说有规则的话，那就是铁血规则。在那无规则的世界，倒会让人产生一种"自由"的感觉，只是这种自由显得有些怪诞，甚至会让人付出意想不到的代价。

五十六、做人永远不要太把自己当回事

愚顽的人喜欢刚愎自用,心灵境界低的人好自以为是。

——谚语

有这么一段话,本事不大,脾气就不要太大,否则你会很麻烦;能力不大,欲望就不要太大,否则你会很痛苦。把这段话放在东晋晚期大臣刘毅身上再恰当不过。

跟前文说的刘牢之有些类似,刘毅也属于寒族,也是北府军的重要将领,他虽然不像刘牢之那样反复无常,但他的争强好胜、刚愎自用,太把自己当回事让他走上了不归路。

刘毅从小就很有大志,家境还算不错,有车有房有存款,但他不愿意打理家产,反而喜欢到处结交朋友。由于是寒族,他最先在徐州府做小官,后来投身于北府军,成了一名下级军官。由于他的实力和表现,很快就脱颖而出,成长为军队的重要将领。

元兴三年(公元404年),刘裕与何无忌等北府军旧将在京口图谋起兵讨伐桓玄,刘毅与何无忌关系不错,也参与他们的图谋。当时何无忌特地问:"桓氏现在强盛,可以讨伐吗?"刘毅回答道:"天下自会判定强弱,若是违背道义,虽然强盛亦算是弱小,只看究竟有没有成就大事的领袖。"不知他指的领袖是自己还是他人。

后来,刘毅以他的刚猛沉勇果敢,与刘裕等人协同合作铲除桓玄家族,恢复东晋大业。然而他喜欢独断专行,常常居功自夸,不愿推崇佩服刘裕,因为此时的刘裕在北府军旧部中的威望和声望已经形成。尤其是在被朝廷任命为豫州刺史后，进入贵族社会的他更是刚愎自用、狂妄自大。

义熙六年（公元410年），范阳涿县人卢循作乱犯上，何无忌出兵战死，朝廷震惊。刘毅准备率兵南征，这时候，刘裕写信给刘毅说："我先前曾与妖贼卢循交过战，知道他们用兵行阵的变化方略。现在我部战船修建即将完毕，准备在前方攻击贼军。攻克之日，上流的重任皆托付与你。"意思是我刘裕出征即可，不用麻烦你了，又派刘毅的堂弟刘藩前往劝止刘毅南征。刘毅大怒，对刘藩说："我不过平时让着刘裕而已，你就以为我不如刘裕了？！"将刘裕来信狠狠地掷于地上，就率水师二万出征了。

骄兵必败。果然，刘毅驻扎在桑落洲，与卢循军交战，大败，丢弃船只，只带着数百人慌忙逃窜，其余部众全部被卢循军所俘虏，辎重堆积满地，全部丢弃。刘毅逃走，幸亏参军羊邃竭力救护，才逃过一劫。经过南方的蛮荒之地，又死伤一批，最后只剩几十人，狼狈不堪逃回朝廷。

不听刘裕的安排，擅自出兵导致严重失败，这种无组织无纪律的行为本该受到惩处，但，这时候刘裕不仅没责怪，反而安慰勉励他，说些胜败乃兵家常事等等的话，并恢复其官职。史书读到这里，刘裕跟刘毅的高低一眼就看出来。

后来刘毅转任江州都督，没多久又改任荆州刺史。刘毅做了一件极其没有政治头脑的事，不向朝廷汇报只言片语，居然擅自带走江州士卒及豫州西府文武将佐一万余人，和江州的全部军资，跟他一起前往荆州所在地江陵，这些人和物又不是你刘毅私人所有的，这叫江州的下任都督情以何堪，更叫朝廷脸面往哪里搁啊？

面对刘毅的恣肆骄纵，欲望膨胀，目无朝廷。朝廷也无可奈何，因为刘裕的脚跟刚刚扎稳，还没心思动他，只能先顺着他。

出镇荆州后，虽然占据上流，享有统辖地方之大权，但他朝内原先兼的所有职权没了，于是又颇为忌恨不满，怏怏不得志，真是大志气害死人，他觉得自己的命不仅仅是掌管一个地方，更应该是掌控全国。所以，每当刘裕以宽柔随顺他，他却骄纵跋扈越加严重，喜欢历史的他，常常拿起史书就说："恨不能生在刘邦、项羽之世，与他们争夺天下。"又对好友兼属下的郗僧施说："从前刘备之有孔明，犹如鱼之有水。今天我与足下虽然才能不及古代圣贤，但做的事不比他们差啊。"

很多部下其实都厌恶他的傲慢不逊，但害怕他的淫威，不敢指出他的毛病。刘毅也自得其乐地生活在自己的性格世界里。当初，刘裕征讨卢循，凯旋，晋安帝在西池设宴慰劳刘裕，诏令群臣赋诗颂扬。刘毅赋诗道："六国多雄士，正始出风流。"自知武功不及刘裕，便故意显示自己文雅有余。

当然，让朝廷和刘裕担心的是，刘毅还跟堂弟、兖州刺史刘藩遥相呼应，修缮战甲拥兵自重。甚至还借助尚书左仆射谢混（谢安的孙子）煽动内外，欲打压刘裕。刘裕因刘毅存心背叛他，便抢先一步，不动声色地杀掉了刘藩、谢混。

公元412年，刘裕便上书奏报朝廷批准后率军进伐江陵，亲自率领部众讨伐刘毅，命王弘、王镇恶、蒯恩等率兵进至豫章口。

王镇恶等一直前进，于十月进至豫章口，及后攻下了江陵外城，而刘毅则守内城，率精兵数千人力战。当时王镇恶派人向刘毅出示诏书、赦文以及刘裕的亲笔书信，但刘毅很愤怒，不看就将它们焚毁。不过，当刘毅部下知道刘裕亲自到来后就没有斗志，而当王镇恶焚烧城门并一直进攻时，部队一下子溃散，刘毅只有率三百多人经北门单骑突围逃走。刘毅到外城后冲击王镇恶军，不能成功，于是回攻疲累的蒯恩军，终于成功从大城东门逃出江陵。

大败后的刘毅在深夜骑马奔逃，眼见着后面的追兵就要追上自己了，慌不择路，逃进了江陵郊外的牛牧寺，寺里的僧人见有人闯了进来，便连忙向外赶他，他哀求僧人允许他躲避一下追兵，僧人们坚决不同意，说："几年前，我们寺里的释昌法师就是因为私藏了一个被官兵追捕的人，所以被一个叫刘毅的将军杀掉了，这次，我们是再也不敢收留任何人了！"说完，便将刘毅轰了出去，把寺门关上了。

事情怎么会这么巧？原来七年前，刘毅大败对手桓蔚，桓蔚失败后，落荒而逃，为躲避追兵，逃进了牛牧寺，请求在寺中躲避一下，寺僧释昌出于出家人的慈悲心理，便将桓蔚藏了起来，使他躲过了追兵的搜查，捡了一条命。后来，刘毅得知了事情经过，怒不可遏，下令将寺僧释昌斩首，众位僧人苦苦哀求，求刘毅放他一马，但心狠手辣的刘毅丝毫没有宽容之心，十分坚决地把释昌杀掉了。

历史在重演，悲剧再次发生。这次，轮到刘毅走投无路了，眼看着追兵就要冲到近前了，他长叹一声"天亡我也"，便上吊自杀了。一夜过后，当地居民报告了官军，于是将刘毅尸体拖到街市上斩首示众，其余子侄皆被诛杀。《资治通鉴》记载了刘毅这最后一段故事，它在告诫我们后人：做任何事，都不要做绝了，否则绝的可能就是你自己的路。

刘毅失败了，一方面是他的性格所导致了个人的悲剧，刚愎自用，太把自己当回事，很不得人心；另一方面，也跟他没有政治头脑，不能顺应时代有关，寒族军人在东晋这个士族横行的年代，在试图恢复荣耀的皇权和不甘心失败全面反扑的门阀之间不知何去何从，手足无措，无法发挥实力而黯然退场。这样的例子，在那个时代，不只刘毅一个。

不过，刘毅仅仅是以一介武夫的形象出现在晋末各方势力斗争白热化的战场上，他的失败不等于北府军的失败，北府军这一支晋末重要的军事力量，最后通过同样是寒族的刘裕，成了时代的胜利者。

五十七、引咎自难，看东晋官员的最后担当

> 人生须知负责任的苦处，才能知道尽责任的乐趣。
>
> ——梁启超

在前文我描述了这么一个镜头。那天，天空飘着雪花，东晋贵族青年王恭，乘着漂亮的高车，披着轻盈的鹤氅，从容前行。路边的一个院子，一位年轻人从笆篱的细缝处看着这位坐在车上的名士，不禁又欣赏又羡慕，感叹道："这简直跟神仙没区别。"他的目光一直随着渐行渐远的人影迟迟不肯收回来，那场景和现代崇拜影视明星很相似。

这位年轻人就是后来的东晋名臣孟昶，尚未发达之时，家住京口，即今天的镇江。

孟昶最先是青州刺史桓弘的主簿，相当于省政府办公厅主任，与桓弘同驻广陵（今江苏省扬州市）。元兴三年（公元404年）桓弘派孟昶到建康送文件，朝见了桓玄，桓玄见孟昶词态雍容，很是器重，打算留他在京城工作，拟任尚书郎，相当于国务院的助理官，就问昔日与孟昶一起住在京口的刘迈，是否相识，有何意见。因刘迈向来与孟昶关系不好，于是故意说："臣在京口时，没听过孟昶有什么特别才能，只知道他们父子常互相赠诗吹捧。"桓玄只是笑笑，就没任用孟昶。

孟昶知道后，十分怨恨刘迈，觉得再也没法得到桓玄信任，回到京口，正与建威将军刘裕相遇，彼此叙谈，颇觉投机。得知刘裕正图谋起兵推翻桓楚，复辟晋室，于是决意参加。刘裕开玩笑地说："草莽中将有英雄崛起，你有没有听到一点什么消息？"孟昶不假思索地说："今天的英雄还能是谁？

正是你！"

孟昶辞行，返至青州。孟昶的妻子周女士，家财万贯，孟昶对她说："刘迈在桓玄面前百般毁我，使我一生沦落，再不能升迁，我决定发难，你最好早早跟我离婚，免得受到牵累，万一我得到富贵，再去接你回来不迟。"

周女士接口道："你的老爹和娘亲双双在世，却打算采取非常行动，岂是我一个女人所能劝阻！事情不成功，我也应该在家奉养公婆，大义摆在这里，我不回娘家！"

孟昶怅然若失，坐了很久，起身出去，周女士追了上来，叫他回座，说："看你的作为，不是凡事都向妇女商量的那种人，你之所以告诉我，不过是需要经济支援。"于是指着怀抱中的儿子告诉孟昶："他如果可以卖钱，我也不珍惜。"深明大义的周女士就把全部家财卖掉，交给孟昶。

孟昶看中刘裕绝对不是一个简单的人物，接下来的日子，孟昶协助刘裕，诱杀了桓弘，平叛了青州。后来他联合其他人推荐刘裕为盟主，总督徐州军事。孟昶为长史，檀凭之为司马，当下号召徐兖二州众士，聚集1700人，传檄远近，声讨桓玄。

公元405年，刘裕收复建康，晋安帝复位，由于孟昶的出色表现，先后被任命为建武将军、丹阳尹、吏部尚书、尚书左仆射，相当于首都市长、中组部部长、国务院副总理。

四年后，刘裕上奏北伐南燕，朝臣们都反对，唯独孟昶等人却认为必能取胜，劝刘裕进行北伐，刘裕于是留孟昶监中军留府事，自己亲自领兵北伐南燕，并于次年成功灭燕。

但是在灭燕的同年，却让卢循及徐道覆等邪教组织抓住了空当，率军大败豫州刺史刘毅，声势强盛，逼近建康。

当时刘裕刚从南燕故土南归不久，孟昶等人打听到邪教组织有数十万之多，都很忧虑，想出了一条趋避的计策，建议晋安帝北渡长江避难，当时朝中很多人也同意这个建议，两个原因：一是孟昶料事如神，先前他料定何无忌、刘毅出师迎战邪教必败，果然失败。二是此时因北伐将士刚刚回师，战士已经疲乏，担心刘裕不能抵抗卢循。

但是这个建议遭到个别人的反对，比如中兵参军王仲德，他向刘裕进言道："阁下应上天之命，作帝国辅佐，新近又建立大功，灭了南燕，声威震动天下，妖贼（指卢循的邪教组织）乘虚侵犯，听到你凯旋，自然会奔逃溃散。我们如果先行逃亡，则跟平民百姓一样。平民百姓发号施令，谁听他的？逃离京都的计划一旦批准，我就立即辞职回家！"

刘裕也正是雄心勃勃，听后大喜道："我意正与你相同。南山可改，此志不移！"

孟昶坚持己见，又想进一步劝说刘裕，刘裕怒道："现在帝国重要的兵力，在外挫败倾覆，强大的盗匪节节向内紧逼，人心恐惧，情势危急，没有一点信心。皇家一旦移动，立刻土崩瓦解，长江以北虽近，岂能到达？即使到达，也不过拖延岁月而已。现在我们的军队虽少，但仍足可一战，如果胜利，君臣同时庆幸，如果厄运当头，我也要死到皇家祭庙门口，完成我平生忠君报国的志愿，绝不逃窜到荒草堆里，苟延残喘，只求活命，决心已定，你不要再说了。"

双方各持己见之下，孟昶愤恨刘裕建议不被采纳，也认定此战必败，于是请求死。

刘裕大怒："你等着瞧我打这一仗，再死也不迟！"

孟昶自知刘裕必定不肯接受其建议，他上书请罪，称自己对京城陷入危机和朝廷危难负责，自尽殉职。上书道："刘裕计划北伐时，其他人都不同意，只有臣赞同刘裕的计划，导致强盛的逆贼把握到机会，令国家陷入危险之中，这是臣的罪过呀。现在我就引咎向天下谢罪。"

公元410年6月22日，孟昶把奏章装在信套，封口完毕后，就服毒自杀了。

可惜了！这在后人看起来也许是有点傻，但是从为官的责任来说，孟昶却做到了极致，他不仅仅放弃古代官员所看重的职务，更是放弃自己的生命。

在"官"味十足的古代社会里,很少人愿意主动离开掌握权力的岗位,哪怕是到了民怨沸腾的时候,只要上级不授意,或者没有案发,自己主动引咎辞职的几乎闻所未闻,更何况是像孟昶这样引咎自杀的高级干部。

无独有偶,春秋时期的李离也是这样一个人,身为晋国最高司法长官的他错误地听取了下级的汇报而判人死罪,把自己关押起来判了死罪。当时的国君晋文公说:"官有贵贱之分,处罚有轻重之分,下级官吏有错,不是你的过错。"李离回答说:"我担任的官职是长官,并不让位给下级官吏;享受俸禄多,不和下属平分利益,现在我听了下级错误的汇报而判人死罪,却把罪转嫁到下级官吏身上,是没有听说过的。"

在当时的法律上,并没有规定上级官员需要为下级官员的错误负责,尤其是在政治上,晋文公已经打算赦免他的责任。但是李离拒绝了可以豁免他的命令,晋文公又说:"你如果自以为有罪,我也有罪吗?"李离说:"狱官遵守法纪,错误地判刑,应判自己的刑,错误地判人死罪,就应判自己死罪。您认为我能听察细微的事情,就能判断案情,所以让我当狱官,现在我错误地听取下吏的汇报而判人死刑,罪责应当死。"最后,李离用剑自杀而死。

孟昶,作为东晋最后的忠臣,作为东晋的一颗良心,尽管他没办法改变东晋衰亡的现状,但为后人树立了一座伟大的丰碑和留下了一个不朽的理念:时时要对国家负责、对自己的职守负责、对自己的良知负责。读到这里,我们不禁要向一千六百多年前这位优秀的官员致敬。

五十八、邪教组织差点要了东晋的命

> 轻浮和虚荣是一个不知足的贪食者,它在吞噬一切之后,结果必然牺牲在自己的贪欲之下。
>
> ——莎士比亚

东晋晚期,大厦将倾,哪怕是一根小小的手指,都有可能让它顷刻之间轰然倒塌。此时,每个人都想当皇帝,不仅是权臣,就连三教九流的道士也蠢蠢欲动想这么干。

借晋末群雄纷纷乱政之机,邪教组织五斗米教加入了僭越帝位的开国之争。第一任人物是道士孙泰,祖籍琅琊,曾是永嘉南渡次等世族。他为人贪得无厌,拜人为师学习五斗米教,通过幻术煽动民众,要求信教的人将所有财产、子女都捐给五斗米教。由于当时社会不太平,信奉孙泰的人暴然增加,就连庙堂执政的司马元显这样的国家中枢内部的人也被洗脑渗透。

这个原本有些来历的宗教组织,被孙泰演化成邪门歪道,每每有信徒病死,孙泰都会前往祝贺道:"成仙了,是好事。"于是,他周围聚拢了一大帮不怕死的狂热信徒。在后来叛乱的途中,还出现了变态的做法,加入叛乱的女信徒因婴儿随军累赘,就将婴儿们放入袋子或笼子里,投入水中,说道:"祝贺你先登仙堂,我随后就来找你。"

公元398年,孙泰见地方藩镇王恭等举兵对抗朝廷之事,有感晋朝国祚将倾,于是打算作乱。可能是保密工作没做好,很快被会稽内史谢輶揭发,孙泰造反的阴谋败露,本人遭到司马道子诛杀。孙泰的侄子兼弟子孙恩逃入东部海岛。孙泰的弟子们当时认为孙泰是"蝉蜕登仙",都赶到海岛中支持孙恩，孙恩于是聚集了百多人。

第二任人物孙恩，侄承叔业。有了叔父的前车之鉴，比较有谋略的孙恩一直在寻找机会东山再起。机会来了，公元399年，司马元显征调因三吴门阀免除官奴身份而成为佃客的广大民众到建康以充实兵员，此举激起当地门阀贵族的愤怒不满。孙恩趁着人心不稳，率众乘势进攻上虞杀了县令，随后又攻克会稽，会稽内史王凝之被杀。当时会稽郡等八郡都有人响应孙恩叛变，部下亦增至数十万人，孙恩不禁喜形于色，对属下说："天下没大事了，过几天咱们就穿着朝廷的官服到建康去上班。"

孙恩据守会稽，自称征东将军，向东攻略姚江各城，由于声势浩大，越都五郡，几乎都有县城被孙恩攻陷。孙恩还为其党众改了个称号为"长生人"，估计是长生不老的意思。并下令诛杀不信教的人，连婴孩也不放过，于是很多人被杀害。

孙恩叛乱震动了朝廷内外，一边宣布京城戒严，一边立马派遣徐州刺史谢琰与镇北将军刘牢之前往镇压，孙恩在得八郡响应下原打算攻陷建康推翻东晋，听说刘牢之来了，他又立即改变了远大目标，转而说："就算我只割据浙东这块地方，总也能做个勾践！"想以钱塘江与东晋分庭抗礼，学东晋跟前秦划江而治。又过了几天，听说刘牢之已经带着军队渡江，他又放低了目标，说："就算逃走，也没什么丢人的！"在刘牢之的讨伐下，孙恩被逼率其所掳掠的二十多万民众撤回海岛。

公元402年三月，桓玄消灭了司马道子父子的势力，执掌朝政，孙恩抓住机会再度来攻，但进攻临海郡时被临海太守击败，孙恩屡次来侵所掳掠的三吴士民，经上年大败给刘裕和此战后，至此死亡殆尽，仅余数千人。孙恩害怕被朝廷俘获，于是投海自尽，数百名他的妓妾和信奉他的部众皆随之而死，由于迷信的蛊惑，孙恩居然被其信众称为"水仙"。

第三任人物卢循，是孙恩的妹夫，也不是等闲之辈。身世显赫，曾祖是司空、从事中郎、著名文学家卢谌，他与舜一样也是人间少有的双眸四瞳，很有皇帝像，善草隶书法及弈棋等艺。有人曾经对他说："你虽然有一种儒雅的气质，可是心里一直不想走正道，怎么办？"

公元403年正月，他继承了孙恩的事业，领兵侵犯东阳、永嘉等地，后返回广州，赶走了广州刺史吴隐，也不管朝廷认可不认可，就自封广州刺史，并号为平南将军。当时朝廷刚刚诛杀桓氏等众多叛逆，早已内外风雨飘零，朝廷只能暂时任命卢循为征虏将军、广州刺史、平越中郎将。估计这招是刘裕的麻痹计兼缓兵之计。任命仪式上，有意思的是，卢循赠送给刘裕的是益智粽，刘裕回赠给他的则是续命汤。

卢循想任命前琅琊内史王诞为平南长史。王诞早已看出卢循不是什么好人，也不会有什么好下场，就游说卢循道："我本来不是军旅出身，留在这里也没什么用处。我一向被刘裕厚爱，如果能够回到北方去的话，一定会得到他的委派重用，这样，不管是为公为私，遇到机会，我一定要报答您的厚恩。"卢循觉得这样也不错。这时刘裕写给卢循一封信，让他派吴隐之回去，卢循没有听从。王诞又对卢循说："将军这次扣留吴公，对公对私都不是好计策。孙策岂能不想扣留华歆？只是因为一个地方容不下两个君长罢了。"于是，卢循同意吴隐之与王诞一起回去。

果然，数年后，在刘裕大军征讨下，卢循全军溃败，知道不能免死，他先把妻子儿女十余人毒死，又召集妓妾问道："我现在要自杀，谁愿意跟我一起死？"多数人说："麻雀老鼠还贪生，去死实在是人情所难。"于是把那些不愿随死的人全部毒杀，便投水自尽。

孙恩叛乱有点像场闹剧，不过这闹剧差点颠覆了朝廷，好在还有刘牢之、刘裕这样的北府兵旧将在支撑着这座已经倾斜将塌的大厦。中国海洋大学副教授丁玉柱对这次叛乱作了评价，虽然在三吴地区造成了很大的影响，但孙恩除了会用宗教迷惑人以外，并没有多少才能和远见。如果孙恩的政治才能再高一些，他本来会有更大的作为。但他缺乏政治远见，也没有坚定的意志，这些都注定了他的事业不可能长久。他带领的军队一派流寇作风，到了一个地方，除了杀死地方官之外，就只会劫掠财物，烧毁仓库房屋，甚至于砍伐树木，填埋水井，完全是一个疯狂的破坏者形象。

为什么我在这部作品里要写上这么一回，两个理由：一是孙恩开创了一个先河，孙恩海上叛乱被称为"中原海寇之始"，后人常称海盗为孙恩，孙恩成了海盗的代名词。二是孙恩开辟了一条道路，历史就是一个大舞台，你方唱罢我登场，孙恩的折腾，成就了一个人，那就是刘裕。

其实，孙恩、卢循不是晋朝最强的叛乱反军，在乱世中自取灭亡当是天意。桓玄勉强夺得帝位也并不功德圆满，最后还是以失败告终。刘牢之与刘裕同为功勋奇才，但刘牢之多变反而使自己的事业半途而废。晋朝多难，有刘裕等人的护驾，终以禅让的方式而告退历史。所以孙恩的叛乱能在晋末成为历史中过眼云烟也算是不错的了，因为与之相连的是刘裕的开国皇帝路。也许刘裕本身并未刻意想去做皇帝梦，估计他是那种"功到自然成"的伟大英雄。那么，刘裕在这路上做了什么呢？

五十九、卖鞋为生的刘裕为何会赢得江山

想当年，金戈铁马，气吞万里如虎。

——辛弃疾

公元418年，天上出现了异常现象。北方的魏国皇帝召见他的大臣，问："现今四海分裂，天象异常是灾难的征兆，不知道应在哪个国家？"崔浩对答："过去王莽篡汉，彗星出入，正好与现在相同。晋室危亡，彗星异常，是刘裕将要篡位的表现。"

崔浩口中的刘裕确实是一个充满传奇色彩的人物，他不在江湖，江湖上就有他的传说，当他在江湖上时，庙堂就离他不远了。

刘裕生于落魄贫寒小吏之家，出生便亡母，四岁又丧父，身世凄凉，命运多舛。早年以卖鞋为生，但并不安分守己，喜欢四处游荡，并且好大话，空话。还迷上赌博，倾尽家财，惹得邻里耻笑，亲友冥落。不过，就是这样的人，居然能成为帝王，也真是天知道的事情了。他的发迹跟前朝的刘邦、后朝的朱温颇有几分相似。刘裕毕竟是个有才能的人，而且有大志，当时出身琅琊王氏的王谧就十分敬重他，更曾对他说："你应当会成为一代英雄。"

读东晋最后这段历史，我给刘裕做了一番概括，主要是他具备了以下五个条件，让他建立了另一个王朝。

一是赢在基础上。

他的基础就是赫赫战绩。世上之事本难料，人说时势造英雄真不假，当时东晋朝廷面临北方强敌的军事压力，大力征募江淮壮男入伍，而穷困无路，干啥啥不成却自信到自恋，坚信自己会富贵的刘裕也进入行伍中。

刘裕先投将军孙无终，由于表现出色，孙无终举荐他，转入北府兵将领刘牢之的麾下，当了一名参军。在转战三吴的几年中，他不仅作战勇猛，披坚执锐，冲锋陷阵，且指挥有方，富有智谋，善于以少胜多。当时诸将纵兵暴掠，涂炭生灵，独有刘裕治军整肃，法纪严明。因讨乱有功，刘裕被封为建武将军，领下邳太守。

如果刘裕的事业到此为止，那刘裕就只是历史上一个毫不起眼的过客。因为历史上曾取得刘裕类似成就的人，实在多如牛毛，比如同时期的刘牢之、刘毅、孟昶等。刘裕之所以是刘裕，那是因为他在后来的十六年时间里，奋斗成了一代开国皇帝。

二是赢在风度上。

刘牢之死后，刘裕审时度势，暂时投奔桓玄。桓玄的妻子刘氏实在厉害，她多次暗中观察刘裕，对其夫说："这个人行止有龙势虎志，看问题不同凡响，不会久居人下，宜尽早除之。"桓玄却说："我欲荡平中原，非此人不行，怎好杀他？"刘裕潜在的风度不言而喻。

先前，刘裕指挥大军攻打孙恩时，突起大风，大家心中恐惧，刘裕说："如果上天仍有意帮助帝国，风势会自动平息，否则，淹死有什么关系？"下令开船，船刚离岸，大风即行停止，人心大为安定。

后来讨伐卢循，刘裕手中的指挥旗杆忽然被折断，指挥旗落到了水中，左右人士大为惊骇恐惧，认为是一种不祥之兆。刘裕笑着说："当年，在讨伐桓玄的覆舟山之战，指挥旗杆也是这么折断的！现在历史重演，一定会消灭叛军的。"果然，在他的鼓舞下，众志成城，一举消灭了叛军。

三是赢在性格上。

由于是孤寒出身，刘裕知道劳作的艰辛，尽管魏晋以来，皇室、官府崇尚奢华，但他清简寡欲，对珠玉车马、丝竹女宠十分节制。平时穿着十分随便，连齿木屐，普通裙帽。住处床头上是一方土墙，墙上挂着蔓草做的灯笼和麻制的绳甩子。为了警诫后人，他在宫中悬挂了少儿时使用过的农具、补缀多层的破棉袄。后来，他的孙子孝武帝刘骏看见这些东西，讥讽祖上是乡巴佬，甚至想拆掉这座老房子。

有地方进献琥珍枕，光洁华丽，刘裕听说琥珀可以疗伤，令人捣碎分发将士。大臣殷仲文因政府音乐设施不够完备，报告刘裕，请求重建。刘裕说："现在没时间做这件事，而且我也不懂音乐。"殷仲文说："你如果喜爱它，你就会懂。"刘裕说："正因为懂了就喜爱，所以我根本不去碰。"

四是赢在策略上。

两招策略让刘裕站稳了脚跟。一招是讨伐孙恩和桓玄平定了内乱，让他建立起绝对的军事地位；另一招是征伐南燕和后秦灭掉北方两国，使刘裕建立起绝对的政治地位。

孙恩作乱，来势汹汹，东晋朝廷胆战心惊，急令辅国将军刘牢之征讨，刘牢之的部下刘裕在战中创造了一个战争史上的奇迹：一人手持长刀把上千人的叛军追得四处逃窜，哭爹喊娘。孙恩之乱平定，晋朝并没迎来太平，因权臣司马道子、司马元显父子乱政胡为，虎踞荆楚、狼视三吴的大士族军阀，早就有不臣之心的桓玄就蠢蠢欲动，起兵杀死司马道子父子，控制朝廷大权，篡晋立楚，但三个多月后，刘裕审时度势，联合各路军阀起兵反楚，桓玄很快被刘裕灭掉。至此，刘裕掌握了王朝的全部兵权，被封为侍中、车骑将军、开府仪同三司，都督中外诸军事，录尚书事，独揽朝政大权。

虽大权独揽，威名日盛，但在门阀政治仍有很大影响的东晋末年，出身寒微，又没有文化的刘裕根本不会被士家大族正眼看待，内心深处他们十分鄙视这个昔日的卖鞋小贩和赌徒。刘裕深知要扬己长避己短，于是使出另一招，要通过北伐来进一步提高威望，加强权力和势力。

公元409年，南燕主慕容德死，其侄慕容超袭位，纵兵肆虐淮北，掳去晋两郡太守，驱掠百姓千余家，刘裕有光明正大的理由北伐了，三月他率师北伐，一战而破燕都广固，活捉慕容超，南燕亡。

公元416年，后秦主姚兴死，子姚泓继位，兄弟阋墙，内部叛乱跌起，刘裕看到了时机，八月，刘裕率四路大军北伐后秦，不过月余便攻占长安，姚泓率群臣投降。时隔百年，汉家大旗再次飘扬在长安城上。

五是赢在阴谋上。

刘裕相信一句谶语：昌明之后尚有二帝。昌明是孝武帝的名字。为了凑足二帝，刘裕先毒死晋安帝司马德宗，后立晋恭帝司马德文为傀儡皇帝。水到渠成了，刘裕想当皇帝，但他不想出面逼晋恭帝让位，因为他是以拥护晋室而名闻天下的，不想背上篡逆的骂名。

公元419年十二月的一天，在自己的封地寿阳，刘裕把群臣召集到宫中宴饮，饮酒的时候，他对大家说："桓玄篡位时，晋朝皇室被灭，是我发义兵，复兴了晋室，多年来南征北讨，平定了四海，把皇室保全了。现在我年纪老了，享受的荣华富贵太多。事情不能太满，盛满则不能久安。我想把爵位奉还给皇帝，回京养老。"

正是刘裕权欲熏天的时候，他想告老还乡、急流勇退？众部下谁都没有听出弦外之音，只是一味地称颂："刘大人千万不要有如此想法啊，朝廷没有你怎么可以转得动呢。"酒宴散后，中书令傅亮走出宫外，忽然悟出刘裕一番话中别有深意，立刻掉头往回走。到了宫外，大门已闭，傅亮敲开小门求见刘裕，侍卫传入宫中，刘裕让傅亮晋见。

傅亮说："我应快点回到京城。"刘裕明白了傅亮为什么说这番话，问："带多少人？"傅亮说："有几十个就够了。"然后傅亮即刻出宫。当时已是深夜，长尾的彗星照耀天空，傅亮拍拍大腿感叹道："我常常不相信天象，但今天却应验了。"回到京城，马上逼晋恭帝下诏把刘裕召回京。次年，刘裕迫司马德文禅让，即皇帝位，国号宋，改元永初。

宋朝辛弃疾有首词《永遇乐·京口北固亭怀古》，词中写道："斜阳草树，寻常巷陌，人道寄奴曾住。想当年，金戈铁马，气吞万里如虎。"词中的这位气吞万里如虎的人物就是刘裕。如同人生自古谁无死之于文天祥，匈奴不灭何以家为之于霍去病。气吞万里如虎也成了刘裕最知名的代言。

刘裕篡位之后，以司马氏前车之鉴，削弱强藩，集权中央，也采取了一系列的治国措施，无奈皇三代不争气，帝王还是变得荒淫残暴，朝政依然变得日益腐败，国家实力再次一蹶不振，刘裕江山又被另一名将军所取代。这是后话。

六十、为何国破家亡会是聪明智慧的人

命运之神的打击方式并非一成不变。有时,她会借我们的手打击我们,有时,她又为我们设下危险的圈套。

——塞涅卡

宋永初二年(公元421年),城头变幻了大王旗,国号已是南朝的宋了。

九月初四那天,傍晚。

如血残阳,肆无忌惮地蔓延,以至于吞噬了离建康城不远的整个秣陵小城。秋风哀鸣,卷起一大堆落叶,飘飘落落。

琅琊王府第里,司马德文一脸的憔悴,正望着渐渐淡去的晚霞,此时的他被废皇位已经一年零三个月了,他已经预料到篡位后的刘裕是不会容忍他,也许是该到了生命的最后时刻了。他在想,一百年前,他的祖父辈司马邺死于异族人之手,成了西晋结束的一个符号,此时的他会不会成为东晋终结的代名词?

没时间再去想这些不堪回首的痛事了。如果有来生,他愿意彻头彻尾地做一个普通老百姓,跟心爱的褚皇后过着与世无争的乡村田野生活。

门外响起一阵急促的脚步声,刘裕派出的褚淡之来探望司马德文夫妇,褚皇后听到兄长来了,就出来在别的房间接待。就在这时,预先埋伏好的武士们很快翻过墙头闯进司马德文的卧室,逼迫他喝下毒酒。

司马德文凄然地说:"我是信佛之人,按佛门规矩,自杀者来世不能再做人。"武士们成全了他的意愿,拿厚被盖住他的脸和身子,将他活活闷死。东

晋的亡国之君就这样离开了人世，时年三十六岁。

司马德文虽然生在皇室，但少有皇族的骄纵、暴躁和傲慢，而是善良忍让，恭敬谦虚，从小就得到父母的喜爱。这是个极度有爱心的男人。他的哥哥安帝是个白痴，但他并没有嫌弃他，而是悉心照顾，无微不至，并且一直追随左右，安帝生病，他又侍奉于床前，亲自为安帝尝食物的冷热，天气变化，为他试穿衣服体会冷暖，使安帝很快康复。安帝的有生之年，完全依靠弟弟的照顾，没有他，恐怕安帝活不了那么久。

后来桓玄挟天子败走江陵，司马德文也并没有为了自己的安危弃哥哥于不顾，而是一路追随，一路保护，一路照顾。

兄弟俩没有政治，没有利益，没有纠葛，只有兄弟，只有亲情，只有发自司马德文内心世界的那份爱。

桓玄被杀后，桓振起兵攻陷江陵，兵至天子的行宫前，在阶前准备杀害安帝，质问道："我们家族有什么负于国家的，你要把我们斩尽杀绝？"安帝不会说话，在旁的司马德文说："这难道是我们兄弟的意思吗？"桓振听后认为有道理，于是安帝躲过了一劫。

刘裕掌权后，也一心想害死安帝，但由于司马德文一直陪伴左右，甚至片刻不离，使刘裕派出去的人始终没有机会。直到司马德文得了病，回家调养的关头，刘裕才将安帝杀害。

司马德文还是个极度有善心的人。年幼在琅琊国时，曾让擅长射箭的人射击马匹作为娱乐。当时有人说："马是国姓，而你自己就去杀它，这是很不祥的事呀！"司马德文明白这话，也感到十分后悔。从那以后，他就开始虔诚地信仰佛教。

晋室失权已久，以司马德文的力量全力保护安帝，实在不是力所能及的事；安帝从小痴呆，司马德文若有野心想取而代之，应该是比较简单的事情。在整个封建王朝，像他这样不争权不夺利的皇子，实在罕见。

公元419年，刘裕杀害晋安帝，立司马德文为帝，年号元熙。东晋传到司马德文的时候，国家已经不像样子了。尽管司马德文是个聪明的君主，很有内涵，且文质彬彬，甚至能写一点诗歌文章，比起哥哥安帝要强了许多。可惜，他俩不过是大臣的玩偶，这些大臣高兴起来，就在朝堂上供着，一旦不乐意，谁还会把他当回事？

跟崇祯皇帝哀叹的"朕非亡国之君，臣乃亡国之臣"不一样，司马德文很清楚自己的命运：朕是亡国之君，臣乃篡国之臣。亡国是必然，不亡国才是奇迹。

对手太强大。刘裕这个人很有本事，尽管出身低微，却迅速崛起。不仅打败了当时的篡臣桓玄，而且很快消灭了孙恩等造反的五斗米教等邪教组织。有了这些军功，而且刘裕又打着保卫晋国的旗号，所以他的权力越来越大，而且受到当时很多人的拥护。

自身太弱小。司马德文手下没有兵将，他并不愚蠢，当然也想极力培养自己的人马。可惜，几乎所有的人都不听自己的话，因为长时间东晋积弱积贫，让大臣们对皇权丧失了信心。司马德文继位完全是刘裕相信谶语的结果，对刘裕来说，司马德文不过是自己的棋子，自己想怎么处理就怎么处理。

自己没同盟。司马王朝赖以信任的王、谢家族渐渐失去了地位。旧时王谢堂前燕，飞入人家无处寻。三十年河东，三十年河西。当年红极一时的王、谢家族失去了自己赖以生存的土壤，王导、谢安等人已经成为历史，王、谢后人能写文章和诗歌的人很多，可是有政治手腕的人却一代不如一代。还有一些所谓的皇亲国戚，如司马德文皇后的兄长褚秀之、褚淡之，身为东晋的太常卿和侍中，见皇帝、皇后落难，他们就背叛求荣，协助刘裕监视帝、后。褚皇后生下一个儿子，褚秀之兄弟遵照刘裕命令，将男婴活活害死。

家族没能人。司马家族的最后名将司马休之被刘裕击败并投降后秦、北魏后，司马氏中稍有才望的人物，或逐或死，已经垂尽，只有司马楚之有万余人在长社，司马文荣有千余人在金墉城南，司马道恭三千人踞城西，司马顺明集五千人屯陵云台，大家都忙着保全自己的性命，很少有考虑朝廷大局和皇帝安危的。这帮晋室遗胄，最后都被刘裕驱逐出境，投奔北魏去了。

公元419年十二月，刘裕见时机成熟，命令傅亮草拟好禅位诏书，入宫逼司马德文誊抄。司马德文强作欢颜地对左右说："桓玄篡位，晋朝那时已经失国，多亏刘裕出兵讨平，恢复晋朝，才得以再延续了近20年。今日禅位，我心甘情愿，没有什么怨恨。"说完，提笔抄誊诏书，交给了傅亮，眼中想已包含无数泪珠。然后，被刘裕降封为零陵王的他偕同后妃等眷属凄伤出宫，居住秣陵（今江苏省江宁县），由冠军将军刘遵考带兵监管。

禅位诏书送给刘裕后，照例他要虚情假意辞让一番。公元420年六月十四日，刘裕如愿以偿，取代东晋皇帝宝座，改国号为"宋"，改元永初，成为南朝刘宋的开国皇帝，史称宋武帝。东晋王朝从此灰飞烟灭。

但刘裕对禅位后的司马德文并不放心，总想早日置之死地。司马德文为免遭毒手，每天和褚皇后朝夕相处，并由她亲自动手在床前烧饭做菜。这样，刘裕的阴谋无法得逞。

再回到开头，刘裕还是想方设法杀害了司马德文。这一杀死前朝皇帝的做法则开了一个时代的头：从此亡国之君禅让或投降之后往往就是被杀，之前那种失国的皇帝得以善终的待遇再也难以想象。刘裕这个动作被王夫之所痛骂："其为神人之所愤怒者，恶莫烈于弑君。篡之相仍，自曹氏而已然，宋因之耳。弑则自宋倡之。"

最后，不妨移花接木一下，拿清朝屈大均哀叹明亡的作品《秣陵》，同样也可描述东晋的灭亡：牛首开天阙，龙岗抱帝宫。六朝春草里，万井落花中。

访旧乌衣少,听歌玉树空。如何亡国恨,尽在大江东!

然而,历史是惊人的相似,悲剧还在反复地上演,50年后,刘裕的曾孙刘准哭着对权臣萧道成派来的王敬则说:"要杀我吗?"王敬则说:"不杀你,只是请你搬家,你们姓刘的当初对付姓司马的,也是如此。"刘准流着眼泪说:"愿生生世世,不再生于帝王家。"

六十一、离开一个地方,风景就不再属于你

当你怀揣着它时,它一文不值,只有将它耗尽后,再回过头看,一切才有了意义。

——辛夷坞

前天在写东晋最后一位皇帝时,我的心情已经很沉重了,回旋在脑海的是莎翁的一句话:在灰暗的日子中,不要让冷酷的命运窃喜,命运既然来凌辱我们,我们就应该用处之泰然的态度予以报复。

中国历史表现出的"五十年一小乱,二百年一大乱"再次在这里得以体现。离开晋朝,风景就不再属于司马家族了。

在东晋结束前,不妨再穿插两个小细节,让我们感受一下东晋最后人臣的心态。

公元420年六月,秘书监、史书《晋纪》的作者徐广,在刘裕受禅、恭帝逊位那天,他伤心到了极点,以至于号啕大哭。大臣谢晦对他说:"徐公,你这样做太过分了吧?"徐广回答说:"你是宋朝功臣,我是晋朝遗老,悲欢的感受当然不同。"于是徐广更加嘘唏,不久就告老还乡了。

公元420年九月,琅琊侍中张伟,刘裕命令他携毒酒一瓶,前去秣陵鸩杀司马德文。张伟不忍谋害故主,回去又怕难以交代,思前想后,张伟就叹道:"要毒杀主君去让自己活下去,不如死了算!"竟在路上喝下毒酒自尽。

至此,两晋历史的解读也就告一个段落。两晋从司马懿父子苦心经营,到孙子司马炎创建晋朝,经历了平蜀、篡魏、灭吴,中间多少大事。司马炎本该汲取曹魏灭亡的经验,可惜一味骄奢淫逸,而且把帝位传给了智力低下的司马衷，从此，贾后乱政、八王之乱，晋朝一蹶不振。虽然经过了晋元帝渡江，复国于建康，可是难比当日的气魄，况且此时琅琊王氏尾大不掉。总计，两晋共十五主，得一百五十六年。其中，西晋自晋武帝称尊，传国三世，共五十二年；东晋自元帝至恭帝，共十一主，得一百○四年。有人感叹道：百年江山竟沦亡，忍看先辈何猖狂。得意之时敢弑主，大权在手意茫茫。不期子孙成鱼肉，千里中原做战场。凭栏但望秋风动，一杯浊酒话沧桑。

二十年后，即刘宋元嘉十七年（公元440年），建康出现了这样一件罕见的事：山间凤凰飞舞，众鸟群附。后人在这里筑起了一座凤凰台（故址在今南京市西南隅，现已无存），以资纪念。到唐代，大诗人李白曾登临凤凰台吊古，回想起东晋世家豪族争权夺利、互相拼杀而覆灭，感慨万千，思潮起伏，写出传世七律《登金陵凤凰台》："凤凰台上凤凰游，凤去台空江自流。吴宫花草埋幽径，晋代衣冠成古丘。三山半落青天外，二水中分白鹭洲。总为浮云能蔽日，长安不见使人愁。"

可能是太在乎一个朝代，心情常被左右，剩下的只有心痛。在百度晋朝吧里，我被网友留远古兄善意地批评了，说我对晋朝依依不舍，对刘裕篡位的评价不赞同。这话提醒了我，旧的不去新的不来，打破旧体制的束缚，发动新革命，迎来新社会，对于社会总是进步的。

网友明轩公子也认为，西晋和东晋的亡国意义不同，西晋的灭亡是汉文化在北方的消亡，东晋的灭亡是汉文化在南方的延续。一个统一强大的刘宋王朝比起一个松散动荡的东晋联邦更有利于文化的传承。

关于东晋灭亡的原因，有不少的说法。

最有代表性的是著名学者田余庆先生的观点，他认为是几方力量的不平衡导致东晋崩溃。他说东晋门阀政治，是中国古代皇权政治在特定条件下的变态。如果没有一个成熟的有力量有影响的社会阶层即士族的存在，如果没有一个丧失了权威但尚余一定号召力的皇统存在，如果没有民族矛盾十分尖锐这样一个外部条件，如果以上这三个条件缺少一个，都不会有江左百年门阀政治局面。反之，这三个条件中任何一个条件变化，都会导致江左门阀政治的相应变化。

他还指出：东晋一朝，皇帝垂拱，士族当权，流民出力，门阀政治才能维持。换言之，一旦皇权、士族和流民三方力量的发展被打破，东晋门阀政治的格局势必终结。东晋灭亡和刘宋开国就说明了这一点。

也有人认为，过于强大的裙带关系是东晋灭亡的重要原因。一个时代的权力系统扯出来的裙带关系越多，权力私有化的成分就会越重。盘根错节的裙带关系就是要把官家的权力机构变成家族的部门，把正式权力资源当做自己的私有财产。它的结果必定直接导致腐败和亡国。

但我觉得还有一点至关重要，那就是过于随性的晋朝缺少规矩，这是灭亡的根本原因。从东晋中期的一位大臣卞壶，我们就可以看出个端倪来。

魏晋时期，社会上就流行清谈玄理，蔑视明教礼法。卞壶就在朝廷上正色厉声说："自古以来的悖理伤教之事，没有比这种事更厉害了，西晋的灭亡，就是这种世风造成的恶果。"

自然，卞壶对魏晋风度的强硬态度引起了一些人的不满。他们在背后议论他，贬损他。他的好友听到这些议论后，就劝他，你整日为国焦虑、操劳，在你脸上很少看到闲适的表情，只看到像瓦片、石头一样刻板的面容。你这样难道不觉得辛苦吗？

卞壶说，现在社会上有很多人追慕风流舒朗的个性，主张宽松恢宏的道德标准，这样做固然闲适、舒服，但能使国家长治久安吗？我再不去倡导礼仪法度，谁还会去呢？他说的礼仪法度就是要遵守规则。

卞壶知道，官员们头脑中自由松懈的思想是国家的潜在威胁，若想清除这种思想，就必须严格国家的各项制度，对违反者毫不宽容。

有一次，朝廷征召南阳人乐谟和颍川人庾怡分别担任郡中正和廷尉评，可是这二人均称父亲不同意，而不去就职。卞壶就对皇帝说："人都是父母生的，职位都是因事情需要而设置的。作为父母，必然会对子女们有所要求。

而职位呢，也必然有喜欢和不喜欢的。如果每一个父母都不允许他们的儿子担任他们不喜欢的职位，那么，国家这些急需用人的职位不就废弃了吗？这样下去，古先圣贤的训导不就成了一纸空文了吗？君臣之间的上下级关系不就散乱了吗？人臣不应以私废公！"大家都觉得卞壶说得在理。最后乐谟二人不得已只得上任去了。

晋明帝即位那刻，宰相王导因病而不参加登位进玺的仪式，卞壶严肃地说："王公还怎是国家重臣？皇帝正在举殡，新君又未立，难道是人臣以病推托的时间？"他的意思是要王导遵守朝廷法度和规则，王导听后便抱病赶去。

遗憾的是，像卞壶这样的人，试图监督世间，将世道导入正轨，努力倡导规矩的人，却在当时没受到好评。

缺少规则的社会和国家是很可怕，有了规则而不去遵守，同样也是可怕的事情。治理一个国家、一个社会，关键是要立规矩、讲规矩、守规矩。我想移步换景，不妨去赵匡胤的宋朝看看那些规矩，也许我们对晋朝的灭亡会有另一番的理解。

离开一个地方，风景就不再属于你。错过就错过，但我们要记住上次的风景，要记得来时的路。黑格尔说过：历史给我们的教训，就是我们根本没有从历史中领受到教训。难道，真的是这样么？至少我不这么认为。

参考文献

[1] 司马光. 资治通鉴 [M]. 太原：北岳文艺出版社，1995.

[2] 房玄龄等. 晋书 [M]. 北京：中华书局，1974.

[3] 刘义庆. 世说新语 [M]. 北京：中华书局，2009.

[4] 尼采. 尼采沉思录 [M]. 北京：北京联合出版公司，2014.

[5] 尼采. 论道德的谱系 [M]. 北京：生活·读书·新知三联书店，1992.

[6] 周一良. 魏晋南北朝论集 [M]. 北京：北京大学出版社，2010.

[7] 蒙思明. 魏晋南北朝的社会 [M]. 上海：上海人民出版社，2007.

[8] 川本芳昭. 中华的崩溃与扩大 [M]. 桂林：广西师范大学出版社，2014.

[9] 唐长儒. 魏晋南北朝史论丛 [M]. 北京：商务印书馆，2010.

[10] 白玉林，曾志华，张新科. 晋书解读 [M]. 昆明：云南教育出版社，2011.

[11] 万绳楠. 陈寅恪魏晋南北朝史讲演录 [M]. 贵阳：贵州人民出版社，2008.

[12] 陈琳国，陈群. 可汗的子孙与魏晋乱世 [M]. 北京：北京时代华文书局，2013.

[13] 孙立群. 从司马到司马 [M]. 北京：中华书局，2011.

[14] 王方. 西晋原来不风流 [M]. 重庆：重庆出版社，2013.

[15] 尹剑翔. 燃烧的两晋 [M]. 哈尔滨：黑龙江教育出版社，2014.

[16] 陈锋，王翰. 治国宰相 [M]. 武汉：长江文艺出版社，1999.

［17］冷成金. 中国权智［M］. 北京：团结出版社，2002.

［18］田余庆. 东晋门阀政治［M］. 北京：北京大学出版社，2012.

［19］吕思勉. 两晋南北朝史［M］. 上海：上海古籍出版社，1983.